Bethlehem
in Palästina.

Topographisch und historisch nach Anschau und Quellen
geschildert

von

Dr. Titus Tobler,
praktischem Arzte in Horn am Bodensee.

Mit Karte und Tempelplan.

St. Gallen und Bern:
In Kommission bei Huber und Comp.
1849.

Vorwort.

Davids Vaterstadt, Jesus' Geburtsstätte, Hierony-
mus' Klosterstätte, der fränkische Bischofssitz, einer der
drei hervorragendsten Wallfahrtsorte der Christen, ein
Schauplatz von so hoher welthistorischer Bedeutung —
Bethlehem verdient doch wohl, daß es einmal ausführ-
licher oder umfassender geschildert werde. In unserem
Abendlande schrieb man über kleine, obskure Ortschaften,
über schattenreiche, im weiteren Kreise selten genannte
Klöster eine große Chronik zusammen, während der
Stadt Davids und unsers Religionsstifters in dieser
Beziehung weit weniger Aufmerksamkeit geschenkt wurde.
Der Abstand ist zu grell, die Vernachlässigung allzu
auffallend, als daß nicht ein Wanderer sich mit dem
Gedanken tragen sollte, längst Versäumtes nachzuholen
oder einem Bedürfnisse der Bücherei zu entsprechen.
Diese Aufgabe zu erreichen, trachte ich nun in gegen-
wärtiger Schrift. Wie weit sie mir gelang, darüber

zu rechten steht mir nicht an; wohl aber darf, ja soll
ich den Leser bei den Schwierigkeiten vorüberführen, die
mit meiner Arbeit verbunden waren.

Die Pilger, welche Palästina besuchten, wählten hauptsächlich Jerusalem zu ihrem Aufenthaltsorte und machten
gewöhnlich nur einen flüchtigen Abstecher nach Bethlehem.
Daher kam es auch, daß sie über jene Stadt viel aus-
führlicher und genauer berichteten, indeß letztere oft stief-
mütterlich behandelt ward. So erschienen in unsern Tagen Monographien über Jerusalem von Ball, Williams, Blackburn, Schultz, Krafft, Fergusson,
die nur kärgliche Worte über Bethlehem verloren. Freilich
knüpfen sich an jenes weit reichere Erinnerungen, immerhin aber nicht in dem Maße, als die Schilderungen
beider Städte vergleichungsweise schließen lassen. Die
ungenauern und mangelhaftern Berichte über Bethlehem
sind vorzüglich die Ursache, warum eine monographische
Behandlung so manche Schwierigkeiten überwinden muß,
nicht zu gedenken der mannigfaltigen Verwickelungen von
Legenden und historischen Wahrheiten. Niemand, welcher
die Literatur kennt, wird leugnen, daß die topographische
Schilderung von Bethlehem bisher, ich will nicht einmal
sagen unsicher, aber doch: durchaus stückhaft war; es
mußten viele Fäden frisch eingeschlagen werden, um
das Gewebe zu vervollständigen. Uebrigens bin ich
ferne von der Anmaßung, welche hinderte, unumwun-
den zu gestehen, daß dasselbe hier noch lange nicht als
vollendet erscheine. Noch mehr vielleicht war es drin-

gend, auf dem geschichtlichen Felde neue Bahnen zu
brechen, so wie die alten zu erweitern und besser zu
ebenen. Meinem einläßlichsten Vorgänger, dem Kapu-
ziner Quaresmius, mangelte es nicht an papierenem
Raume auf siebenzig Folioseiten zur Aufnahme seiner
Forschungen und Ansichten, noch an Gelegenheit zu
Benutzung archivarischer Schätze, aber vor Allem an
Unbefangenheit, die zugleich vor nutzloser Scholastik
bewahrt, zum Theile auch an vielseitigerer Bildung, um
etwas Gediegeners zu leisten. Inzwischen will ich nicht
verhehlen, daß erst seit der Mitte des ehevorigen Jahrhunderts manche wichtige Quellen eröffnet wurden. Von
einem Franziskaner ständе aber auch heutzutage schwerlich eine unparteiische, alle Partien gleichmäßig aufhel-
lende Geschichte, wenigstens des frommen Sagenkreises,
zu erwarten, weil er sich kaum dazu entschließen könnte,
der öfteren Wandelbarkeit und Widersprechlichkeit der
Ueberlieferungen überall mit der Fackel der Wahrheit
nachzuleuchten. Diejenigen Historiker, welche mit Stillschweigen die Geschichte schreiben wollen, nehmen ganz
gewiß nicht den ersten Platz ein, sind aber jenen noch
weit vorzuziehen, welche echte Münze verstecken und dafür falsche in Umlauf setzen. Meine Stellung leidet unter
keinen zunftmäßigen oder untergeordneten Rücksichten; sie
erlaubt mir, zu reden, wo manche Andere schweigen
müssen, und zu schweigen, wo manche Andere zu reden
nöthig haben. Ich kenne kein Interesse und keinen Be-
ruf, die Wahrheit zu verkümmern oder zu zertrümmern.

Wo der Stern stehen bleibt, da werfe ich mich ehr=
furchtsvoll in den Staub, und preise den Herrn, und
verkündige die Wahrheit. Wenn man ein solches, ich
möchte sagen, heiliges Amt übernimmt, versteht es sich
von selbst, daß konfessionelle Fehden fremde bleiben.
Ich besorge gleichwohl, daß es solche geben werde,
welche die Färbe des Kampfes gegen ein ganzes kirch=
liches Institut herauseifern wollen, weil die Welt nicht
aufhört, sich mit Menschen zu bevölkern, welche der
Leidenschaft Triumphbögen errichten, auf daß man den
Kern von der Schale, das Wesentliche vom Unwesent=
lichen nicht oder minder genau zu trennen vermöge.
Mich dünkt, man habe noch etwas Anderes in den
Komplex von Bedingungen zusammenzufassen, als meine
Hand, wenn aus ihr ein Stein dem Boden zueilt in
der Richtung, welche die Schwerkraft vorzeichnet, und
etwas Anderes anzuklagen, als meine Feder, wenn Ur=
kunden dahin sich entscheiden, wohin die Schwerkraft
der Wahrheit dieselben zieht. Wie die Urkunden zu
mir sprechen, so spreche ich zum Publikum. Ich will
Vergangenes vergegenwärtigen, aber nicht in einem
Flor von Hirngespinsten, nicht in der verkrüppelten Ge=
stalt der Einseitigkeit, sondern parteilos und treu, frei
und ohne Scheu. Daß ich im Eifer für die Wahrheit
in dem einen oder anderen babylonischen Gewirre, aus
welchem die Liederlichkeit moderner Schönschreiberei oder
die Lüge den Kopf siegreich hervorzustrecken schien, ein
mit Salz bestreutes Wort mitsprach, oder daß ich irgend

einem falschen Propheten den Sand, worauf er stand,
zu Wolken zerstreute, hatte seinen Grund keineswegs
in der Böswilligkeit und weniger in der Nothwendigkeit,
als in dem natürlichen Drange, dem, was gewichtig
auf dem Herzen liegt, von da eine Brücke zu bauen
bis zum Munde, damit es in diesen übergehen möge.

Mein ursprünglicher Vorsatz war, eine Beschrei-
bung der Stadt Jerusalem und seiner nähern und ent-
ferntern Umgebung gesammt herauszugeben; allein die
Größe des Werkes gestattete und, unter den gegenwärtigen
Konjunkturen, forderte eine Theilung, die übrigens auch
ihr Gutes haben mag, da nun gerade Bethlehem für
Manche zugänglicher wird. Dabei kann ich aber einem
Uebelstande nicht ausweichen, daß Einiges, was auf
Bethlehem Bezug hat, auf vorherige Abtheilungen ver-
wiesen wird, wie die Beschreibung des Pfluges, der
Geräthschaften beim Verfertigen von Rosenkränzen, Kreuzen und Bildern, die Schilderung der Tracht; ferner
daß, wenn die Angabe der literarischen Quellen, welche
dem Jerusalem vorausgedruckt werden soll, hier vollständig mitgetheilt wird, dem Hauptwerke das eigentliche
Zubehör entzogen würde, — wenn sie übersprungen,
Manches ungenießbar bliebe, — wenn nur das Noth-
dürftigste aufgenommen, Wiederholungen unvermeidlich
wären. Eines mußte geschehen; ich entschied mich für
das Letztere als den kleinsten Uebelstand. Ich beschränke
mich übrigens hier in Kürze nur auf diejenigen von
mir in vorliegender Schrift benutzten Werke, welche von

Karl v. Raumer (Palästina, Ausgabe von 1838, S. 6 ff.) und von Eduard Robinson (Palæstina, I, XVI ff.) nicht angeführt wurden.

C. 1175. Fetell. ober Fretell. de situ iherusalem. Cod. Ms. Vienn. hist. eccl., nr. 154, fol. 9 sqq.

1217. Magister Thetmars Reise nach Palästina. In Maltens Weltk., 1844, S. 184 ff.

1320. De locis terre sancte per me Franciscum Pipinum. Lat. Handschrift auf der k. Bibliothek in München, Nr. 850.

(1336 bis 1341. Petrus von Suchen ober Rudolph [der eigentliche Name ist Ludolph] von Suchen, verschieben geschrieben je nach den Ausgaben.)

C. 1370. Rechtenstain. Von der Stat zu Jerusalem. Cod. ms. Vienn. hist. prof., nr. 707, S. 94 b ff.

1384. Frescobaldi. Viagg. in .. Terra Santa. Roma 1818.

1384. Sigoli. Viagg. al Monte Sinai. Milano 1841.

C. 1400. Die gelegenhayt .. des heyligen lants. Cod. ms. Vienn., in Schwanderi repertor. nr. 4578.

1458. Pelchinger. Von der schickung vnd gestalt des h. Grabs. Cod. ms. Vienn. hist. eccl., nr. 146.

1483. Fabri. Evagatorium in Terræ S. . . . Peregrinationem. Stuttg. 1843. Wenn ich die deutsche Ausgabe in der Frankfurter-Sammlung von Reisebeschreibungen benutzte, so schrieb ich den Namen deutsch.

(1483. Breydenbach ober Breitenbach, je nach Benutzung der Ausgaben.)

1491. Kapfman. Diß sind die stet u. s. f. Cod. ms. der katholischen Kantonsbibliothek in St. Gallen, Nr. 610.

C. 1518. Viaggio al Santo Sepolcro. Venet. 1605.

1542. Jod. a Meggen peregrinatio Hierosol. Diling. 1580.

1565. Billinger. Beschreibung der Hierusolomitanischen Reiß. Costanz 1603.

(1575. Rauwolff ober Rauchwolff, je nach den verschiedenen Ausgaben.)

1583. Luffy. Reißbuch gen Hierusalem. Freyburg 1590.

(1596. Bernardino Amico. Von Robinson unrichtig unter'm J. 1516 aufgeführt.)

1612. Boucher. Le Bovqvet Sacré, composé des Roses du Calvaire, des Lys de Bethleem, des Jacintes d'Olivet. Lyon 1679.

1613. Amman. Reiß in das Gelobte Land. Zürich 1678. 3. Aufl.

1614. Scheidt. Reise-Beschreibung, Der Reiß .. nach dem gewesenen gelobten Lande. Helmstädt 1679.

O. 1620. ʿΗ῾Αγία Γῆ. Eine sehr beachtenswerthe griechische Beschreibung des h. Landes; ihre Benutzung verdanke ich der Gefälligkeit des Hrn. Dr. Schulz, früher preußischen Konsuls in Jerusalem.

1625. Steiner. Heilige Wallfart in das H. Land. Ms., das in Kaltbrunn, K. St. Gallen, aufbewahrt wird.

1658. Zwinner. Blumen-Buch, deß Heiligen Lands. München 1661.

1666. Bremond. Viaggi fatti .. in Gervsalemme, Givdea eec. Roma 1679.

1673. Legrensi. Il pellegrinagio nell' Asia. Venezia 1705.

1690. Caecia. Brevis relatio locor. sanctor. Viennae 1693.

1699. Relation fidelle du Voyage de la Terre Sainte. Paris 1754.

1719. Ladoire. Voyage fait à la Terre S. Paris 1720.

1725. Reret. Schreiben über Palästina, in Paulus' Samml. von Reisen. 4, 86 ff.

1778. Binos. Reise .. in das gelobte Land. Bresl. u. Leipz. 1788.

1800. Wittman. Reisen nach der Türkei u. s. f. Weimar 1805.

1814. Light. Travels in Egypt, Nubia, Holy Land. London 1818.

1818. Borsum. Reise nach .. Palästina. Berlin 1826.

1827. Failoni. Viagg. in Siria. Verona 1833.

1831. Wegelin. Erinnerungen aus dem .. Orient. Zürich 1844 fg.

1831. Neueste Reise in Palästina. Aus dem Engl. Leipz. 1834.

1832 sq. D'Estourmel. Journal d'un voyage en Orient. Paris 1844.

1834. Röfer. Reise nach Griechenland u. s. w. Mergentheim 1836.

1840 (?). Hailbronner. Morgenland und Abendland. Stuttg. u. Tüb. 1845. 2. Aufl.

1842. Bartlett. Walks about the city and environs of Jerusalem. London, ohne Jahreszahl. 3. Aufl.

1843. Herschell. Besuch in meinem Vaterland. Basel 1846.

1843. Craigher. Erinnerungen aus dem Orient. Triest 1847.

1844. Reynaud. D'Athènes à Baalbek. Paris 1846.

1844. Sehlen. Wallfahrt nach Bethlehem und Hebron. Münster 1846.

1845. Marmier. Du Rhin au Nil .. Palestine. Paris, ohne Jahreszahl.

1847. Wolff. Reise in das Gelobte Land. Stuttgart 1849.

Andere Bücher, die sich nicht im Verzeichnisse von
Raumer und Robinson finden, und die ich selten be=
nutzte, werde ich im Verlaufe der Schrift näher be=
zeichnen.

Mit der artistischen Beilage hoffe ich manchem
Leser einen Dienst zu erweisen. Der, meines Wissens,
erste Versuch einer Spezialkarte von Bethlehem*, wie
dieser, bedarf freilich einer sehr nachsichtigen Beurthei=
lung. Was den Grundriß der Marienkirche betrifft, so
habe ich Ursache, zu bedauern, daß ich nicht selbst
durchgehends Messungen vornahm, und so hielt die
Reduktion in Pariser=Fuß nicht gar so leicht, zumal weil
Quaresmius' Plan, eine Kopie desjenigen von Ber=
nardino Amico, einen falschen Maßstab angibt und
der Zwinnersche zwar einen schmucken, aber unge=
nauen enthält. Bei der Aufnahme der Bilder der
Marienkirche, eines Hauses und einer Krippe leitete
mich wohl nicht der Gedanke, daß ich das Interessan=
teste zeichnen werde, sondern vielmehr der Beweggrund,

---

* Auf Antonio de Angelis' topographica delineatio civitatis Jerusalem (Romæ 1578), welche Breuning als ‚Abriß oder delinea-
tion der Stadt Jerusalem‘ (219) aufnahm, wird nur beiläufig
angeführt: 79 Cisterna Davidis. 80 Bethlehem die Stadt. 81 Da
Christus geboren. 82 Da Maria verborgen. 84 Da die Engel den
Hirten erschienen. 85 Thurm Ader. 88 Da S. Paula und S. Eustachia gebettet (gebetet), und das Kärtchen hat ein so primitives,
imaginäres, dem Maßstabe und theilweise der Lage nach ein so
verrücktes Aussehen, daß ich den Franziskaner de Angelis nicht
einen Vorläufer nennen möchte. Nicht besser kommt man bei
Zuallart (ital. Ausg. S. 201 fg.) weg, der auf seine, die
ganze Südgegend von Jerusalem umfassende Karte die Zisterne
Davids (K), Bethlehem (L), das Haus Josephs (M), das Dorf
(N) und den Ort (O) der Hirten hinzeichnete.

ein paar Lücken im bekannten Bilderrahmen auszufüllen.

Ein Theil meiner Erlebniſſe in Bethlehem iſt in das von Dr. Eb. Widenmann herausgegebene Tagblatt: Das Ausland (Junius 1849), bereits übergegangen.

Es hängt nunmehr von der Theilnahme ab, welche das Publikum Bethlehem ſchenken mag; ob meine Hauptarbeit, das zur Veröffentlichung bereit liegende Werk über Jeruſalem und ſeine nächſte Umgebung, das über hundert Druckbogen ſtark würde, und von welchem bloß der Grundriß der Stadt ſo eben erſcheint, wie auf dem Umſchlage dieſes Buches zu erſehen iſt, früher oder ſpäter, als ein Ganzes oder ſtückweiſe durch die Preſſe verbreitet werde.

Horn, bei Rorſchach, im Wintermonat 1849.

Was die Schreibung und Ausſprache der arabiſchen Wörter betrifft, ſo wird ch wie das Schweizer-ch und w wie das engliſche w in water ausgeſprochen. Zu Bezeichnung des Nachdruckes oder der Tonſtärke ſetzte ich einen Punkt oben neben dem Vokal, wie in Wá·di. Demnach ſchriebe ich im Deutſchen Vergrö·ßerung.

Wenn im Texte kein Maß genannt iſt, ſo wird das Pariſer-Maß verſtanden.

Ueberficht des Inhaltes.

A. Bethlehem.

B. Umgebung.

Bethlehem[1], Bêt La'ḥem[2], بيت لحم [3] [Haus des Flei-
sches[4]], ein kleines Städtchen in Palästina und zwar im
Paschalik Jerusalem, zwei leichte Stunden.[5] Fußweges

---

1 Seit Jahrtausenden kommt dieser Name, ohne einem andern Platz
zu machen, vor. Le seul nom de Bethlehcm a je ne sçay quoy de
doux, qui flatte agreablement le coeur, et luy inspire de la devotion et de la tendresse. *Nau* 395. Verschiedene Formen des
Namens s. bei **Reland** (Palæst. ex mon. v. ill.).

2 *Quaresm.* 2, 619. Bit-lehan. *Surius* 523. Beytleham. *Nau* 436.
Baitlame. *Legrenzi* 1, 158. Bait-el-lahm. **Volney** 2, 240.
De Forbin bei Jolffe 123. Berghaus' Karte. Beit Lahm.
Robinson 3, 975.

3 *Edrisi* 345. *Jakut Ham.* und *Abulfeda* hist. univers. c. 27,
beide im Index geograph. zu Bohad. vita Saladin. Scholz 206.
Robinson 3, 873.

4 *Surius, Legrenzi*, Robinson 2, 380; 3, 975.

5 So fanden es auch Tschudi (267), Belon (268), Maundrell
(86), Korte (2 gute. 117), Hasselquist (166), Binos (201),
Clarke (124), Mayr (330), Jolffe (nicht über 2), Schubert (3, 7), Robinson (2, 380). 35 Stadien (= etwa 1¼
Stunden). Justinus Martyr bei Reland (645), übereinstimmend
mit den 4 Meilen (milia quator) des Bordeauxer-Pilgers (154).
Den 2 Stunden völlig entsprechend haben 6 römische Meilen Eusebius (onomast.), Sulpitius Severus (im dialog. S. 4. S.
Reland. 645), Arculfus (2, 7), Bernard (16), Saewulf
(35), Pholas (22), Abulfeda (a. a. O.); 7 rechnete Willibald (nach der Klosterfrau. 20); 4 (aber 1 Meile nach meiner
Berechnung = ¼ Stunde) Eugesippus (112), (circa) Jakob
de Vitry (59), (kaum) Baldensel (120), Kapfman (9),
(circa 4. miglia) Legrenzi (1, 175); 5 welsche Meilen Anshelm (1289), Fürer (64), 2 Meilen Maundeville (773), 3

1

südlich[1] von der Hauptstadt, links[2] oder östlich von der
Straße, welche von jener nach Hebron führt, liegt 2538'
(Pariser) über dem Mittelmeere[3], auf zwei Hügeln[4] mit
einem kurzen Sattel dazwischen, auf einem westlichen und
östlichen, die südlich von dem Wâ·di oder, wie man das
Wort im Lande ausspricht, Wâd er = Rahi·b und el = Ghuwâ·s
begrenzt werden[5]. Der westliche Hügel macht, gerade am

Meilen Rudolph v. Suchen (842), 1 Meile der Anonymus
bei Allatius (8), Albrecht von Sachsen (2109), 1 gute
deutsche Rauchwolff (643), 1½ deutsche Meilen Troilo (388),
2 leugæ der Verfasser der gesta Francor. expugn. Hierus. (26
[573]), 2 leucæ Brocardus (c. 8) und Marinus Sanutus
(3, 14, 11), 2 Parasangen (1 P. = 30 Stadien oder 1 Stb. 15
Min.) Benjamin von Tudela (47), ¼ Farasange Medschir
eb= Din (134).
1 Bethleem, civitas David. . . [in qua Dominus noster atque Salvator natus est] . . contra meridianam plagam (ab Aelia). *Euseb.*
et *Hieron.* onomast. *Saewulf.* Brocardt 869 (c. 9). *Marin. Sanut.* l. c. und Karte. Tschudi 270. Ab Jherusalem spa-
cio duarum leugarum versus Hebron, inter occasum et meridiem
sita est. Gesta Francor. l. c. Ueber Entfernung und Lage sehe
man die Karten von Jakob Ziegler (S. wenig W.), Reland
(S.), Maas (S.), Berghaus (S. S. O.), Robinson (S.
wenig W.). Vgl. Raumer 307. Viel Unhaltbares über die Lage
in Beziehung auf Jerusalem bei Schubert 3, 7 fg.
2 Inde (vom Grabe Rahels) milia duo a parte sinistra est Bethleem.
Itiner. Burdig. Hieros. Juxta viam (nach Hebron). *Euseb.* et
Hier. onomast. Links. Brocardt. *Marin. Sanut.*
3 Rußegger in Preiswerks Morgenland, Jhg. 1839, 73.
4 Bethlehem krönet die Einsattlung zwischen zwei Hügeln und den
einen dieser Hügel selbst. Prokesch 112. Auf einem Berge, in
zwei Theile getheilt, umgeben von einem Chaos mehr oder minder
kahler Berge. Rußegger a. a. O.
5 In valle . . quæ in meridiano latere sita. *Arculf.* 2, 5. Kaum
erwähnte ein anderer Schriftsteller dieses Thales deutlicher; gewöhnlich schrieb man im Allgemeinen, daß Bethlehem, etwa die Westseite
ausgenommen, von Thälern umringt sei. Undique ex omni parte
vallibus circumdato . . . Valleculis hinc et inde circumjacentibus.
Arculf. 2, 1. Seitlich mit tiefen Schluchten. *Baldensel* 120.
Quod aquilone et oriente et austro vallibus circumdatur. *Fabri*
1, 463. Ueber zwei fleißig bebauten Thälern. Hailbronner 2,
298. Wegelin 2, 120. Robinson (2, 378) nennt das fragliche
Thal Wadi et = Ta'âmirah, das dann sich nördlich von dem Fran-

Ausgange des Dorfes, eine Biegung gegen Mitternacht[1]
mit einem wenig erhabenen Höcker, welcher Ki'ikel heißt, auf
der Nordseite vom Wege nach Mâr Eliâ's durchschnitten,
im weitern Verlaufe nach Nord von dem sogenannten Brun=
nen Davids angebohrt ist, und mit der östlichen allmäligen
Abdachung in den Wâ'di el = Charû'beh dem großen Marien=
tempel und den drei Christenklöstern gegenüberliegt, gegen
West hingegen in unregelmäßige hügelichte Formen gegen
Rahels Grab übergeht. Nördlich im Dorfe selbst noch be=
ginnt der Wâ'di el = Charû'beh, der in seiner Hauptrichtung
von Süd nach Nord hinläuft unter den verschiedenen Namen
Wâ'di ed = Dsche'mel, Wâ'di es = Sên, Wâ'di et = Tarâ'schmeh,
Wâ'di ed = Dschô'ra bis in den Wâ'di Samû'r und Wâ'di
Kâ'dhi ed = Dê'ri bei Mâr Sâ'ba[2]. Der Terrassenbau dieses
Wâ'di am Dorfe bringt es mit sich, daß er ein amphithea=
tralisches Aussehen darbietet. Der ganze Rücken, keine
Viertelstunde lang[3] von West nach Ost[4], ist schmal[5] und

---

lenberge nach dem todten Meere hinziehe, indem es das Thal unterhalb Mâr Eliâs etwas weiter abwärts aufnehme.
1 Et recurvatur contra occidentem versus Jerusalem. *Fabri.*
2 Extendit (Thal unter Bethlehem gegen den Gihon) enim se vallis
illa contra orientem, usque ad Sodomam et mare mortuum. *Fabri* 1, 465. *Quaresm.* 2, 615 (man s. später die Davidszisterne).
Prokesch. Am Fuße des Berges, worauf das Kloster steht, zieht
sich das Thal Rephaim hin. Schubert 2,35. Robinson (2, 378)
sagt, daß das Thal breit anfange, N.O. laufe und mit dem unter
Mâr Eliâs (? Mâr Sâ'ba) zusammentreffe.
3 Quasi M. passibus porrigitur. *Arculf.*
4 Ab occidentali plaga in orientalem. *Arculf. Marin. Sanut.* Deß
lenge ist von orient gegen occident. Breydenbach 131. Von W.
gegen O. Tschudi 270. Von O. gen W. Schwallart 302.
5 In dorso (scil. montis) sita est angusto. *Arculf.* Colle arcto et
oblongo. *Brocard* c. 9. Schmal. *Marin. Sanut.* Breydenbach.
Jugum montis, non multum lati superius, sed longi. *Fabri* 1, 463.
Schwallart. Thetmar sagt (in Maltens Weltk., Febr. 1844,
192), daß die Gottesstadt der Länge nach auf einem Bergrücken
liege.

nicht eigentlich hoch[1]. Der Westhügel fällt gegen Mittag steil[2], weniger steil gegen Mitternacht[3], gegen Abend aber gar nicht, indem er gegen letztere Himmelsgegend sanft sich neigt[4], was auch noch theilweise gegen Süd oder vielmehr gegen Südwest, gegen des Wâ·bi el = Ghuwâ·s kleinen Seitenwâdi, den Wâ·bi Om Mâ·leh, der Fall ist. Der gegen= überstehende Osthügel erscheint minder hoch, aber breiter, weil er in die Ostseite des Wâ·bi el = Charû·beh hinüberlangen kann; nordöstlich von den Klöstern geht es gäh hinab in einen nahe bei Bêt Sâhû·r en = Naßâ·râ entspringenden Seitenwâdi, doch nicht in dem Grade, daß das Aufsteigen einem gesunden, rüstigen Manne Beschwerden verursacht; geradeaus östlich beginnt die Abdachung erst achtundvierzig Schritte von dem Dorfe, da, wo die Höhle der Frauenmilch liegt. Diese Hügelstellung und mithin auch der kleine Sat= tel zwischen beiden Kuppen[5] hat zur Folge, daß das Städt= chen in zwei Theile zerfällt. Die merkwürdige Konfigurazion des Bodens, die zu einer angenehmen Lage so Vieles aufbot[6], gewährt nun dem Umschauenden verschiedene Aussichten, je nachdem er einen Gesichtspunkt wählt, je nachdem er auf der

---

1 Doch nicht hoch. Schwallart. Hoch. *Marin. Sanut.* Ziemlich hoch. Breydenbach. Tschudi.
2 Wenn Schubert (2, 492) sagt, daß das Hinanklimmen an den steilen Berg nicht ohne große Beschwerde abging, so hätte er bei= fügen sollen, daß er ein etwas älter, eher schwacher Mann war.
3 Vom Westthor geht es (von Jerusalem her) eine lange Halde hin= auf in die Stadt. Tschudi 270.
4 Nach W. zu ist der Berg höher, als das Dorf, und senkt sich dann sehr allmälig nach W. dem Wadi Ahmed zu. Robinson.
5 Meist sprach man nur von einem Berge (Gumpenberg 463. *Fürer* 65), oder von einem Hügel (Schwallart, *Surius*: une belle colline en forme d'un croissant [auf der Nordseite allerdings]. 522. Schubert), oder von einer Höhe (Hasselquist).
6 Ein lustiger Ort. Rudolph v. Suchen 842. Alles ist daselbst lu= stig. Della Valle 1, 157. Sa situation est charmante. Voyage 1699. 79.

Oft= oder Westseite, auf der Süd= oder Nordseite steht. Die
Aussicht auf dem Plattdache des nördlich gelegenen lateinischen
Klosters dehnt sich mehr gegen Morgen, Mitternacht und Abend
aus. Außer einem Theile des arabischen Gebirges und des
Salzsees sieht man der Hirten Wachort, Bêt Sâhû·r, Sûr
Ba·her, Mâr Eliá·s, den Wâ·di Samû·r und zu den Füßen
das Städtchen selbst, einen Haufen graulicher Häuser[1]. Man
gehe von diesem lieblichen, einladenden Belvedere[2] auf das
Dach des armenischen, bis auf den Scheitel des Osthügels selbst
reichenden Klosters, die Rundschau zu ergänzen durch den Aus=
blick in den Süd und Ost, z. B. in den Wâ·di er Rahi·b, die
Gegend von Thekoa, auf den Paradiesberg (Frankenberg). Im
Allgemeinen macht Bethlehems Berglage[3] inmitten von Thä=
lern und von mittelhohen Bergen in weiterer Ferne — den Ort
nicht bloß zu einem luftigen, sondern auch zu einem den
Winden leicht zugänglichen, wohl davor zu wenig geschütz=
ten. Das Klima ist ungefähr dasselbe, wie in Jerusalem,

---

1 Man sieht die Gegend Jerichos, des todten Meeres und arabischen
Gebirgs, gegen Mittag aber einen großen Berg. Rauchwolff
645. Schöne Aussicht auf das arabische Gebirge und das todte Meer.
Troilo 400. Quand on est sur ces terrasses, on a le plaisir de
voir un des plus beaux pays du monde; on voit les montagnes
d'Arabie, celles d'Engaddi ... on voit encore la montagne des
François. *Ladoire* 204. Korte 118. Berggren 3, 147 fg. Von
der Terrasse des Klosters blickt man weit über stilles, felsiges, in
Schluchten und auf Abhängen mit lebendigem Grün bedecktes Land.
Wir hatten das Kloster St. Elias in N. 10° O., Bethlehem im
W., arabisches Gebirge v. N.O. bis S.O., den Weg nach dem
Kloster Saba O. bis N., die Grotte der Hirten S. 75° O., die
Grotte der h. Jungfrau S. 32° O. Prokesch 117. Man sieht
bis an den Höhenzug von Hebron (schwerlich), die Hügel von
Thekoa und der Frankenberg zeigen sich (in Münchens phantasie-
reicher Schreibstube) in großer Deutlichkeit; nach Ost den Spiegel
des todten Meeres und die Gegend der Einmündung des Jordans,
jenseit einen Theil des Gebirges Pisga. Schubert 3, 34 fg.
2 Berggren.
3 E vero che il paese non è pianura, anzi è fatto come il nostro
paese di scese e di salite, *Sigoli* 134 sq.

vielleicht ein wenig milder[1]. Der Schnee ist in Bethlehem
nicht unbekannt[2]; Kälte und Wärme leicht erträglich. Vor
vierzehn Jahrhunderten verhielt es sich ebenso: Wenn es
Sommer war, so galt der Schatten des Baumes als
das Geheimniß; im Herbste zeigten die gemäßigte Luft-
wärme und die unten hingestreuten Blätter eine Stätte der
Ruhe; im Frühlinge malte sich das Feld mit Blumen, und
unter den geschwätzigen Vögeln sang man so süß die Psalmen; wenn sich Kälte und der winterliche Schnee einstellte,
so kaufte man doch kein Holz, und man hatte warm genug,
ob man wachte oder schlief[3]. Die Saat wird im Anfange
des Winters bestellt; es fehlt übrigens viel, daß an Weihnachten der Halm die Aehre entfaltet[4], wohl aber ist diese
Zeit die der Kräuter[5]) und günstig für Herden und Hirten[6]). Wenn nach lieblicher Witterung plötzlich Regen fällt,
so sinkt mitten im Winter die Temperatur ungemein. Am
27. Christmonat 1845 hatten wir überaus angenehm Wetter.
In der Nacht auf den 28. stürzte gleichsam der Regen daher, das Thermometer sank am Morgen auf 3^0 R. über
Null, am 29. und am 30. Morgens zeigte es 4^0, am 29.
Abends 5^0. Ich könnte nicht behaupten, daß ich bei dieser
Frische nicht ein wenig gelitten hätte, und Nachts holte ich
im warmen Bette gerne nach, was der Tag mir nicht im-

---

1 Mildes Klima. Binos 212 fg.
2 Quæ (calida vallis Bethlehemitana) nives nescit, glacies ignorat.
Nec tamen est calidum illud tempus (Winter), sed recens, quo
homines affligi possunt frigore. *Fabri* 1, 457.
3 Certe, quod scio, vilius non algebo. *Hieronymi* op. ad *Marcellam*.
4 Circa festum nativitatis Domini incipit habere spicas. *Fabri.* Am
8. Mai 1581 war bereits die Ernte vorüber. Schweigger 310.
5 Lingua eorum (der Eingebornen) tempus nativitatis Domini dicitur tempus ad herbas. *Fabri.*
6 Ideo ex aliis locis mittuntur in eam bestiæ, ut hieme ibi pastum
habeant et impinguentur, et emunt ibi certas petias terræ ad tempus sanctum. *Fabri.*

mer gewährte. Im Sommer dorrt aus Mangel an Regen
hier, wie anderwärts, Alles aus [1], was nicht bewässert
wird. Man wird sich nicht wundern, daß Bethlehem an
den Erdbeben auch Theil nimmt. Ein starkes Erdbeben,
von dem auch ich unterrichtet wurde, fällt in die neuere
Zeit, ins J. 1834. Wenn behauptet wird, daß beinahe
das ganze Kloster in Trümmer zusammenbrach und fast alle
Einwohner unter denselben begraben wurden [2], so bedarf
dies gar sehr der Berichtigung [3]. Allerdings litt das Kloster der Lateiner großen Schaden, und ich war im J. 1835
eben Zeuge, wie man mit Nachbesserungen beschäftigt war [4];
dagegen ergab sich aus meinen Nachfragen bei mehreren
Bethlehemiten, daß durch das Erdbeben Niemand getödtet
wurde. Zur Zeit des Kirchenvaters Hieronymus beob-
achtete man um Pfingsten herum eine Sonnenfinsterniß,
welche aller Welt den Glauben einflößte, es komme der
jüngste Tag [5].

Es liegt mehr Poesie, als Wahrheit in den Worten, daß
Bethlehem einen Ueberfluß an Bächen, Brunnen oder Quellen habe [6], oder daß es an keinem überseeischen Orte kälteres,

---

1 Per æstatem autem fervescente sole est terra arida et adusta, et
 cum in Septembri solis fervor mitescit, omnia terræ nascentia in-
 cipiunt virescere, sicut apud nos in Aprili, nisi quod virgulta non
 producunt illo tempore flores. *Fabri.*
2 Ein Brief bei Geramb 1, 326.
3 Der ehrliche Röser, der sich nicht zum Pfaffenknechte erniedrigt,
 schrieb am 11. Nov. 1834 (445), daß einen Theil der Wohnungen
 der Pascha Ibrahim und das Erdbeben im Junius in Schutt und
 Trümmer gelegt habe, und das Kloster fand er noch in einem solchen Zustande, daß man es hätte für ein Kastell halten sollen (446).
 Der Herzog von Ragusa schrieb kurz (3, 46), daß eine lange
 (nach der Uebersetzung „weite") Oeffnung in Folge des Erdbebens
 die Klostermauern von oben bis unten theilte.
4 Meine Lustreise 2, 113.
5 *Hieronymi* epist. ad *Pammachium.* Ausgabe von Erasmus
 epist. LXI.
6 *Benjamin Tud.* 48.

klareres, gesunderes und süßeres Zisternenwasser gebe[1]. Wahrheit ist es, daß der Bach nur bei außerordentlich star= kem Regen rauscht. So sah ich im Wâ·di Charît·beh das Wasser ziemlich reichlich fließen; das Bächlein aber ver= stummte und verschwand nach kurzer Lebensfrist. Das meiste Wasser spendet die Wasserleitung vom sogenannten versie= gelten Brunnen und die Zisternen. Es ist gut; ich fand es aber auch mit unreinen Dingen vermischt. Noch jetzt schöpfen die Bethlehemerinnen (denn man sieht keine Männer Wasser herzutragen) fünf Minuten südwestlich von Bethlehem, im Wâ·di Om Mâ·leh, aus der angeführten Wasserleitung. Sie fassen das Wasser in einen Schlauch (Kirbeh), und in= dem sie einen Strick, der ihn umfängt, um die Stirne le= gen, tragen sie so auf dem Kopfe. Die Bürde ist, wie mich ein Versuch lehrte, mäßig schwer; der Kopf muß sich aber daran gewöhnen, wenn sie nicht drücken soll[2]. Eine Art

---

1 *Fabri* 1, 453. Aehnlich Gumpenberg (464), der auch bemerkt, daß es nur Zisternenwasser gebe. Das Wasser von der besten Be= schaffenheit. Browne 430. Das Wasser des Klosters ist vortrefflich, wie der reinste Krystall im Ausguß, jeder Tropfen gleicht einem Diamanten. . . Es ist vorzüglich, noch vorzüglicher, als das vor= züglichste in Bethlehem. Ich sah und trank es nie so klar. Es ist bei Tische mir oft begegnet, daß ich, um des Vergnügens willen es zu betrachten, meine Mahlzeit unterbrach, so außerordentlich schien mir die Reinheit desselben. Seramb 1, 184. An einem Orte tischt dieser Fromme die Unwahrheit auf (1, 169): „Wenn die Wasserbehälter und die Kanäle, welche Bethlehem ebenso wie Jerusalem mit Wasser versehen, in Ruinen liegen und 11 Monate des Jahres hindurch trocken sind (warum nicht auch im 12. Mo= nate, wenn sie in Ruinen liegen?), so müssen die Weiber das zum Hausbedarfe nöthige Wasser eine Stunde weit aufsuchen.‟
2 Eine Viertelsstunde vor Bethlehem begegnete Seramb (1, 170) ei= nem Mädchen von 12 Jahren mit einem Wasserschlauche; auf sein Verlangen legte es ihm die Wasserlast auf die Schultern. Der Trap= pist fand sie jedoch so drückend, daß er unter derselben kaum einige Schritte gehen konnte. Das beweiset zur Genüge, daß er ein sehr schwacher Mensch war, und daß er sich in Uebertreibung gefiel, wenn er an einem andern Orte versichert (182), daß er „mit ziemlich großer Stärke begabt‟ sei, bei einem Anlaße, als er die Katharinenkirche zu Bethlehem räumte und die Letzten hinausstieß.

Zisterne mit zwei Oeffnungen und sehr alt aussehenden
Rändern von weißem Marmor steht südlich, gerade unter=
halb des Hâ˙ret en = Neghâ˙bschreh (Tischlerviertel), unter
einem Gewölbe, und wird vom vorüberfließenden Wasser
des Aquädukts gespeiset[1]. Wenn im vierten oder fünften
Jahrhundert behauptet werden konnte, daß es in der Ge=
gend von Bethlehem, einige Brunnen ausgenommen, kein
anderes Wasser gab, als jenes, welches man in den Be=
hältern von Regenwasser sammelte, und daß daher, wenn
Gott in seinem Zorne den Regen zurückhielte, mehr Gefahr
vorhanden wäre, vor Durst, als vor Hunger umzukommen[2],
so ist es offenbar ein Beweis, daß damals die Wasserleitung
Bethlehem mit keinem Wasser bescherte. Der später errich=
tete oder wiedererstellte Aquädukt lieferte 1845 vor dem
reichen Regen eine nicht ganz geringe Menge Wasser, und
nachher holten Bethlehemitinnen es aus demselben ebenfalls,
sei es, daß im Städtchen auf die Anlage von Zisternen zu
wenig Bedacht genommen, oder das lebendige Quellwasser
der Leitung dem stehenden Regenwasser vorgezogen wird.
Sonst behilft man sich, wie gesagt, mit Zisternenwasser, we=
nigstens in den Klöstern, und der Lateiner Zisterne, die sich
außen nördlich vom Schiffe der Marienkirche in der Nähe
des Kreuzganges findet, und in deren nicht bedeutende
Tiefe einige Stufen hinabführen, enthält gutes Wasser[3].
Auf dem Kirchenplatze, gleich vor dem Haupteingange in

1 Während wir den steilen (Süd=) Abhang hinabstiegen, kamen wir
 nach einigen 50 Schritten zu zwei Brunnen, wie es zuerst den An=
 schein hatte; aber es zeigte sich, daß es bloß Oeffnungen über der
 Wasserleitung waren, die hier durch eine Art von tiefem Gewölbe
 läuft, von welchem aus das Wasser ungefähr 20' in die Höhe ge=
 bracht wird. Robinson 2, 384 fg. Die Bethlehemiten erhalten
 das Wasser vermittelst einer steinernen Röhrenleitung. Browne 43.
2 *Hieronymi* commentar. ad Amos IV. Angeführt von Bachiene
 1, 1, 435.
3 Im Minoritenkloster 3 gute Zisternen. Zwinner 357.

die Marienkirche, stehen drei Zisternen[1], deren Wasser aber
nur für das Vieh benutzt wird. Zu meiner Zeit waren sie
bald vom Regen gefüllt, wurden jedoch, nach der Versicherung, nicht alle Jahre voll. Deswegen betrachten die Bethlehemer die Wasserfülle in diesen Zisternen mit Wohlgefallen. Eine besondere Erwähnung verdient der

Davidsbrunnen[2] oder die Davidszisterne[3], selten die Zisterne von Bethlehem[4] genannt. Dieser Wasserbehälter liegt linker Hand, wenn man von Jerusalem nach
Bethlehem geht[5], achtundfünfzig Schritte nördlich von der
Straße[6], nahe bei Bethlehem[7], nämlich vier Minuten westlich davon[8], auf dem nördlichen Fortlaufe des Dsche bel Ki l-

---

1 Man sieht diese drei Zisternen auf den neuen Grundrissen. Tres
cisternæ multis aquis affluentes; ad quas hauriendas advenæ et
Bethlehemitæ accedunt. *Quaresm.* 2, 623a. Plusieurs cisternes.
Nau 397. Die dritte, dem Thore nächste Zisterne war früher geschlossen. *Quaresm.* l. c. S. die letzte Anm.
2 Er wirt auch auff den heutigen Tag der Davids Brunnen genandt. Rabzivil 169. *Zuallard.* 205. Troilo 386. Thompson §. 48. Korte
117. Berggren 3, 149. Letzterer hat auch den sonderbaren Namen
Ras Etaes, was vielleicht den Namen der Gegend bezeichnen sollte.
3 *Fabri* 1, 437. *Quaresm.* 2, 614. *Surius* 522. Zwinner 353.
Bremond 2, 3. *Legrenzi* 1, 178. *Nau* 394. Robinson 2, 378.
4 *Quaresm.* Voyage 1699. 79.
5 Rauchwolff 643. *Quaresm. Surius.* Wenn man von dem Grab
Rahel, ein kleines Berglein hinaufkommet, vnd Bethlehem völlig
ersehen kann (richtig). Zwinner. En tournant un peu à gauche.
Voyage 1699.
6 1 Bogenschuß. Radzivil 169. Etwa 1 Musketenschuß. Ignaz
von Rheinfelden 126. 50 Schritte. *Bremond.* Von Rahels
Grab ½ Meile nach Zuallart' oder nicht weit nach Zwinner.
7 *Fabri, Fürer,* Radzivil, Zwinner. In einiger Entfernung.
De Bruyn 2, 230.
8 ¼ Meile. Schwallart. Circa . . medium milliaris. *Quaresm.* 1
kleine ½ Stunde (im R.). *Surius.* ¼ Stunde. Thompson,
Korte (1 kleine), Robinson (ungefähr). 2 Büchsenschüsse. *Legrenzi.* A une porte de mousquet. Voyage 1699. 1000 Schritte.
Geramb 1, 183. Laboire sagt: 1 Musketenschuß weit von Bethlehem bis zum Punkte des Weges, wo man gegen die Zisterne
abbiegt. Andere bestimmen die Lage auf West neben der Pforte,
wie Brocardt, kopirend Breydenbach, Tschudi (zunächst, 269).
Vgl. deshalb de Bruyn.

fel, ben Klöftern unb ber großen Marienkirche, ben Wâ·bi el = Charîl·beß bazwiſchen[1], weſtlich gegenüber. Auf bieſem gar anziehenben Fleck genießt man bie Ausſicht auf bas maleriſch baliegenbe Stäbtchen mit ſeinem Tempel, ſowie auf ben Parabiesberg[2]. Es gibt eigentlich brei Ziſternen[3], bie in ihrer Lage einen Triangel[4] bilben, nämlich eine ſüb= liche, bie nächſte am Wege, eine weſtliche unb öſtliche. Sie ſinb in ben Felſen gehauen[5] unb oben mit einer Mauer zu= gebeckt[6]. Der ziemlich ſorgfältige Bau legt Zeugniß ab, baß ſie zu ſeiner Zeit ſchön waren[7]; einſt hatte bie Ziſterne einen Marmorbeckel[8] unb ringsum ein viereckiges Bauwerk[9]. Die ſübliche Ziſterne, bie wahrſcheinlich von ben Pilgern am meiſten beſucht unb zunächſt gemeint war, iſt 17′ tief[10], hat zwei gangbare Schöpföffnungen unb eine verſtopfte. Die Morgenlänber pflegen bas Waſſer mit einem rings ſteifen Lebereimer, ber an einem Stricke in bie Tiefe gelaſſen wirb,

1 Inter hanc cisternam et Bethlehem est magna et profunda vallis, ubi sunt vineae, ficus et oliveta. *Quaresm.* 2, 615a. Jenſeit bes tiefen Thales unterhalb bes Dorfes. Robinſon.
2 Della Balle 1, 157.
3 Die Schriftſteller ſprechen hingegen nicht von brei Ziſternen, ſon= bern nur von brei Oeffnungen einer Ziſterne. Man ſ. *Fabri* (tria ora, s. tria foramina), Tſchubi (3 Hälſe ober Löcher. 270), *Qua-resmius* (2, 614), *Surius*, Zwinner (3 gemauerte Brunn= löcher), *Ladoire*, Robinſon (3 ober 4). Rau ſagt gar (394): Elle a trois bouches, en memoire peut-estre de ces braves de David.
4 Cette citerne est au milieu d'une petite place de figure triangu-laire. *Ladoire.*
5 Troilo.
6 Bien couverte. *Nau.*
7 Zwinner.
8 *Legrensi.* Voutée des pierres blanches. *Surius.*
9 Lapidibus olim in quadro dispositis circumdata. *Quaresm.* 2, 615. Daß bie Brunnen mit Blei ausgelegt waren, iſt eine ganz neuge= backene Behauptung Gerambs.
10 Tief nach Fabri, Rauchwolff, Quaresmius, Robinſon, ſehr tief nach Zwinner unb Troilo.

zu schöpfen[1]. Die Zisterne ist groß[2]; doch bin ich nicht im
Stande, das weitere Maß genau anzugeben[3]. Vierundvierzig Schritte von hier gegen Mitternacht trifft man die
östliche Zisterne mit vier Schöpföffnungen und einer Tiefe
von 21′. Die westliche Zisterne hat eine südliche und nördliche Oeffnung. Denkt man sich alle drei Zisternen zusammen, so entsteht vor uns ein großer Wasserbehälter, der
von namhafter Bedeutung sein mußte. Obschon der Regen
zu meiner Zeit reichlich herabfiel, fand ich dennoch in keinem
der Behälter Wasser, und nicht besser erging es Andern im
Spätfrühling 1838[4]. Der Name Davidsbrunnen erklärt
sich, — und mit welchem Rechte, werde ich an einem andern Orte auseinander setzen, — aus der Annahme, daß
die drei Helden Davids, das feindliche Heer durchdringend,
hier beim Thore der Stadt für den König Wasser schöpften[5]. Ich will hier die neuere Geschichte oder die der Tradizion und einiger Denkwürdigkeiten geben. Schon zur Zeit
der fränkischen Könige zeigte man in Bethlehem den Brunnen Davids, aus dem ihn zu trinken gelüstete[6]; auf welcher Seite der Stadt er aber lag, ward nicht gemeldet.
Um das J. 1280 und 1310 fand man angeblich die Zisterne
auf der Westseite Bethlehems, und zwar beim Eingange
oder Thore[7]. Die Tradizion hatte indeß so wenig feste

---

1 Deßhalben die Leut so da gehen Wasser zu schöpffen, sich mit Stricken
und lädern Eymern, mit Reifflein eyngefangen, wie in diesen Lan-
den gebräuchig, versehen, desgleichen auch die Kauffleut mit sich auff
den Weg nemmen. Rauchwolff. Buchi capaci per penetrare con
utri. *Legrenzi.*
2 Fabri, Zwinner, Robinson. Weit nach Rauchwolff, unten
breit nach Troilo.
3 Ayant de sa longuaur 34. pas et de largeur 11. *Surius.*
4 Robinson.
5 I. Chron. 11, 17 und 18.
6 *Phocas* 22.
7 Brocardt und ihm nach *Marin. Sanut.* 3, 14, 11.

Wurzeln, daß man die Zisterne im J. 1320 an einen andern Ort versetzte; man nahm nämlich an, daß sie vor der
Façade der großen Marienkirche, wo wir bereits auf Zisternen aufmerksam wurden, und einen Steinwurf von der
Geburtsstätte des Herrn lagen[1]. Später wollte es mir
nicht gelingen, der Zisterne wieder zu begegnen bis in der
letzten Hälfte des fünfzehnten Jahrhunderts[2], und ohne Zweifel der nämlichen, welche heutzutage noch gezeigt wird. Der
Umstand aber, daß man die Zisterne nicht mehr beim Thore
antraf, bewog die Pilgrime, die Hypothese aufzustellen,
daß eigentlich vor Alters die Stadt Bethlehem sich bis hieher erstreckt habe[3]. Zu jener Zeit rühmte man den Reichthum, die Klarheit, Frische und Güte des Wassers[4]; auch
später pries man die Menge[5] und Güte[6]. Im J. 1738
wurde nur Meldung gethan, daß die Zisterne keine über-
fließende Quelle wäre[7]; allein von dieser Zeit an war es
mir nicht möglich, die Zisterne mehr als Wasser enthaltend aufgeführt zu finden. Dieses wurde nie als eine Quelle[8] hervorgehoben, im Gegentheil hatte man ausdrücklich bemerkt, daß

----

1. In platea que est ante faciem eius ecclesie (Marienkirche) est cisterna illa cuius aquam desideravit David dicens O si quis etc.
Super cisternam illam ad iactum lapidis est locus ubi natus est
Dominus. *Pipin.* 72b. Diese Meinung sehe man bei *Quaresm.*
2, 623.
2 Breydenbach und Fabri. Letzterer sagt deutlich, daß die Zisterne,
wenn man von Jerusalem gen Bethlehem hinging, linker Hand,
etwa 1 Steinwurf weit vom Wege war.
3 Tschudi, Zuallart (205). Man vgl. auch Rau, de Bruyn.
4. Continet aquas copiosas, claras, sanas et frigidas. *Fabri.*
5 Rauchwolff. Beinahe immer voll Wasser. *Quaresm.* Selten man-
gelndes Wasser. Zwinner. Mit Regenwasser ausgefüllt und sonst
keine Aufmerksamkeit verdienend. Thompson.
6 Tschudi (wie Fabri). Zuallart. Frisch und kühl. Radzivil.
Sehr frisch und gut. Zwinner. Frisch und gesund. Troilo.
Elle est bonne et tres saine. *Ladoire.*
7 Korte.
8 Mehr ein Wasserbehältniß, als eine Quelle. Thompson.

die Zisterne sich mit Regenwasser füllte, welches von dem nahen Gebirge und Rebgelände herfloß[1]. So lange die Zisterne wasserreich war, hatte sie viel Zuspruch; wenigstens erfährt man aus dem J. 1583, daß der Zulauf nicht allein aus Bethlehem, sondern auch aus den umliegenden Flecken groß war[2]; nach der Mitte des vorletzten Jahrhunderts konnte mit dem Zisternenwasser eine gute Zeit des Jahres ganz Bethlehem erhalten werden[3]. Eines sehr unangenehmen Vorfalles gedachte man im J. 1483. Als ein sarazenisches Weib Wasser schöpfen wollte, sich aber dabei nicht behutsam benahm, fiel es in die Mündung der Zisterne und stürzte ins Wasser hinab, woraus man es dann todt herauszog. Daher kam es, daß das Volk, zumal auch die Einwohner von Bethlehem vor dem Wasser den größten Abscheu bekamen[4]. Man hegte zu seiner Zeit die Meinung, daß über der Zisterne das väterliche Haus Davids stand[5]. Meine diesfallsige Ansicht geht dahin, daß hier jedenfalls auf ein wichtiges Gebäude, eher ein Kloster, als eine Festung, geschlossen werden darf. Zisternenwasser hätte man an so manchen andern Orten sammeln können; es konnte nicht für eine entferntere Gegend, welche das jetzige Bethlehem einnimmt, berechnet sein; es diente sonder Zweifel in der Nähe. Uebrigens hatte man schon im zwölften Jahrhundert auf der linken Seite der Kirche zur Geburt unsers Herrn die väterliche Stätte Davids im Auge[6], und selbst

---

1 *Surius.*
2 Radzivil.
3 Zwinner.
4 Anto paucos dies sei es geschehen. *Fabri.*
5 *Ladoire* 191.
6 Ἐις τὸ ἀριστερὸν μέρος τῆς αὐτῆς ἐκκλησίας εἰσὶ τὰ γονικὰ τόν Δαυίδ. *Epiphan.* M. 52. Scheidt ward (71) Isai's Behausung am Ende der Stadt gezeigt.

im J. 1829 wies man am Engwege im Norden von Bethlehem die Stelle, wo das Haus Davids gestanden haben
soll[1].

Die Gegend von Bethlehem ist fruchtbar[2], und wäre
es noch mehr, wenn die Sicherheit vor streifenden, das
Eigenthum Anderer wenig beachtenden Arabern einen fleißi-
gern Anbau des Bodens erlaubte[3]. An Bäumen ist dieselbe
jetzt nicht reich, und das Brennholz so selten[4], daß man
auch Kohlen brennt. Die Feigenbaumzucht[5] geräth in Verfall, weil Bäume und Früchte vor den Arabern nicht sicher
sind, die mit ihren Thieren das Angebaute zerstören. Ein
Mann von keinem hohen Alter theilte mir mit, daß, seit
seinem Gedenken, viel Feigenbäume und Reben an Orten
nicht mehr gepflanzt werden, wo sie früher herrlich gediehen,
und er konnte sich der Klage über die Regierung nicht er-
wehren, daß sie, statt den Fleiß des Landmannes zu schützen,

---

1 Prokesch 118. Gumpenberg fand (442) Davids Haus vorne zu
und das Städtlein hinten daran.

2 Fertilissima est gleba per circuitum. *Fabri* 1, 464. Hügel und
Thäler fruchtbar; Alles lacht gleichsam Einen an. Della Valle
1, 157. Amman 120. Sane talibus bonis affluebat Bethlehemitica
regio, ut non facile fecunditate alius pluribus Palæstinæ partibus
cederet, sicut nec in præsentia cedit. *Quaresm.* 2, 620. Un pays
fertile. Voyage 1699. 79. Mit dem besten Boden in diesen Kan-
tonen. Volney 2, 240. *Duc de Raguse* 3, 446.

3 Schubert 3, 12. Vgl. Binos 212 und Geramb 1, 148. Letzterer
kämpft aber ohne Noth gegen Andere, welche die Unfruchtbarkeit
des Bodens dem Christenthume zuschreiben, weil sie es nicht thun,
und er hätte dafür lieber nicht sagen sollen, daß in Bethlehem
„Alles gedeiht.“

4 Bethlehem hat kein Holz; man findet es nur in einer Entfernung
von einigen Stunden, und auch dieses müssen die Frauensleute her-
beischaffen. Geramb 1, 171.

5 Feigenbäume umher. Zwinner 355. Große Feigenbäume fand
Rauchwolff (645), mit Oel- und Feigenbäumen bekleidete Terrassen Boucher (276), und eine Fülle Wittman (7) und Prokesch (112). Feigen von köstlichem Geschmacke. Geramb 1, 148.

die Hände ruhig in den Schooß lege. Es wachsen auch Oel=[1], Granat=[2] und Mandelbäume[3]. Wenn ich andere Gewährsmänner für die Behauptung einstehen lasse, daß auch Aprikosen=, Apfel= und Birnbäume gedeihen[4], so kann ich hinwieder selbst versichern, daß in den Gärten der Klöster Pomeranzen= und Zitronenbäume und Zypressen prangen[5]. Die Rebe und ihre Frucht sind ausgezeichnet[6], aber sie nimmt keine große Bodenstrecke ein[7]. Die Trauben sind weiß[8], wie alle in der Nähe von Jerusalem. Der Bethlehemer=Wein ist von vorzüglicher Güte[9], scheint aber nicht haltbar zu sein. Im J. 1845 gedieh er, wie in Ain Kârim, sehr schlecht, und man kredenzte mir alten Wein; obschon ich in mehrere Häuser ging, in der Absicht, guten zu bekommen, so schlug sie dennoch fehl. Denn ich trank während meiner letzten Reise zu Bethlehem guten Wein nie und leidlichen nur einmal. Der vorgesetzte hatte einen etwas

---

1 Ella (Bethlehem) possiede comunemente assai bel paese e bene ulivato. *Sigoli* 134. Fruchtbar an Oliven. Gumpenberg 464. Oleo abundans. *Fabri.* (Der Wâdi el = Charûbeh unten) voll großer Oel= und Feigenbäume. Rauchwolff. Volney. Ueberfluß an Olivenbäumen, wovon die Einwohner eigentlich leben. Wittman. Schubert 3, 12.
2 Wittman.
3 Eine Fülle von Mandelbäumen. Prokesch.
4 Sie blühten im Merz. Schubert 3, 114. Volney sprach von Obst.
5 Tschudi sagt (272) im Allgemeinen, daß es viel fruchtbare Bäume gebe.
6 Sehr schöne Reben. *Duc de Raguse* 3, 446. Die Weintrauben von köstlichem Geschmacke. Geramb. Schubert.
7 Die Einen sprechen von viel Weingärten, wie Baldensel (120), Fabri (vino .. abundans. 1, 464), Wittman (bis auf den Gipfel Weinberge), der Verfasser des viagg. al. S. Sepolcro (F 6a) von wenig; Andere, wie Gumpenberg, Rauchwolff, Amman, Zwinner, Volney, lassen das Quantitative unberührt.
8 Volney.
9 Gut. *Baldensel.* Vinum praestantissimum, nec cum ullo ejus regionis comparandum proferunet. *Cotovic.* 239. Etwas erbig bitter. Palæst. 1831. 23.

ältlichen ober beinahe essigähnlichen, wenigstens säuerlichen Geschmack. Man kann dem Bethlehemer = Wein[1], gleichwie anberen Weinen aus dem alten Lande des Stammes Juda, nachsagen, daß er leicht nach dem Kopfe steige und berausche. Getreidefelder trifft man ganz in der Nähe des Städtchens wenige an[2]. Ich hörte nichts davon, daß jetzt noch Sesam gebaut werde, wie es im letzten Jahrhunderte der Fall war[3]. In den Gärten sieht man Gemüse, wie Kohl; lieber noch möchte ich den zurückgezogenen Pflanzer gesehen haben, ber, neben der Uebersetzung der hl. Schrift, mit seinen Händen bas Gemüse begoß[4]. Im sechszehnten Jahrhundert erwähnte man der Kräuter im Wâdi el = Charûbeh oder im Felbe der Hirten, wie bes fremden Wohlgemuthes, **Tragoriganum**, des römischen Quendels, welchen die Araber Sathar nannten, des **Absinthium Santonicum**[5]. Bethlehem besaß einst viel Weiden[6]. Sonst grinset auf mehr, als einer Seite in geringer Entfernung die Wüste[7].

Es ist gerathener, von der Fauna zu schweigen, als etwa anzuführen, daß im sechszehnten Jahrhundert ein Pil-

---

1 Bolney.

2 Eckern. Gumpenberg 464. Frumento . . abundans. *Fabri* 1, 464. Umb Bethlehem findet man etliche wohlerbawete Thäler von Korn. Rauchwolff. In ber Nähe Getreide. Amman.

3 Bolney.

4 Olus nostris manibus irrigatam. Epist. *Hieronymi* ad *Marcellam*.

5 Rauchwolff. Vgl. später Belon.

6 *Fabri*. Im fruchtbaren Thale Rephaim (Wâdi el=Charûbeh), wie in anbern benachbarten Thälern findet sich Wiesengrund, der die Viehzucht begünstigt. Schubert 3, 12. Light fand (im September) zwischen Bêt Sâhûr en = Naßâ'râ und Bethlehem ein arabisches Lager, und machte die wenig praktische Bemerkung (169 sq.): It appeared the Arabs were eagerly received by the inhabitants of the country for the manure afforded by their cattle: an amicable treaty between both parties ensured safety from pillage. The cattle I had seen in the valleys belonged to the Arabs: they were driven to pasture during the day, and at night were brought back.

7 Cui succedit vastissima solitudo, plena ferocium barbarorum. *Hieronymi* epist. ad *Dardanum*.

2

ger ein Chamäleon[1] und im gegenwärtigen ein anderer den gemeinen europäischen Igel fah[2].

Ich werde jetzt ein Bild vom Städtchen[a] entwerfen, das Andere, vielleicht mit eben so viel Recht, Dorf be= nennen, weil es nicht von Mauern umringt[4] ist. Ich habe schon bemerkt, daß das Städtchen in zwei Theile zerfällt, und zwar in einen östlichen mit der Kirche und den Kloster= gebäuden und einem Häuserviertel gleich südlich, nämlich dem Hâ'ret el = Land'treh, und in einen westlichen Theil, welcher die übrigen Häuser, sowohl auf dem Rücken, als an der Süd= und Nordseite des Hügels, umfaßt[5]; ja hier langen sie hinab und hinaus auf die Westseite des Wâ'di el = Charû'beh an seinem Anfange, indeß das lateinische Klo=

---

1 Schweigger 310. Auch Schubert fah eines (3, 16).
2 Schubert 3, 120.
3 Ansichten von Bethlehem lieferten z. B. de Bruyn (2, 222), We= gelin (gut), der Verfasser des Palæstina 1831 (50. Rein ersonnen), d'Estourmel (115), Roberts (Sketches part. VIII), Halbreiter (Bl. III, Anf. 2). De Bruyn's Zeichnung weiset zwei Theile, den ersten mit dem Kloster und den festen Mauerjochen links (östlich) und gänzlich getrennt, woneben nur wenig Gebäude anliegen, und rechts (westlich) das kleine Dorf mit ärmlichen Wohnungen. D'Estour= mels Zeichnung ist unter aller Kritik, beinahe unkenntlich, ohne das Dorf. Roberts' Ansicht von Nordwest aus hat ein schlechtes Ter= rain, eine ungenaue Gruppirung der Häuser, zu unsichere Linien, namentlich der Kirche und Klöster. Vortrefflich ist das Bild von Halbreiter. Man sieht von N.W. aus die Geburtskirche, rechts das armenische und links das lateinische Kloster; nur zählte der Künst= ler die Seitenfenster der Kirche nicht richtig, und man vermißt die Aufnahme des Begräbnißplatzes und des kleinen Westpförtchens vom Kapuzinerkloster.
4 Dem Marktschreier Döbel ist es vielleicht eher zu verzeihen, wenn er in die Welt hinausfaselt (2, 126): „Feste Mauern und tiefe Wall= gräben umgeben das Städtchen, um die Einwohner einigermaßen vor den Anfällen räuberischer Beduinen zu schützen", als Robinson, wenn er sagt (2, 381), daß die Stadt von einer Mauer mit Tho= ren umgeben werde. Fanden das Städtchen doch schon Korte (117) und Ignaz von Rheinfelden (127) ohne Mauern.
5 Die Häuser liegen auf dem Gipfel und am Abhange eine Hügels. Binos 207.

ster diesem Thale nach auf dessen Morgenseite hinabgebaut ist, so daß beide Theile, doch etwas schräge, einander ge=genüber stehen. Wenn man die Tempel= und Klostergebäu=lichkeiten, obgleich die weitaus wichtigsten, nicht auch als ein Hâ'ret (Hâ'ret eb = Dêr) ansehen will, so gibt es sieben Viertel:

1. Hâ'ret el = Lanâ'treh, südlich vom armenischen und griechischen Kloster, das Ostviertel, gänzlich am Südabhange des Hügelrückens.

2. Hâ'ret el=Ghuwâ'si¹, zunächst westlich vom Kirchen=platze und zum Theile auf dem Rücken.

3. Hâ'ret en = Neghâ'dschreh (Tischlerviertel), westlich vom Hâ'ret el=Lanâ'treh, im südlichen Theile des Städtchens, am Südabhange.

4. Hâ'ret el = Forachi'eh, westlich vom Hâ'ret el = Ghuwâ'si, auf der Höhe.

5. Hâ'ret et = Tarâ'schmeh, westlich vom Hâ'ret el = Ghuwâ'si, zum Theile höher, als dieses, größtentheils am Nordabhange.

6. Hâ'ret er = Rasâ't, westlich vom letztern Viertel.

7. Hâ'ret el = Fowâ'ghreh, am westlichsten und zu oberst. Das Hâ'ret el = Ghuwâ'si ist das größte Viertel. Im Hâ'ret el = Lanâ'treh wohnen nur Griechen, Tischler und Zimmer=leute; die Armenier besitzen ihre Wohnungen im Hâ'ret en = Neghâ'dschreh, die Moslemin im obersten Viertel; in den übrigen Vierteln zerstreut wohnen die römischen Ka=tholiken.

---

1 Ein Gelehrter schrieb mir die Bemerkung, ob nicht das Wort Gho=wâ'si das Geschlecht von Weibspersonen sei, worüber Burckhardt (Arab. Sprüchw. 495) berichtet.

2*

Das Städtchen ist von keinem großen Umfange[1]; die Länge von West nach Ost übertrifft die Breite von Süd nach Nord um ein Bedeutendes[2]. Jener beträgt etwa sechszehnhundert Schritte[3], welche einer kleinen Viertelsstunde gleich kommen, die Länge etwa achthundert Schritte und die Breite bis auf etwa zweihundert Schritte und darüber. Man zählt mehrere Gassen. Der Weg von Jerusalem her durchschneidet nicht das ganze Städtchen. Er führt unten von West um den Wâ-di el = Charû-beh, steigt dann plötzlich gegen Süd oder Südost aufwärts, lenkt dann in die frühere Richtung (gegen Ost) ein, indem er so bis zum Klosterplatze abwärts leitet. Wo die Marktbuden in dem Hâ-ret el= Ghuwâ-si, el = Forachi-eh, et = Tarâ-schmeh und er = Rasâ-t sind, ist eigentlich die Hauptgasse, die man auch Bazâ-r oder Basâ-r nennen mag. Nicht ganz in der Mitte des Städtchens theilt sie sich in drei Gassen, von denen die nördlichste der Jerusalemer = Weg ist. Sehr schmale[4] Quergassen, auch stiegenähnliche, ingleichen solche, die über Hausdächer füh=ren, gibt es da in ziemlicher Menge, weil auch südlich oder am Südabhange vom Viertel Lana-treh durch bis zum Hâ-ret el = Fowâ-ghreh hinauf eine Längengasse dahinzieht. Uebri=gens sind die Häuser des Westhügels von den Gebäuden des Osthügels nur so weit von einander gesprengt, daß der Zwischenraum eine breite Gasse bildet[5], die, mehr auf

---

1 Nicht sehr groß. Palæst. 1831. 49. Cette petite ville. *D'Estour-mel* 2, 113 sq.

2 Viele Schriftsteller bemerkten, daß das Dorf länglich gebaut war, wie Baldensel (120), der Verfasser des Palæst. 1831 (49).

3 Legrenzi, der einzige mir bekannte, der ein genaueres Maß, frei-lich nicht aus unserem Jahrhunderte, mittheilt, schreibt (1, 185): E di brevissimo giro non più estendosi che un miglia in circa, was so ziemlich mit meinen Messungen übereinstimmt.

4 Enge Straßen. *Light* 165. Röser 445.

5 Die Bemerkung Robinsons (2, 379) ist ungenau, daß das Kloster gegen 200 Schritte vom Dorfe nach Osten zu entfernt sei. „Auf

der Südseite dann gegen Ost umbiegend, als eine schmä=
lere Gasse zwischen dem armenischen und griechischen Kloster
nördlicherseits und dem Ḥâˑret el = Lanˑdˑtreḥ südlicherseits
bis zum Ostende des Städtchens gegen die Milchhöhle Ma=
riens hinaufzieht. Die wenigsten Gassen sind gepflastert,
und beim Regenwetter sucht der Schmutz Seinesgleichen[1].
Worüber ich aber besonders erstaunen mußte, war, daß
selbst vor dem Einfalle des Regenwetters, da sonst Al=
les vor Trockenheit lechzen möchte, die nach Jerusalem füh=
rende Gasse Pfützen aufwies.

Diejenigen Reisenden, welche nur ein armes, elendes
Nest[2] oder kaum mehr, als einen Schutthaufen[3] wahrnah=
men, wenn ich auch zugebe, daß das jetzige Bethlehem nicht
einmal der Schatten seiner einstigen Schönheit, um nicht zu
sagen, seiner Größe war[4], hätten mir die nähere Beschrei=
bung des Städtchens oder seiner Bestandtheile unendlich er=
leichtern können, wäre ich nur gläubig genug in ihre
Fußtapfen getreten. Nein, neben manchen Trümmern oder
trümmerähnlichen Gebäuden, die gerade nicht der anziehendste
Punkt für den Ankömmling sind, sieht man noch viele wohn=

dem Gipfel einer nicht unbeträchtlichen Anhöhe liegt das Dorf einige
100 Schritte gegenüber, auf einer andern das Kloster." Mayr v.
A. 330.
1 Schmutzige Straßen. Röfer.
2 Mayr v. A. Gegenwärtig wirklich ein scheußliches Nest. Rußeg=
ger in Preiswerks Morgenland, 1839, 39.
3 Die Schutthaufen der sogenannten .. Stadt. ... Das Elend und
die Armuth, die hier unter den Trümmern hausen. Schubert
3, 11. Allerdings richtete 1834 das Erdbeben Verschüttung an (Rö=
fer); allein so arg, wie sich Schubert im Flusse der Stylprobe ge=
bärdet, ist es nicht, wie ich aus dem J. 1835 weiß. Wollte doch
Geramb (1, 166) schon vor dem Erdbeben nur einen unordentlichen
Haufen Häuser oder vielmehr verfallener Gemäuer, welche das Städt=
chen ausmachten, gesehen haben, wahrscheinlich um nur mit besserem
Fuge „das Elend und die Knechtschaft" (unter den Vätern Franzis=
kanern?) auf die Ruinen zu appliziren.
4 Vgl. Geramb.

liche Häuser, die wir der Aufmerksamkeit gar wohl würdigen dürfen. Was die Bauart der Häuser betrifft, so bilden sie in ihrer seitlichen Begrenzung einen städtischen Schluß, ja an mehreren Orten mit einer solchen Gedrängtheit, daß sie in einander gebaut worden wären, wenn es die Möglichkeit gestattet hätte. Das Baumaterial sind in der Regel, wie an andern Orten Palästinas, kleine Quadersteine [1], welche den Wohnungen ein massives Aussehen verleihen [2]. Es ist unnöthig, zu bemerken, daß auch die Steine von alten, zertrümmerten Gebäuden zu Neubauten verwendet wurden. Man wird daher Säulenfragmente in den Häusern selbst finden. Man bemerkt auch ziemlich große geränderte Steine und an einem Hause ein sehr schön gearbeitetes Karnieß von rothem, polirtem Marmor, wahrscheinlich aus der sogenannten Schule Hieronymus'. Die Form der Häuser ist viereckig [3], das Dach platt [4]; etwa nur die ziemlich zahlreichen kleinen Backhäuschen, welche besonders beitragen, daß in den Augen des weniger Eingeweihten das Städtchen als ein Haufen Hütten erscheint, haben gewölbte Dächer. Neben manchen niedrigen [5], nicht senkelgeraden Häusern gibt es manche hohe und zwar auch wirklich gut gebaute, schönere. Die Treppen sind stets außen angebracht [6], wo sie ein oder zwei Stockwerke hoch hinaufführen; da, wo die Wohnungen, und ihrer sind viele, mit der Erde eine horizontale Linie bilden, gehen sie natürlich ab. Nach

---

1 In eine Phrase Schuberts paßten gerade Lehmhütten. Nach dem Erdbeben sah Röser noch steinerne Häuser.
2 Massiv gebaut. Robinson 2, 381.
3 Dorfum 145. De Forbin 124. Geramb.
4 Terrassenförmig. Geramb. Mit Kuppeln. De Forbin. Man sehe später nach.
5 Dorfum, de Forbin. Robinson spricht von nicht großen Häusern, Röser dagegen von großen, die wie aus felsigem Boden zu wachsen scheinen.
6 De Forbin, Geramb.

Glasfenstern würde man vergeblich schauen; dafür gewahrt
man gegen die Gasse hier und da zum mindesten Fenster=
öffnungen und sonst kleine Oeffnungen, so daß die Häuser,
wenigstens nach morgenländischen Begriffen, keinesweges
eher Gefängnissen gleichen, als Wohnungen[1]. Die Fenster
haben selten einen Verschluß durch Läden, und in den mei=
sten Gebäuden werden sie von den Thüren vertreten. Diese,
plump von Holz, sperrt man in manchen Häusern mit ei=
nem hölzernen Schlosse, zu dem ein hölzerner Schlüssel paßt;
doch sind eiserne Schlösser nicht selten. In irgend einem
Gewölbe oder Keller oder einer Höhle der Häuser ist der
Aufenthaltsort der Kamele und anderer Hausthiere, und
wen die Neugierde nicht treibt, weiter hineinzublicken, wird
die Ställe nicht ahnen.

Etwas Merkwürdiges an den Hausfronten, und zwar
an der Morgenseite, gleichwie in Bêt Sâhû'r, ist ein Ge=
wölbe oder viereckiger Raum, welche zur Aufnahme von
Bienentöpfen offen gelassen sind. Auch haben die Häuser auf
einer Seite einen, nur selten mehr, als einen hervorragenden
Stein, worauf Blumentöpfe gestellt werden. Liest man in
einigen Reiseschilderungen, so sollte man kaum glauben, daß
hier und da in einem Hause die Symbolik oder der höhere
Kunstsinn sich versuchte. Ein eingehauenes Kreuz, meist
über der Hausthüre, den Christen ein freundliches Zeichen,
kommt in diesem moslemitischen Lande am häufigsten vor.
Auch erblickt man den Ritter Georg in fresco oder ausge=
gehauen, sowie das Bildniß Mariens, der Frau Josephs,
oder Magdalenens. Von den Häusern und Backhäuschen
sind noch die niedrigen Krämer= und Arbeiterbuden zu unter=
scheiden, welche, gegenseitig durch die Gasse getrennt, den öst=
lichen oder nordöstlichen Vierteln des Westhügels angehören.

---

1 Wie Röser will.

Ich würde gerne die Zahl der Häuser nachtragen; allein die
hiesigen Einwohner konnten sie mir nicht angeben, und zu
einer poetischen Beilage möchte ich mich nicht verstehen.
Nach Andern beträgt die Zahl etwa hundertundfünfzig[1],
wenn nicht gar bei dreihundert[2]. Um von einem Hause
und seiner innern Einrichtung ein Bild zu liefern, an dem
doch die meisten Farben treu sind, will ich einen Pilgrim
redend einführen, welcher Bethlehem im J. 1832 besuchte[3]:
Nachdem ich einem äußerst schmutzigen Zugang gefolgt war,
kam ich in ein gewölbtes, fensterloses Zimmer eines Hauses,
welches die wohlhabendste Familie besaß; das Tageslicht
drang nur durch die Thüre, als die einzige Oeffnung, ein,
durch welche auch der Rauch des Herdes seinen Ausweg
nehmen konnte; die Mauern waren davon ganz schwarz.
Darin lebten zwei Brüder, welche Perlmutter verarbeiteten;
weiter weg stillte die Frau des Einen ein Kind, und nahe
dabei that desgleichen ihre Schwieger; sie war noch von
drei andern, sehr jungen Kindern umgeben. Zwei Wiegen
waren die einzigen Geräthschaften. Bei einander in einem
Zimmer schliefen Vater und Mutter, Sohn und Schnur,
und kleine Kinder auf der (mit Teppichen bedeckten) Erde
in der Nähe von Hühnern, die einen Winkel des Zimmers
einnahmen.

Ehe wir einen Schritt in der Schilderung weiter thun,
verlangt uns, einen Blick hineinzuwerfen in die Hallen der
Geschichte. Welche eigenthümliche Empfindungen bemächti-
gen sich unser, wenn sich auf einmal Jahrtausende vor uns
aufrollen. Die älteste Erwähnung findet sich im ersten Buche
Moses'[4], mit den Worten, daß Rahel starb und begraben

1 Salzbacher 2, 166.
2 Borsum 145.
3 Geramb 1, 172.
4 35, 19. Vgl. 48, 7.

warb am Wege gen Ephrat, das zur Zeit, da jenes geschrieben wurde, schon Bethlehem hieß, welches Wort Haus
des Brotes bedeutet[1]; es war die Absicht Jakobs und seines Weibes, Ephrat zu erreichen[2]. Um dieses Bethlehem
von einem andern, wenigstens von dem im Stamme Se-
bulon[3], zu unterscheiden, nannte man es Bethlehem Juda's[4],
auch Bethlehem Ephrata[5]. Ephrata aber bedeutet fruchtbar[6]. Aus Bethlehem stammte ein junger Levite[7] und das
Kebsweib, mit dem ein anderer Levite zum Gebirge Ephraim
zog. Wie der Tag sich ein wenig zu neigen anfing, ver-
ließen beide Bethlehem, und als er schon seinem Ende sehr
nahte, kamen sie vor Jerusalem an, und als die Sonne
unterging, waren sie nahe bei Gibea[8]. Von Bethlehem wan-
derten Elimelech und sein Weib Naemi aus in das Land
der Moabiter, zur Zeit einer Hungersnoth. Der eine ihrer
Söhne heirathete eine Moabitin, Namens Ruth. Als beide
Söhne dahinstarben, zog Naemi mit ihrer Schwiegertochter
Ruth von dannen gen Bethlehem, um die Zeit, da die

---

1 3. B. Hieronymus (comm. in genes. 35), Quaresmius (2,
619), Surius (523), Robinson (2, 38). Brothusen. *Fabri*
1, 463.
2 1. Mos. 35, 16.
3 Jos. 19, 15. Es ist bemerkenswerth, daß die hebräischen Koder das
Bethlehem Juda's nicht enthalten, wohl aber die LXX. Vgl. *Reland.* ad voc. Bethlehem.
4 Richt. 17, 7. Sam. 17, 12. Ἐν Βηδλεὲμ τῆς Ἰουδαίας.
Matth. 2, 1.
5 Mich. 5, 2.
6 Eine Stelle im 1. Buche der Chroniken (4, 4) läßt vermuthen, daß
der Name Ephrata nach dem Weibe Ephrata gewählt wurde, d. i.,
nach der Mutter Churs, welcher der Vater der Bethlehemiten war.
Wenn das Wort Ephrata oder fruchtbar mit Recht heute noch auf
die Gegend von Bethlehem bezogen werden könnte, so hat doch das
Wort ursprünglich dem Weibe gegolten, von welchem dann der Name
auf die Gegend überging.
7 Richt. 17, 7.
8 Richt. 19.

Gerstenernte anging; die Rückkehr erregte in der ganzen
Stadt großes Aufsehen. Ruth ging auf das Feld, welches dem Boas angehörte, und sie las Aehren auf unter
den Garben den Schnittern nach, und sie hielt sich zu den
Dirnen Boas', bis daß die Gersten= und Waizenernte aus
war. Als Boas Gerste auf seiner Tenne worfelte, ging
Ruth, nachdem sie sich gebadet und eine wohlriechende Salbe[1]
eingerieben, zur Tenne hinab, wo sie zu seinen Füßen sich
niederlegte. Und am Morgen, ehe Einer den Andern kennen konnte, stund sie auf, und er schenkte ihr sechs Maß
Gerste, die sie in den Oberrock packte und in die Stadt
trug. Boas ging (in der Stadt) hinauf ins Thor und ver-
glich sich, im Beisein der zehn ältesten Männer der Stadt,
mit dem Erben Elimelechs, und nahm Ruth zum Weibe,
das ihm Obed gebar. Obed aber zeugte Isai (Jesse)
und dieser David[2]. Samuel ging nach Bethlehem, Isai,
den Vater Davids, zu besuchen, und die Aeltesten der Stadt
kamen ihm entgegen. Keiner von den vielen Söhnen Isais
gefiel Samuel, daß er ihn zum Könige salbe, bis man ihm
den Kleinsten, David, holte, welcher der Schafe hütete.
Auf Begehren Sauls schickte Isai seinen David, der einen
Esel mit Brot und einen Schlauch voll Wein und ein Zie-
genböcklein mitnahm, dem Könige, auf daß er mit dem Sai-
tenspiel diesen aufheitere. Als zwischen Saul und den Phi-
listern ein Krieg ausbrach, in den auch die drei größten
Söhne Isais, des Bethlehemers, zogen, entfernte sich David
wieder vom Hofe, um der Schafe seines Vaters zu Bethlehem in der Wüste[3] zu hüten. Auf Ermahnung Isais
aber nahm David für seine Brüder im Kriege Saugen

---

1 Eine Art Pommade.
2 Das Buch Ruth, das eine eigentliche Chronik Bethlehems ist.
3 1. Sam. 17, 4 ff.; 17. Daß David die Schafe in die Wüste trieb,
geht aus dem 28. Vers desselben Kapitels hervor.

(geröstete Aehren) von Getreide und zehn Brote, und für den Obersten zehn frische Käse ins Lager, um zu sehen, wie es ihnen gehe; und David erlegte Goliath, den Philister, und wurde König des Stammes Juda[1]. Daher heißt Bethlehem auch Davids Stadt[2], wie der Zion. Eines Tages begehrte dieser König Wasser aus der Zisterne zu Bethlehem beim Thore[3], welche man später in der gleichnamigen Zisterne gefunden haben wollte[4], und die ausgeschickten drei Helden brachten daselbe, obschon ein Thal, worin die Heeresmacht der Philister lag, sich bis an die Stadt Bethlehem erstreckte. Aus Bethlehem waren auch Davids Feldhauptmann Joab und seine beiden Brüder Abisai und Asahel[5], alle drei — Söhne Zeruja's, der Schwester Davids[6]. Asahel wurde begraben im Grabe seines Vaters, welches in Bethlehem war[7]. Rehabeam, ein Sohn und Nachfolger Davids und Salolomos, baute Bethlehem fest, und gab den Bewohnern einen Fürsten und einen Vorrath von Speise, Oel und Wein, und er schaffte dahin Schilde und Spieße[8]. Aus der Verbannung nach Babylon kehrten hundertdreiundzwanzig Seelen von Bethlehem zurück[9].

Es liegt hier ein großer Schatz geschichtlicher Notizen

---

1 2. Sam. 2.
2 1. Sam. 20, 6 (Es könnte jedoch hier mit Vaterstadt geholfen werden). Luk. 2, 4 und 11. Stadt Davids scheint niemals Volksausdruck, sondern nur ein gewählter Schriftausdruck gewesen zu sein, wie man heutzutage von einem berühmten Eisleber sagen könnte: Er war aus Luthers Vaterstadt, um ihn zum voraus dadurch zu empfehlen.
3 2. Sam. 23, 13 fg. 2. Chron. 11, 17 ff.
4 S. oben S. 12 fg.
5 2. Sam. 2, 18.
6 1. Chron. 2, 13 ff.
7 2. Sam. 2, 32.
8 2. Chron. 11, 6 und 11 ff. Wer auch mehr wissen will, als die Bibel sagt, kann bei Geramb (1, 166) nachschlagen.
9 Esra 2, 21.

vor Augen, und es sollte nun die Aufgabe sein, einigen
nachzuleuchten. Die topographischen Angaben, aus denen
sich mit Sicherheit schließen ließe, daß das heutige Bethlehem
mit dem alten einerlei sei, sind etwas dürftig ausgefallen, und
der unverkümmert durch Schrift und Tradizion erhaltene
Name bleibt das Hauptargument für die Einerleiheit, die,
meines Wissens, noch niemals angefochten ward[1]. Aus dem
Zuge des Leviten mit dem Kebsweibe von Bethlehem nach
Jerusalem läßt sich folgern, daß Bethlehem unweit von Je=
rusalem lag; vielleicht auch die südliche Richtung. Ein Thal,
das sich bis Bethlehem erstreckte und als Lagerplatz der
Philister diente, finden wir am schicklichsten im Wâdi el=
Ghuwâs oder er=Rahîb; denn außer dem Wâdi el=Cha=
rûbeh erstreckt sich kein Thal bis Bethlehem, und in letzteres
Thal die Philister zu verlegen, grenzte an Unsinn[2]. Da
die drei Helden, welche dem Könige David aus der Zisterne
zu Bethlehem beim Thore Wasser brachten, durch die
Heeresmacht der Philister dringen mußten, so ist es klar,
daß diese Thor und Zisterne besetzten. Ohne daß ich eine
Lust fühle, der vergleichsweise jungen Tradizion entgegen=
zutreten[3], so kommt es mir doch sehr unwahrscheinlich vor,

---

1 Vgl. Robinson 2, 380.

2 Schubert nennt, wenn ich ihn recht verstehe, den Wâdi el-Cha=
rûbeh das Thal Rephaim, und hat den Muth, zu behaupten, daß
es von der Nähe Jerusalems bis Bethlehem sich erstrecke (3, 6), was
von Flavius Josephus (a. 7, 12, 3) nicht einmal angegeben
war; übrigens kenne ich kein Thal, wie letzterer, das 20 Stadien
von Jerusalem entfernt wäre, und sich bis Bethlehem hinzöge.

3 Auch Quaresmius bekämpft (2, 614 sqq.) die Tradizion, aber
aus zum Theile scholastischen Gründen, die ich nicht unterschreiben
könnte, und verlegt die Zisterne, wie eine ältere ihm unbekannte
Tradizion, auf die Ostseite Bethlehems (615 sq.). Dagegen, die
neuere und gangbare Ueberlieferung zu retten, trat besonders Rau
(394 sq.) auf.

daß der Brunnen nordwestlich von Bethlehem stand[1]. Als
die Helden von David ausgingen, war dieser in Adullam,
wahrscheinlich dem heutigen Bêt Dûla (Beit Ula), das in
ziemlicher Uebereinstimmung mit einer alten Angabe etwa acht
römische Meilen östlich von Eleutheropolis liegt. Der nächste
Weg von da führte gegen die Südseite von Bethlehem, gegen die heutigen Bora'k. Lagen nun einmal die Philister
im Thale Ghuwa's oder Rahî'b, und hätte der Brunnen
auf der Nordwestseite von Bethlehem gestanden, so würden
die drei Sendlinge die feindliche Macht ohne Schwierigkeit
umgangen haben und, ohne also sie zu durchbrechen, zur
Zisterne gelangt sein. Es wird daher wahrscheinlicher, daß
die Zisterne am Südabhange Bethlehems, unter welchem im
Thale die Philister sich gelagert hatten, gelegen habe, und
die Meinung dürfte nicht ganz aus der Luft gegriffen sein,
daß die Zisterne, wie heute noch eine, mit der Wasserleitung
von den Bora'k her in Verbindung stand; dieselbe, nur bis
Bethlehem gebaut, war eben nicht ein so außerordentliches
Werk, das wahrscheinlich schon längere Zeit Bestand hatte,
ehe es nach Jerusalem fortgeführt wurde. Sind wir in der
Annahme so weit gerückt, so ist es sehr begreiflich, daß die
Philister gerade die Südseite belagerten, wo sie den Bethlehemern das Wasser abschneiden konnten. Wir fragen nach
dem Felde, wo Boas seine Schnitter und seine Tenne oder
seinen Dreschplatz hatte, und wo Ruth unter den Garben
nachlas. Die Bibel lokalisirt nicht genauer; außer Frage
lag das Feld unweit Bethlehem, und frühern Vermuthun-

---

[1] Sobald man Josephus mit Samuel und den Chroniken ver-
bindet, entsteht bei der Auslegung die große Schwierigkeit; wenn
man aber die Bibel allein als maßgebend betrachten dürfte, so könnte
man gar wohl mit der Tradizion Hand in Hand gehen, und überhaupt an einem beliebigen Orte, ohne auf die Thäler Rücksicht zu
nehmen, Thor und Zisterne suchen.

gen, daß es das Feld war, wo die Christen den Ort der
sich über die Geburt des Heilandes freuenden Hirten zeigen[1], könnte man gar wohl beistimmen. Die Wüste, wo
David die Schafe weidete und bis wohin ein Löwe vor-
drang, muß in ziemlicher Entfernung östlich von Bethlehem gewesen sein[2]. Wir erfahren ebenfalls aus der alten
Geschichte, daß die Umgebung von Bethlehem ein kultivir-
tes Land war. Es gedieh Waize und Gerste; man schnitt
gesellschaftsweise; man worfelte das Gedroschene auf der
Tenne. Man buk Brot; denn offenbar waren die Brote,
welche David zu Saul und ins Lager zu seinen drei Brü-
dern mitnahm, in Bethlehem gebacken. Man aß das Getreide auch als Sange, wie es noch heutzutage geschieht.
Man zog auf den Weiden nicht bloß Schafe, sondern auch
Ziegen, und man bereitete auch Käse, wahrscheinlich Ziegen-
käse; denn die frischen Käse, welche Isai seinem Sohne
David übergab, kann ich nicht anders, als ein Produkt der
Bethlehemer=Industrie betrachten, gleichwie den Wein, der
uns zugleich in die alten Weingärten Bethlehems zurückver-
setzt. Daß dieses schon in uralter Zeit eine Stadt war,
weiß man genau; doch schien sie von geringem Umfange
gewesen zu sein[3]. Sie hatte unzweifelhaft Ringmauern, da
man Thore nannte, und zwar eines oben, zu welchem Boas
hinaufging, wahrscheinlich ein Westthor, und ein anderes
bei der Zisterne, wahrscheinlich ein Südthor, und mehr noch,
als ein Ost= oder Nordostthor, zusammen drei Thore, dürfte

---

1 Fabri (Reyßb.) 259.

2 Auff dem Acker (der Hirten) hat Dauid, da er Knabe war, vnd der
Schafe hüte, erwürget einen Löwen, vnd ertödtet einen Bären.
Fabri.

3 Und Du Bethlehem Ephrata, die du klein bist unter den Tausenden
in Juda. Micha 5, 2.

Bethlehem nicht gehabt haben. Durch das Thor oben[1]
konnte man in die Westgegend, namentlich nach Jerusalem,
durch das Südthor nach Hebron und Thekoa, und durch
das Ost= oder Nordostthor in die nahen fruchtbaren Thäler
und in die Ebene von Jericho gelangen. Daß auch eine
etwas höhere geistige Kultur zur Jugendzeit Davids sich
Geltung verschaffte, möchte man dadurch beweisen, daß die=
ser Sohn Isai', des Bethlehemers, wohl konnte auf Saiten=
spiel[2]. Und dürfte man fragen: Gab es nicht zu Bethle=
hem eine Art Schule, ohne welche David es später in
seiner Dichtkunst nie so weit gebracht hätte? Das Grab
Asahels und seines Vaters heute in Davids Vaterstadt
suchen zu wollen, wäre eitle Mühe. Daß zu seiner Zeit
die Gräber von Ezechiel, Asaph, Job, Jesse, David und
Salomo nicht weit von Bethlehem gewiesen wurden, werde
ich an einem andern Orte melden. Der, welchem die vie=
len Grabhöhlen in der Umgegend von Jerusalem, selbst im
großen Thale zwischen Kalô'nieh und Bêt Hani'na, in Bêt
Sâhû'r el = Ati'keh, in Ain Chebriā'n, auffallen, wundert
sich über die Seltenheit oder das Fehlen der Felsengrüfte
im Freien Bethlehems. Im vierten Jahrhunderte zeigte
man nahe der Geburtsstätte den Grabhügel des Archelaus,
eines ehemaligen Königs von Judäa, und zwar gerade am
Anfange des Fußpfades, der von der Landstraße zu den

---

1 Zwar viel später gefundene Trümmer, Wallgräben bestimmen mich
zur Annahme, daß das alte Bethlehem auf dem Westhügel stand, wie
das heutige. Gewölbe, Höhlen (für Keller und Ställe) waren bei
jedem neuen Aufbau gewiß allezeit willkommen, und die Ruinen=
steine benützte man wohl möglichst nahe am Bauplatze. Wie sollte
man sie weiter weggetragen haben? Tschudi meinte hingegen
(272), daß das neue Dörfchen einen Armbrußschuß von der alten
Stadt lag.

2 1. Sam. 16, 17 fg.

Zellen des Hieronymus abbog[1]. Die Tradizion ist spur=
los verschwunden.

Nach einer Weissagung sollte aus Bethlehem der kom=
men, der in Israel Herr sei[2]. Dort wurde Jesus Chri=
stus geboren[3]. Die zwei ersten Evangelisten, die uns die=
ses Weltereigniß erzählen, knüpfen aber keine andere topo=
graphische Bemerkung daran, als die, daß Bethlehem im
Stamme Juda lag. Im Anfange des zweiten Jahrhunderts
lebten noch Juden in Bethlehem, und Evaristus, welcher
den Zeiten Domizians und Nerva Trajanus' angehörte,
war der Sohn eines Juden und aus dieser Stadt gebür=
tig[4]; Hadrian aber verbot den Israeliten, an diesem Orte
zu wohnen[5]. Vom vierten Jahrhunderte an, in welchem
zuerst die Lage bestimmt bezeichnet wurde[6], daß die Einer=
leiheit des damaligen und heutigen Bethlehem dem Zweifel
völlig entrückt ist, wurde die Stadt · öfter angeführt. Im
vierten Jahrhunderte war Bethlehem ein Städtchen[7]. Zur

---

1 Sed et propter eandem (Dominicam nativitatem) Bethleem, regis
quondam Judææ Archelai tumulus ostenditur: qui semitæ ad cellulas
nostras e via publica divertentis principium. *Hieronymi* onomast.
(2, 411). Adrichomius hat den Tumulus Archelai nordwestlich
und „Cisterna" südwestlich von Bethlehem.
2 Micha 5, 1. Matth. 2, 6. In Echa Rabbati fol. 72 liest man,
daß in Birath Arba in Juda ein Messias geboren werde, und der
Glossator fügt bei, Birath Arba sei der Name eines Ortes in Beth=
lehem Juda. *Reland.* ad voc. Bethleehem. Bestände der sogenannte
Davidsbrunnen aus vier Zisternen, so wäre man nicht verlegen, eine
Hypothese aufzugreifen.
3 Ich sehe geflissentlich von dem Satze neuerer Kritik ab, daß Jesus
in Nazareth geboren war.
4 Anastasius in den vitæ Pontif. Romanor., angeführt von Re=
land ad voc. Bethleehem. Justinus Martyr erwähnt Bethlehem;
im darauf folgenden Jahre Origenes. Vgl. Robinson 2, 284 fg.
5 Tertullian, angeführt von Reland (647).
6 S. Anm. 5 auf S. 1 und Anm. 1 auf S. 2.
7 In Christi vero villula. Brief der Paula und Eustochium an die
Marcella. In opp. *Hieronymi*, wohl kopirt aus dessen Brief an
letztere. Im onomast. *Euseb.* civitas David.

Zeit der chriſtlichen Herrſchaft muß der Ort unter dem Ein-
fluſſe mancher Klöſter und einer freien Pilgerfahrt außerordentlich in Aufnahme gekommen ſein. Der Kaiſer Ju-
ſtinianus ſtellte die Mauern wieder her[1]. Um das Jahr 600
war der Ort ein gar glänzender, mit einer Vorſtadt, die
eine halbe Meile davon entfernt war, und dort lebten viel
Diener Gottes[2]. Die erſte genauere Beſchreibung ſo der
Lage, als der Stadt fällt etwa in das J. 670. Dieſe war
nicht eigentlich ſo groß, als vielmehr berühmt wegen der von
allen Völkern geprieſenen Kirche. Oben auf der Ebene oder
auf dem ſchmalen Hügel zu äußerſt zog ſich längs deſſelben,
der ſich von Weſt nach Oſt richtet, eine niedrige Mauer
ohne Thürme neben den beidſeitigen Thälern im Umfange
herum, und den Raum zwiſchen der Mauer nahm eine ziemlich lange Reihe von Wohnungen der Städter ein[3]. Im
J. 1099 ließen die Sarazenen, mit Ausnahme des Marien-
kloſters, nichts Bewohnbares zurück, ſondern ſie verheerten
Alles, wie an allen h. Orten außerhalb der Stadtmauer
Jeruſalems[4]. Als die Kreuzfahrer Bethlehem im Beſitze
hatten, dauerte es nicht lange, bis wieder eine Stadt, wenigſtens dem Namen nach, beſtand[5]; auch verdient die Er-

---

1 Τὸ τεῖχος ἀνενέωσε. Prokopius in περὶ τῶν τοῦ Ἰου-
στινιανοῦ ·κτισμάτων. Lib v. p. 41. secunda.
2 Locus splendidissimus. *Antonin. Plac.* XXIX.
3 Quæ ciuitas non tam situ grandis . . . quam fama prædicabilis per
uniuersarum gentium ecclesias diffamata (ich wählte eine freiere
Ueberſetzung). In dorso sita est angusto . . In cuius campestri
planicie superiore humilis sine turribus murus in circuitu per eiusdem monticuli extremitatis supercilium constructus. ualliculis hinc
et inde circumiacentibus supereminet mediaque intercapidine intra
murum per longiorem tramitem habitacula ciuium sternuntur (cer-
nuntur?). *Arculf.* 2, 1 (Cod. St. Gall. 267). Die Geburtshöhle
lag im öſtlichen und äußerſten Winkel der Stadt.
4 Ibi nihil a Saracenis est remissum habitabilis. *Saewulf.* 35.
5 Villam etiam Bethleem (J. 1110). *Guil. Tyr.* 11, 12. Βηδλεὲμ
πόλις. *Phocas* 22.

zählung Glauben, daß dieselben ein Schloß beim Kloster erbauten, nicht aber, daß nach Eroberung der Stadt durch die Truppen Salah ed = Dins ein Mann daselbst das Schloß vier Jahre gegen die Sarazenen vertheidigte, und dann erst aus Mangel an Mundvorrath aufgeben mußte, daß die Eroberer ihn dann auch in die Kirche führten und ihm den Kopf abschlugen, der auf einen Stein sprang und noch im J. 1449 die zurückgelassene Spur der Lage auf demselben zeigte[1]. Der Rücken, worauf Bethlehem lag, war in der spätern Zeit mit Steinen gepflastert[2]. Im J. 1187 litt die Stadt äußerlich nicht[3]; 1217 bewohnten sie Christen, und obschon man aberglaubte, daß die Sarazenen nicht in der Stadt bleiben könnten, standen dennoch einige, zwar nicht dort wohnhafte, an den Pforten des Klosters und for- derten von den Pilgern und von Allen, die hineintreten wollten, ein Kopfgeld[4]. 1244 wurde Bethlehem von den wilden Horden der Charismier verheert[5].

Ich will nun den Zeitraum vom J. 1244 bis ins fünfzehnte Jahrhundert zusammenfassen. Die Stadt war klein und schmal[6], aber fest und wohl beschlossen[7] mit sehr

---

1 Gumpenberg 464.
2 *Phocas.*
3 Ist unversehrt und nicht von den Sarazenen zerstört. Thetmar in Maltens Weltk., Febr. 1844, 192. Jakût Ham. nannte (lex. geogr. in *Schultens* Index geogr. ad voc. Bethlehem, hinten in Bohadini vita Saladini) Bethlehem ein Städtchen, das durch die Geburt Jesus', über dem Friede walte, veredelt sei.
4 Thetmar a. a. O.
5 Robinson 2, 381, nach Wilken 6, 635.
6 Monteuilla 773. *Baldensel* 120. Bei Abulfeda (s. Schul- tens a. a. O.) erscheint Bethlehem als ein Dorf, wo Jesus, der hoch zu segnende, geboren sei. Questa città è molta disfatta, e per antico fù molta grande: ora è molta piccola, e le case che vi sono la maggior parte sono casolari. *Sigoli* 134.
7 Maundeville, Rudolph von Suchen 842.

guten, feſten Gräben und Mauern[1]; ein Eingang und Thor, letzteres neben einer Ziſterne, war von Weſten her, da, wo man von einem Hügel herabſtieg[2]. Und in der Stadt lag ein Platz, das Blumenfeld (campus floridus), genannt nach einem Wunder, welches da geſchah. Ein Mädchen ward geziehen, es hätte ſeine Jungfrauſchaft verloren, weswegen man es verbrennen wollte. Im Bewußtſein der Unſchuld bat es Gott, daß er es ſchütze; das Feuer erloſch, und die Dornen trugen Roſen[3]. Im fünfzehnten Jahrhundert hatte Bethlehem über ſeinen Verfall zu klagen[4]. Man ſah wohl, daß es Mauergräben hatte[5]; allein die Leute bekümmerten ſich nicht um die Gräben und Mauern[6]. Auf der Weſt= ſeite der Stadt fielen noch A. 1483 Gräben, Mauern und Thürme ins Auge[7]. Das Dorf oder Städtlein, vom Kloſter an immerzu aufwärts (gegen Abend)[8] und gegen Morgen bis zum Ende des Berges gelegen[9], lang und ſchmal[10], hatte zerfallene Häuſer, die vortrefflich und ſchön geweſen ſein mußten[11]. Am Hügel Bethlehems ſah man hervorragende breite Steine und Felſen, und unter dieſen weite Höhlen als Wohnſtätten der Armen und der eigene Wohnungen

---

1 Maundeville.

2 Brocardt 869.

3 Maundeville.

4 Betleem è una bella citade. Libro de' Viaggi (15. s.). *Fr. Poggi* in ſeiner Lezione zur Ausgabe von Sigoli (37).

5 Drei kleine. Gumpenberg 464. Bena affossata. Libro de' Viagg. l. c.

6 *Fabri* 1, 463 sq.

7 Habuit fossata, muros et turres, sicut hodie etiam patet. Circumivi oppidum, et curiosius ejus perspexi situm. *Fabri* 1, 463.

8 Gumpenberg.

9 Fabri (Reyſb.) 260.

10 Ed è piccola, ed è lunga, ed è stretta. Libro de' Viagg. l. c. Quello che si abita si è (lunga) per una balestrata, e larga per una gittata di pietra. *F.* Nicolò da Poggibonizzi bei Poggi (Sigoli) l. c. Gumpenberg. Ritt faſt groß, aber lang. Fabri.

11 Gumpenberg.

Entbehrenden[1]. Vor den Kirchen gab es Gewölbe, unter
denen Krämerbuben waren[2]. 1449 hatte Bethlehem zwei
Schlösser, zwischen denen es lag. Das eine, das Kastell
Bethlehem, stand oben im Westen nahe am Jerusalemer=
Wege, von dem nördlich die Zisterne Davids sich fand[3],
und das andere beim Kloster; letzteres mit den schönsten
Thürmen, Gräben, Zwinger und Mauern[4]. 1489 schleifte
der Sultan die sehr starke Festung, warf die Stadtmauer
nieder, zertrümmerte Mauern und Thürme, zerstörte das
(schloßgleiche) Kloster, welches an die große Kirche stieß[5].
Ich war sehr aufmerksam darauf, ob sich nicht noch die
Festungsgräben, wenn auch undeutlich, irgendwo ankündig=
ten; auf der Westseite schien es mir am ehesten[6]. Im
sechszehnten Jahrhunderte war das Dorf[7] oder das Städt=
chen[8] klein[9], beinahe ganz zerstört[10] und verlassen[11], von
schlechtem Ansehen[12]; nur wenige Häuser[13], und zwar schlechte

---

1 *Fabri* 1, 458.
2 Unde (weil Bethlehem zur Zeit des Hieronymus so bevölkert
war) hodie ante ecclesias sunt testudines, sub quibus fuerunt pa-
tegæ mercatorum. *Fabri* 1, 471.
3 Gumpenberg. Fabri (Reyßb.) 258.
4 Gumpenberg.
5 *Fabri* 1, 474.
6 Vgl. oben 18, Anm. 4.
7 Hodie permodicus est viculus. *Georg.* 557. Tschudi 272. (Flecken)
Seydlitz 476. Urbs . . . in pagum redacta. *Fürer* 65. Radziwil 169.
8 *Anshelm.* 1290. Viagg. al S. Sepolcro F 6.
9 *Georg.*, *Anshelm.* Ecklin 756. Helffrich 718. Rauchwolff 643.
10 La città è quasi distrutta. Viagg. al S. Sepolcro. Tschudi.
Seydlitz. *Fürer.*
11 Dieses Viagg.
12 Tschudi. Seydlitz. Billinger 92. Luffy 36.
13 Etliche Häuser an einem Haufen. *Anshelm.* Helffrich. Ist an
alten Gebäuwen, Stattmauwren, Thürmen, ꝛc. dermassen abgegan=
gen, daß sie (Statt Dauid) heutiges Tages gar offen, vnd auffer
dem Kloster vnd Brunnen gleich nichts denn etliche wenige vnd
bawfellige Häußlein zusehen. Rauchwolff 643. Etliche Hütt=
lein. Schwallart 303. Sehr befremden muß es, daß Radziwil
50 Häuser angeben konnte.

und kleine[1], ganz und gar zerstreute[2] bildeten die offene[3] Ortschaft, welche einen Bogenschuß von der Kirche westlich abgelegen war[4]. Im siebenzehnten Jahrhunderte nahm Bethlehem, obschon Einige es sehr klein[5] und verwüstet[6] fanden, offenbar zu; denn man gab die Zahl der Häuser zu etwa sechzig bis achtzig[7] oder gar zu hundert an[8]. Ebenso wenig, wie im vorigen Jahrhunderte war der Ort durch eine Ringmauer beschützt[9], und so auch ohne Thore[10]. Aus den vielen zerfallenen, großen und herrlichen Gebäuden schloß man, daß die Stadt einst weitläufig und sehr schön war[11]. Der Einfluß der Schriftsteller aus dem siebenzehnten Jahrhunderte scheint eine große Schuld gewesen zu sein, daß ungefähr die gleiche Schilderung für den Zustand im letzten Jahrhunderte sich wiederholt. Dadurch erklärt sich am beßten, wenn man im J. 1719 einer sehr kleinen Stadt[12],

---

1 Belon 268. Vgl. die letzte Anm.
2 Doch keines (Haus) nahend bey dem andern, sondern alle zerstreuwet hin und herwider gelegen. Helffrich. Vgl. Anm. 13 der letzten S.
3 Seydlitz, Rauchwolff.
4 Radziwil. Aehnlich das Viagg. al S. Sepolcro.
5 En peu d'heur nous l' (ville) aurons toute veuë, d'autant qu'elle est fort petite et mal bastie. Boucher 276. Gering Dörflein. Amman. Klein Dorf. Della Balle 1, 157. Zwinner 355. Vgl. Anm. 3 zu S. 20.
6 Die (alte?) Stadt ist ganz verwüstet. Della Balle. Vor ihm fand Scheidt (69) nicht über 40 Häuser.
7 Ignaz von Rheinfelden 127.
8 Troilo 388. Nach diesem will Rau (395) ein ziemlich großes und bevölkertes Dorf und Mirike (66) ein Dorf von wenigen Häusern gefunden haben. Von einem village asses simple spricht der Verfasser des voyage 1699 (79).
9 Sans murailles et fortifications. Surius 522. Ignaz von Rheinfelden.
10 Ignaz von Rheinfelden.
11 Della Balle. Diese Stadt ist vor Zeiten ziemlichen groß gewesen, dann wie man noch aus den eingefallenen Mauern und Grundfesten kan abnehmen, so hat sie in Umfang auf 1 deutsche Meile sich erstrecket, heutiges aber siehet man nicht, daß sie jener Stadt gleich wäre. Troilo 388. Aehnlich Ignaz von Rheinfelden.
12 Ladoire 205.

1725 und 1738 eines großen[1], von Ringmauern entblößten
Dorfes oder Fleckens mit sehr schlechten Hütten[2], 1751
ebenfalls eines großen Dorfes mit zerstörten Häusern[3] und
1778 eines Ortes gedenken konnte, der seit der Zeit Christus' von seinem Umfange verloren zu haben schien, wenn
man nach den leeren Plätzen schließen wollte, die man damals zwischen den Gebäuden und den Ueberbleibseln der
alten Einfassung bemerkte[4]. Im ersten Viertel desselben
Jahrhunderts ging man, ehe man von Jerusalem her in
Bethlehem anlangte, nahe an einem der Stadtthore vorüber, welches fünfhundert Schritte vom Klosterplatze ablag[5].
Eines Thores gedachte man namentlich auch gerne im gegenwärtigen Jahrhunderte[6]. Das Richtige an der Sache
ist, daß man im letzten Jahrzehn unter einem Gewölbe hindurch ins Städtchen trat, und auch 1845 hatte dieses kein
Thor, sondern auf der Westseite über dem Wege nach
Jerusalem einen gewölbten Eingang, von welchem westlich
Häuser zehn Jahre früher gesehen zu haben, ich mich nicht
erinnere.

Es geht aus der jüngern geschichtlichen Darstellung
hervor, daß Bethlehem 1099 zerstört war, von den Franken
dann aufgebaut an die Sarazenen überging, daß die Ge-
witterwolke der Verwüstung sich besonders wieder 1489 ent-
lud, von welcher Zeit an das Städtchen sich nur langsam
erholte, am meisten im siebenzehnten und achtzehnten und,

---

1 Reret 111. Korte 117.
2 Korte.
3 Hasselquist 166.
4 Binos 205.
5 *Ladoire* 191.
6 Man kommt durch ein mit Schutt halb verrammeltes Thor. Röser
445. We entered the village through a deep gateway. *Bartlett*
206. Der Künstler gab (S. 205) auch eine Ansicht vom gewölbten
Eingange, der ein zu thorähnliches Aussehen hat. Vgl. oben 18,
Anm. 4.

meines Wissens, im neunzehnten Jahrhunderte. Es ist
schade, daß meine Feder zur Schreibung einer so lückenhaf-
ten Geschichte verurtheilt war, und gleichsam um die Lücken
weniger fühlbar zu machen, werde ich einige kriegerische Er-
eignisse nachtragen, die ein trauriges Licht auf das unfried-
liche Bethlehem werfen. Im J. 1719 war zwischen den
Hebronern und Bethlehemern ein Krieg ausgebrochen, und
die Reise nach Bethlehem nicht ohne Gefahr; zur Erntezeit,
welche die Männer nach Hause forderte, wurden Friedens-
unterhandlungen eingeleitet, zu welchem Ende jedes Dorf
und jede Stadt Abgeordnete nach Bethlehem schickte. Im
Heumonat kam dann der Friede wirklich zu Stande, vorzüglich durch Vermittlung des Pater Seelsorgers, eines bekannten und von beiden Parteien geachteten Spaniers. Zur
Bekräftigung des Friedensschlusses hielt man ein großes
Mahl, man schlachtete eine Kuh, einen Bock und ein Lamm,
die man nach Landesart zubereitete und verzehrte[1]. Der
Friede war übrigens nicht von langer Dauer. In der
Mitte des letzten Jahrhunderts lebten die Bethlehemer fast
beständig in Streitigkeiten, entweder mit sich selbst, oder mit
den Einwohnern von Jerusalem, Hebron und andern un-
fernen Ortschaften, selten ohne Blutvergießen. Um das J.
1745 führten die Bethlehemer und die Hebroner einen so
erbitterten Kampf mit einander, daß der größte Theil der
beßten Einwohner von beiden Orten blieb, und die Gegend
um Bethlehem verwüstet, das Korn verbrannt, und die Oelbäume bis an wenige abgehauen wurden, wovon noch im
J. 1751 die Stümpfe zeugten. Die Bethlehemer kamen
fast niemals nach Jerusalem; zumal hüteten sie sich, durch
die Thore zu kommen, wenn sie mit der Regierung oder
mit den Bewohnern etwas zu thun hatten, welche bald die

1 *Ladoire* 181 sq., 212.

Gelegenheit benutzt haben würden, sich an einem Feinde zu rächen, dem sie sonst nicht so leicht beikommen konnten. Dagegen mußten auch die Jerusalemer sich sehr in Acht nehmen, und durften in unruhigen Zeiten gegen Bethlehem hin nicht zu weit sich wagen. Ein Unschuldiger, Einer, der nur in Jerusalem wohnte, konnte in einem solchen Falle unglücklich werden. Die innern Streitigkeiten der Bethlehemer verursachte besonders das Recht, die Pilgrime herumzuführen und ihnen den Ghafer abzufordern. Die Bethlehemer waren, wie die übrigen Bewohner Palästinas, in zwei Parteien, die sogenannten weißen und rothen Teufel, getrennt, und die eine dieser Parteien zu Bethlehem im Besitze jener Rechte, während die andere sich bemühte, sie sich anzueignen[1]. Um das J. 1760 versagte ein Bürgerkrieg die orthodoxen Griechen. Er entspann sich wegen des Ghafers, welchen die römischen Katholiken wider Recht erlegen sollten. Im J. 1767 erklärten die Moslemin, vereint mit den orthodoxen Griechen, den Lateinern von Bethlehem und der Umgegend den Krieg, wobann es wirklich zum Blutvergießen kam[2]. 1814 waren die Bethlehemer, verbündet mit Abu Ghôsch in St. Jeremias, beständig im Kriege mit den christlichen Arabern von St. Philipp[3]. Um das J. 1815 hatte eine Araber-Familie in Bethlehem sich die Herrschaft über die christlichen und mohammedanischen Bewohner des Städtchens angemaßt, so daß sie willkürliche Abgaben vom

---

1 Hasselquist 166, 170 fg. Er sagt auch, daß Bethlehem ein Vermächtniß an Mekka, und deswegen nicht unter dem Statthalter von Jerusalem, sondern unter dem von Jâfa, das ebenfalls nach Mekka gehöre, stehe.
2 Mariti 2, 365 sq. und 362. Binos sagt (206), daß die Christen von Bethlehem harte Kriege mit den Bauern der benachbarten Dörfer führten, aber nie den Kürzern zogen.
3 Light 167. Die Bethlehemer hätten eine rothe Fahne und die Philipper eine weiße.

Heirathen, vom Besuche der Heiligthümer u. dgl. erhob. Daher zettelten Moslemin und Christen eine gemeinschaftliche Verschwörung an, um die herrschsüchtige Familie zu ermorden. Einige Männer flohen, und dies setzte neuen Zwiespalt ab; es gab Araber, welche verlangten, daß die Flüchtlinge ihre Grundstücke wieder in Besitz nehmen mögen. Man wollte Bethlehem und das Kloster stürmen[1]. 1829 tödteten die römischen Katholiken dem Pascha vier Soldaten von dreißig, die er dort hielt und verjagten die übrigen[2]. Während eines Aufruhrs im Frühling 1831 vertrieben die Christen zu Bethlehem die Mohammedaner aus der Stadt, indem sie sich weigerten, eine neue Steuer zu bezahlen[3], und 1834 wurde, nach einer Empörung, auf Befehl des Pascha Ibrahim das mohammedanische Viertel zerstört[4].

Nachdem ich das Städtchen beschrieben und seine Geschichte geliefert habe, ist es jetzt mein Vorhaben, die Bewohner zu schildern. Die Bethlehemer sind im Ganzen ein ziemlich großer und kräftiger Menschenschlag[5]. Die Gesichtsfarbe ist dunkelgelb oder meist ins Bräunliche überschlagend, bei einigen aber auch weiß[6]. Die rothen Wangen sind der Schminke

---

1 Richter 41 fg. Er war eben noch in Bethlehem, als man in das eine und andere Fenster schoß, und er theilt den Ausgang der Sache nicht mit.
2 Prokesch 113. Ils (Bethlehemer) sont terribles, quand on les irrite, et ils n'épargnent pas mesme, à ce qu'on m'a dit, les gens du Bassa, quand ils veulent leur faire quelque tyrannie. *Neu* 396.
3 Palæst. 1831, 49.
4 Robinson 2, 381. Durch Ibrahim-Pascha und Erdbeben halb in Ruinen gelegt. Rußegger bei Preiswerk (Morgenland), 1839, 73. Indessen fand im J. 1834 der Herzog von Ragusa (3, 446) nicht lauter Christen. Nach Hailbronner (2, 297 fg.) wollten (vor wenigen Jahren) die Christen und Mohammedaner das Konvent brandschatzen; die festen Mauern und Ibrahim-Pascha retteten es.
5 Die Männer frisch, stark. Whiting im Calw. Missionsbl., 1842, 26.
6 Braun, beinahe ganz schwarz. Wittman 71.

zuzuschreiben; wenigstens ist lebhaftes Wangenroth künstlich[1], doch das Ansehen im Ganzen gesund. Die Linien des Gesichtes lieben das Runde: daher meist volles Gesicht, namentlich ein rundes Kinn[2]. Schwarz gefärbte Augenlieder gehören zu einem Geschmacke, welchen die Franken nicht theilen. Was die Schönheit der Frauen betrifft, so kann ich in das allgemeine Lob[3] nicht einstimmen. Ich sah viel bethlehemitische Gesichter, gewiß eine größere Auswahl, als die mehrsten Reisenden, und wenn auch manches schöne, schwarze, feurige Auge und hin und wieder ein lieblicher Verein von Zügen angenehm auffielen, so gaben mittelmäßige Schönheiten doch den Ausschlag, und häßliche Leute sind nicht selten. Uebrigens besitzen Frauenzimmer, die zu den wahren Schönheiten gehören, Anmuth und Regelmäßigkeit[4]. Das Gesicht der Männer drückt beinahe durchgängig nichts Schönes und Edles[5] aus.

Da kein Grund vorliegt, zu bestreiten, daß die Gegend von Bethlehem, welche etwa nur den Winden zu sehr

---

1 Wegelin rühmt (2, 124) die blühende Gesichtsfarbe, welche des Pinsels jedes Künstlers werth sei. Hailbronner war (2, 297) erstaunt über die strotzende Gesundheit, das blühendste Kolorit und den weißesten Teint.
2 Das Gegentheil sagt Seramb (1, 171): Die Frauensleute sind abgemagert, abgezehrt, tragen das Elend in ihren Zügen.
3 Die Bewohner sind von sehr hübschem Aeußern und schönem Wuchs. Das Frauenzimmer namentlich ist schön, hat edle Gesichtszüge und ein ungekünsteltes Benehmen. Berggren 3, 147. Natürlichkeit, vollendet schöner Wuchs, edele Physiognomien. Wegelin. Flavius Josephus (a. 5, 2) erzählte von einer sehr schönen Bethlehemitin.
4 Gewöhnlich Anmuth und Regelmäßigkeit; die Arme bloß und von der schönsten Form. De Forbin 124. Die Weiber zeichnen sich im Allgemeinen durch die Regelmäßigkeit ihres Gesichtes aus; allein die Unreinlichkeit entstellt und verändert ihre Gesichtszüge. Seramb 1, 173. Letzteres ist unwahr.
5 Bei unsern Wanderungen durch das Städtlein und in seiner Nähe begegneten uns öfter schöne Menschengestalten, mit edeln Gesichtszügen. Schubert 3, 16.

ausgesetzt ist, gesund sei[1], so muß im hohen Grade befremden, daß unter der Bevölkerung Bethlehems die Sterblichkeit auf der Liste sich mit großen Zahlen ankündigt. Ich
verdanke dem Pabre Curato der lateinischen Gemeinde die
Gefälligkeit, womit er mir gestattete, Einsicht des Todten-
buches zu nehmen, und obschon dieses wohl nicht überall
die genauesten Zahlen enthält, so läßt sich gleichwohl demselben manches Belehrende entnehmen. Meine Uebersicht
umfaßt die zehn Jahre 1835 bis und mit 1844. In diesem Zeitraume starben 435 Personen, jährlich also im Durch-
schnitte 43$\frac{1}{2}$; am wenigsten 1836, nur 26, und am meisten,
nämlich 93, im J. 1839. Ein noch stärkeres Sterbejahr
war 1832 mit 108. Die Pest herrschte 1828, 1832 und
1833, 1835 und 1839. 1828 starben vom 25. Mai bis
28. Julius 15 an der Pest; vom 28. Mai 1832 bis 14.
Mai 1833 105; 1835 im Junius 16; die vielen Pestfälle
des J. 1839 fielen hauptsächlich in die Monate Junius und
Julius. Die epidemische Brechruhr raffte 1831, vom 5. Au-
gust bis in die Mitte Oktobers, 25 Personen dahin. 1835
erlagen viel Kinder den wahren Menschenpocken. Ich will,
ohne die Pest auszuschließen, eine Reihe von Jahren mit
den Sterbefällen anführen. 1821 starben 57 (geboren 67);
1822 51; 1823 34 (geboren 60); 1824 42 (geboren 65);
1825 48; 1826 64; 1827 42; 1828 53; 1829 36; 1830
52; 1831 69; 1832 108; 1833 39; — 1835 54; 1836
26; 1837 39; 1838 36; 1839 93; 1840 50; 1841 42;
1842 31; 1843 32; 1844 32; 1845 (bis zum 30. Christmonat) 33. Von jenen 435 Personen starben unter 5
Jahren 216; zwischen 5 bis 10 Jahren 42; 10 bis 15 23;
15 bis 20 16; 20 bis 25 15; 25 bis 30 7; 30 bis 35 17;

---

1 Della Balle 1, 157. Un bon air. Voyage 1699. 79. Die Luft
von der besten Beschaffenheit. Browne 430.

35 bis 40 6; 40 bis 45 9; 45 bis 50 6; 50 bis 55 5;
55 bis 60 4; 60 bis 65 24; 65 bis 70 14; 70 bis 75 10;
75 bis 80 8; 80 bis 85 6; 85 bis 90 4; 90 bis 95 3.
Im J. 1840 starb „anno 90 circiter" Anna Handal aus
Nazareth und Azize, Tochter des Moysen Abu Hamut, und
um noch ein paar Namen anzuführen, so brachte es eine
Sara Daud auf 75 Jahre, eine Elisabeth Sabat (1835)
auf 80 und eine Rosa Zablat (1839) auf 85. Verhältniß-
mäßig gibt es nicht wenig alte, doch keine hoch alte Leute;
ob aber den Angaben ganz zu trauen sei, steht dahin. Als
eine unumstößliche Thatsache steht fest, daß die Sterblichkeit der Kinder sehr groß ist; die Hälfte der Todtensumme
sind Kinder, die nicht einmal das fünfte Lebensjahr erreichen konnten. Wenn es wohl geht, beträgt das wahrscheinliche Leben 6 Jahre, und die mittlere Lebensdauer
kommt nicht höher, als auf $18^{1}/_{2}$ Jahre. Wer daher in
Bethlehem lebt, kann die wahrscheinliche Berechnung machen,
daß ihm dort ein kürzeres Leben beschert sei, als Anderen an
vielen Orten des Abenlandes.

Auf diesen Vorlagen wäre es möglich, die Bevölkerung
annäherungsweise mit Hilfe der Analogie herauszuziffern.
Wenn man, bei der großen Sterblichkeit, und zwar sehr
wahrscheinlich eher zu wenig, z. B. annimmt, daß alle
Jahre der 24. Theil der römisch-katholischen Gemeinde mit
Tod abgeht, so ergibt sich eine Gesammtheit von 1044 Glie-
dern. Allein dieses Ergebniß weicht noch sehr ab von der
Angabe, die man mir in Bethlehem, ohne sich lange zu besin-
nen, mittheilte, der ich aber nicht traue: 1600 Lateiner, 1200
Griechen, 200 Armenier und 300 Moslemin, zusammen 3300
Einwohner[1]. Wenn wir jetzt der Bewegung der Bevölke-

---

1 Im J. 1835 (Lustreise 2, 114) erfuhr ich, daß die Bevölkerung von
Bethlehem sich der Zahl von 4000 nähere. „Die Bevölkerung besteht
aus 1800 Katholiken, eben so viel Griechen, 50 Armeniern, unge-

rung unfere Aufmerffamfeit zulenfen, fo möchte ich nicht bergen, daß die Refultate nur fehr im Allgemeinen glaub= würdig erfcheinen, weil die Angaben meift lediglich aus dem Ungefähr gefchöpft wurden, woraus auch nothwendig Wider= fprüche entfprangen. Dem erften Widerfpruche begegnen wir gleich im Anfange unferer Darftellung, nämlich im letz= ten Viertel des fünfzehnten Jahrhunderts. Im J. 1483 war das Städtchen ziemlich bevölkert[1] und 1491 wenig[2]. Uebrigens ift es nicht durchaus nothwendig, in diefem Falle einen Widerfpruch anzunehmen, weil im J. 1489 Bethle= hem bedeutend verheert ward, was gar leicht eine bedeutende Abnahme der Bevölkerung zur Folge haben konnte; wirklich fand man auch 1491 den Ort fehr zerftört. Um die Mitte des fiebenzehnten Jahrhunderts gab es 130 Familien oder etwa 650 Seelen[3], 1725 ein volkreiches Dorf[4], 1738 un= gefähr 200 Familien[5], was etwa 1000 Seelen gleich kommt, 1778 nicht mehr, als 800 Lateiner, Armenier und Maro= niten und 7 bis 8 mohammedanifche Familien[6], 1784 600

---

fähr 140 Türken. Diefe Zahlen find genau; ich erfuhr fie von katholifchen Pfarrern, und ich mache fie Ihnen deshalb bemerklich, weil der größte Theil der Reifenden fich über diefen Punkt fehr ge= irrt hat; es gibt deren, welche die Einwohnerzahl bis auf 100 herab= fetzen." Geramb 1, 166 fg. Offenbar fchöpfte diefer und ich da= mals aus der gleichen Quelle. Die Bevölkerung etwa 400 bis 500 ftark. Döbel 2, 126. Die chriftliche Bevölkerung 800 Seelen ftark. Skinner 2, 46. 1000 bis 1500, größtentheils Katholiken. Röfer 452. 800 Chriften. Schubert 3, 12. Zu 800 fteuerfähigen Män= nern angefchlagen, was auf eine Bevölkerung von mehr, als 3000 Seelen deutet. Robinfon 2, 381. Belläufig 3000. Rußegger in Preiswerks Morgenland, 1839, 73. Etwas mehr, als 3000 See= len. Whiting im Calw. Miffionsbl., 1842 (1841), 26.
1 Hodie vero villa est satis populosa. *Fabri* 1, 463 sq.
2 Kaysman 10: Da ift wenig lüt mehr.
3 *Surius* 522. Ignaz von Rheinfelden fchrieb 10 Jahre fpäter: 200 Einwohner (127). Wohl ein Kopiefehler.
4 Neret 111.
5 Korte 117.
6 Binos 205 fg.

Mann, darunter 100 lateinische Christen[1]. 1821 zählte schätzungsweise ein Pilger 1500 orthodoxe Griechen und 100 römische Katholiken[2] und ein anderer etwas über 3000, darunter 600 waffenfähige Christen[3]. 1827 wollte man von etwa 7000 Einwohnern[4] und 1829 nur von 1000 römischen Katholiken, 1000 Griechen, 30 armenischen und 40 moslemitischen Familien[5] wissen. Aus dieser geschichtlichen Ueberschau erhellt, daß gegen Ende des fünfzehnten Jahrhunderts die Bevölkerung sehr schwach war, daß die größere Zunahme in den Zeitraum von der Mitte des siebenzehnten Jahrhunderts bis zum J. 1725 fällt, daß aber auch vom J. 1784 bis 1845 ein ansehnlicher Zuwachs, wodurch die Bevölkerung sich etwa verdoppelte, statthatte. Wenn von 1725 oder 1738 bis 1784 die Zahl beinahe stehen blieb, so findet es die natürliche Erklärung darin, daß zu dieser Zeit die Bethlehemiten sich in Kriegen erschöpften.

Aus dem Vorangehenden ersieht man, daß die Bevölkerung Bethlehems eine ziemlich zusammengesetzte ist; allein die nazionellen und konfessionellen Bestandtheile wollen noch näher beleuchtet sein. Daß dem Moslem der Ort, wo seine Propheten Dâûd (David) und Yssa (Jesus) geboren wurden, nicht gleichgiltig sein konnte, leuchtet von selbst ein, und wir finden ihn immer wieder und wieder als Bewohner der Stadt, wenn er auch mehr, als einmal verschwand. Man kann als ausgemacht erklären, daß zur Zeit des fränkischen Königreiches keine Mohammedaner in Bethlehem nie-

---

1 Volney 2, 240 fg. Wenn Richardson vor etwa 30 Jahren sagte (Raumer 308), daß Bethlehem über 300 Einwohner enthalte, so verdient es, wegen der Unbestimmtheit, ebenso viel Glauben, als wenn es hieße: über 3 Seelen; beides ist wahr.
2 Scholz 194, 206.
3 Berggren 3, 145.
4 *Failoni* 116. Ebenso viel schreibt Hailbronner (2, 298).
5 Prokesch 113. Kopirt von Salzbacher (2, 166).

bergelaſſen waren; ſelbſt nach dem J. 1187 wohnten ſie nicht eigentlich dort, wenn ſie auch ſich hinlagerten, um gegen die Chriſten Erpreſſungen auszuüben. Gegen die Mitte des vierzehnten Jahrhunderts bekannten ſich nur wenige Bethlehemer zum Mohammedaniſm[1]. 1483 machten die Moslemin, d. h., die Sarazenen und Araber, den geringern Theil der Einwohnerſchaft aus[2]. So gab es auch im erſten Viertel des ſechszehnten Jahrhunderts wenig Sarazenen[3]. 1565 wohnten etliche „Mohren" (Araber) in der Nähe oder nicht weit vom Orte[4]. 1586 ſcheinen hingegen die Araber oder Mohammedaner weitaus die Hauptzahl ausgemacht zu haben[5]. So verhielt es ſich wenigſtens 1613[6]. Es vergingen aber wenige Jahrzehn, und der Halbmond erblaßte in Bethlehem ein wenig und dann immer mehr. Schon 1646 bildeten die Mohammedaner nur die Hälfte der Bewohnerſchaft[7], und ungefähr ebenſo viel 1673[8]. 1719 gab es arme moslemitiſche Familien[9], und 1734 waren ſie gegenüber den Chriſten ſchon in der Minderzahl[10]. Die Kriege, welche ſpäter geführt wurden, ſcheinen zu Gunſten der Mohammedaner ausgeſchlagen zu haben; denn im J. 1751 wurden nur römiſch-katholiſche Chriſten und Mohammedaner als Bewoh-

---

1 Rudolph von Suchen 843.
2 *Fabri.*
3 Viagg. al S. Sepolcro F 6. Tſchudi 271.
4 Helffrich 718.
5 Schwallart 302.
6 Amman 120. So ſagte auch Scheidt (69), daß die Bewohner mehrentheils Araber waren. Vgl. Ignaz von Rheinfelden (127), der wahrſcheinlich einen ältern Pilger abſchrieb.
7 *Surius* 522. Zwinner meldet (355) nur „türkiſche" Bauern, Griechen und römiſche Katholiken an, ohne des gegenſeitigen Verhältniſſes zu erwähnen.
8 Habitata da Turchi, ma forse da Christiani in maggior numero. *Legrenzi* 1, 185.
9 *Ladoire* 206.
10 Thompſon §. 89.

ner von Bethlehem namhaft gemacht[1]. In siebenundzwan-
zig Jahren kehrte sich jedoch das Verhältniß so um, daß
nur noch sieben bis acht mohammedanische Familien achthundert Christen gegenüber wohnten[2]. Die vielen Fehden
scheinen demnach mehr oder minder eine konfessionelle Färbung von Islam und Christenthum angenommen zu haben,
und dieses zuletzt siegreich hervorgegangen zu sein; denn
fortan gruppirten sich die Mohammedaner nur zu einem
kleinen Häuflein; z. B. 1818 zählten sie bloß zwei Familien[3]. Daß 1831 die Christen und 1834 Ibrahim-Pascha
den moslemitischen Antheil der Bevölkerung vertrieben haben,
sahen wir oben[4]. So fand man 1834 und 1838 lauter
Christen[5]. Seither schlichen sich die Mohammedaner doch
wieder unter die Einwohnerschaft[6], so daß ihre Zahl im
Verhältnisse zur Zeit der neuen Einwanderung groß ist.
Offenbar waren die Eingewanderten meist vertriebene Leute;
denn man theilte mir mit, daß die nunmehrigen Moslemin,
welche allein das Hâret el-Fowâghreh bewohnen, aus der
Gegend von Hebron, von Farû eingewandert seien, ohne
daß man die Zeit ihres Einsitzes wußte.

Im elften Jahrhunderte wohnten in Bethlehem nur
Christen[7]. Was für Christen nach der Einnahme dieser
Stadt durch Salah ed-Din hier wohnten, sagt die Ge-
schichte nicht; wahrscheinlich aber waren es syrische, welche

---

1 Hasselquist 166. Freilich auffallend, weil die Griechen ja ein Konvent hatten (167).
2 Binos 205. Vgl. oben S. 45.
3 Sieber 45. De Forbin will (123 bei Joliffe) lauter Christen
getroffen haben. Mehr 1829. S. S. 46.
4 S. 41.
5 Robinson 2, 381.
6 Es ist ohne Zweifel ein Kopiefehler, wenn Strauß (Sinai und
Golgatha. Berlin 1847. S. 287) sagt, daß Bethlehem nur von Christen bewohnt werde.
7 Guil. Tyr. 1, 6.

auch die Kirche des Jesusgrabes hüteten. Sie standen natürlich unter der Botmäßigkeit der Sarazenen[1]. Ebenso wenig ist im J. 1336 angegeben, daß der größte Theil der Einwohner syrische Christen waren; man begnügte sich, zu sagen: nicht zur römisch-katholischen Kirche gehörige Christen[2]. Später war man zufrieden, der Christen im Allgemeinen gedacht zu haben[3]. Im J. 1483 waren der größere Theil der Einwohner orientalische (oder, was wohl diesmal Eines sein dürfte, syrische) Christen, welche mit den Sarazenen „und" Arabern verbündet waren[4]. 1519 gab es viel Thomaschristen[5], die man gar leicht mit den syrischen Christen verwechseln konnte. 1565 wurde nur gesagt, daß Bethlehem hauptsächlich von Christen bewohnt war[6]. Man darf diese um so eher für syrische halten, als solche, nämlich etliche, die unter den armen Mohren lebten, im J. 1586 bestimmt angeführt wurden[7]. Die Christen, deren man im J. 1613 erwähnte[8], waren ohne Zweifel auch syrische Christen, von denen, als etlichen, zum letzten Male, so viel ich weiß, nach der Mitte des siebenzehnten Jahrhunderts Meldung geschah[9]. Die Abnahme der syrischen Christen in Beth-

---

1 Thetmar in Maltens Weltk., Febr. 1844, 192. Des hinterlistigen Einverständnisses der syrischen Christen mit den Sarazenen werde ich an einem andern Orte gedenken.
2 *Baldensel* 120. Rudolph von Suchen hielt sich im Ausdrucke noch allgemeiner.
3 La città (Betlemme) siede quasi guasta tutta, e le case dove i cristiani stanno se l'hanno rifatte. F. Nicolò da Poggibonizzi bei Poggi in der Ausgabe von Sigoli (37).
4 *Fabri* l. c. Medschir ed-Din sagt (135) im Allgemeinen, daß die meisten Bewohner Christen seien.
5 Tschudi 271. Vor ihm sprach der Verfasser des viagg. al S. Sepolcro nur von Christen im Allgemeinen.
6 Helffrich 718.
7 „Christen Surianer genanbt", während von einer andern christlichen Gemeinde gar keine Rede ist. Schwallart 302.
8 Amman 120.
9 Christen, Sorianer genannt. Troilo 388.

lehem fällt der Zeit nach mit dem Unbedeutendwerden der=
selben in Jerusalem zusammen. Neben den syrischen Christen
waren es, so weit meine Forschungen reichen, zuerst die
Griechen, welche in Bethlehem einen bleibenden Sitz hat=
ten; vielleicht darunter manche Ueberläufer von der Seite
der syrischen Christen. Ich konnte jene Christen nicht vor
dem zweiten Viertel des siebenzehnten Jahrhunderts finden[1].
Von dieser Zeit an blieben die Griechen, so weit die Ur=
kunden mir zugänglich waren, bis zur Mitte des letzten
Jahrhunderts[2], da ihrer wenigstens nicht gedacht wurde[3].
1778 wohnten die Griechen wieder in Bethlehem[4], und
1800 lieferten sie mit den Armeniern die Hauptbestandtheile
der Bevölkerung[5]. Daß die griechische Gemeinde später
eine bedeutende war und es heute noch ist, wissen wir aus
dem schon Gesagten. — Das Beispiel der Griechen muß
auf die römischen Katholiken gewirkt haben. Die Fran=
ziskaner hatten 1646 dreißig griechische bekehrte Familien[6];
vor dieser Zeit führt kein Schriftsteller eine lateinische Ge=
meinde an, und ihr Entstehen fällt offenbar in die Jahre 1625
bis 1646. Diese Gemeinde konnte sich ebenso wenig eines
ununterbrochenen Daseins[7] erfreuen, obschon es gegen das
J. 1670 viel „Päbstliche“ gab[8]. 1674 zählte man wenig=
stens fünfzig Familien guter Katholiken nach dem römischen

1 *Surius* 522.
2 Zwinner 355. Troilo. *Legrenzi* 1, 186. (Mirike übergeht. 66.)
Ladoire 206. Größtentheils Griechen und Armenier. Thompson
§. 89.
3 Hasselquist 166.
4 Binos.
5 Wittman 71.
6 Les autres (80 Familien) Grecs, desquelles 80. familles sont con-
verties par nos Religieux à l'Eglise Romaine. *Surius* 522. Mirike sagt, daß Maroniten durch den Fleiß der Römischgesinnten mit
ihrer Kirche vereinigt seien (66).
7 Zwinner. *Legrenzi*.
8 Troilo 388.

Ritus[1]. 1719 wurde gemeldet, daß die Einwohnerschaft aus türkischen, griechischen und maronitischen Familien bestand[2], ohne daß man mit einer Silbe die römischen Katholiken berührte. Auch 1734 ward wohl anderer, aber nicht dieser Christen erwähnt[3]. Es fehlt uns mancher Lichtstrahl bis zum J. 1751, da die römischen Katholiken neben den Mohammedanern und arabischen Bauern hervorgehoben wurden[4], als wären sie die einzigen Christen Bethlehems gewesen. Später erinnerten die Pilger öfter[5] an die eingebornen römischen Katholiken, die nunmehr die wichtigste christliche Gemeinde in Bethlehem bilden, und den Meister spielen[6]. Wir wollen einem Schwanzsterngucker die Freude nicht mißgönnen, die er an der Behauptung haben mochte, daß die Bethlehemer vom Stamme Juda entspringen[7]. Diese selbst urtheilen um Vieles nüchterner, ob auch nicht mit der erforderlichen Unbefangenheit. Nach der Sage, die ich von römischen Katholiken in Bethlehem hörte, wohnen Abkömmlinge von Thekoa im Hâ·ret er = Rasâ·t; Abkömmlinge der Kreuzfahrer im Hâ·ret el = Forachî·eh, die Familie Ba·dschi (Bacci?); im Hâ·ret et = Tarâ·schmeh Abkömmlinge von Venedig, die als Turbschmân (Dolmetscher) dienen, vorzugsweise italienisch sprechen, und auch bei Anstellung des Dienstpersonals im lateinischen Kloster vorgezogen werden. — Das Beispiel der griechischen und römischen Katholiken scheint ebenfalls für die Armenier nicht verloren gewesen zu sein.

---

1 Les Chrestiens etoient presque tous Grecs autrefois. Mais la charité des Peres de la Terre - Sainte, et leur vie plus exemplaire, que celle des autres Religieux des diverses Nations Chrestiennes de cet Orient, en a converty un grand nombre. *Nau* 396.
2 *Ladoire* 206.
3 Thomson §. 89.
4 Hasselquist.
5 Binos, Berggren u. A.
6 Protesch 113.
7 Geramb 1, 166.

4*

Uebrigens war ich nicht im Stande, vor dem J. 1673 eine
armenische Gemeinde in der h. Stadt anzutreffen[1]. 1734
machte sie einen bedeutenden Bestandtheil der Bevölkerung
aus[2]. In der Mitte des vorigen Jahrhunderts scheinen
die Armenier für eine Zeit lang verschwunden zu sein; doch
waren sie im letzten Viertel desselben in Bethlehem[3], und
von dieser Zeit an haben sie in dieser Stadt eine fortlau-
fende Geschichte, vermochten sich indeß nie bis zu einer
ansehnlichen Zahl zu vermehren. Es ist dort die Sage
verbreitet, daß die Armenier, Bewohner des Hâ'ret en=
Neghâ'bschreh, von Hebron herstammen. — Wir lernten die
Maroniten schon kennen, und dem wenigen Gesagten kann
ich nur beifügen, daß sie auch im J. 1778[4] in Bethlehem
wohnten. — Seit Hadrian den Juden eine bleibende
Stätte in dieser Stadt verboten hatte[5], ließen sie sich selten
mehr darin nieder, wie zur Zeit der fränkischen Könige[6].
Später erfahren wir kurz aus dem J. 1565, daß kein Jude
dahin kam[7]. Die Christen, die sich mit vieler Vorliebe nach
Bethlehem hindrängten, scheinen wegen ihrer Unverträglich=
keit Schuld gewesen zu sein, daß die Juden immer ferne
bleiben mußten. Der Jerusalemer=Jude schildert die beth=
lehemitischen Christen als böse gegen ihn. Bei meinem
Besuche Bethlehems nahm ich einen Juden mit, der im
mohammedanischen Viertel zwar ohne Anstand eine Herberge
fand, aber, wie ich wohl merkte, von den Bethlehemer=Chri=

---

1 *Legrenzi.*
2 Thomson. Die Armenier berührte auch Ladoire.
3 Binos.
4 Ladoire und Binos.
5 S. oben S. 32.
6 *Benjamin.* Tud. 48. In der von E. Carmoly veranstalteten Sammlung von Reisebeschreibungen jüdischer Pilger (Itinéraires de la
  Terre Sainte. Bruxelles 1847) findet sich kein einziger, welcher Bethlehem besuchte.
7 Helffrich 718.

ſten ungerne gelitten war. Dieſer Grund und der der Ent-
behrlichkeit bewogen mich auch, den mitgenommenen Juden,
eine etwas ſeltene Erſcheinung an dieſem h. Orte der Chriſten, des folgenden Tages nach Jeruſalem zurückzuſchicken.

Die Tracht der Bethlehemer und Bethlehemerinnen
iſt ſehr einfach[1]. Nachdem bei Beſchreibung[2] der Stadt
Jeruſalem ich mich auch ausführlich über die Tracht der
Landleute verbreitet habe, kann es nicht mehr mein Vor-
wurf ſein, in die Sache hier weitläufig einzugehen. Ich be-
ſchränke mich daher auf Weniges. Das Weib oder Mädchen trägt ein blaues Hembe, darüber eine rothe Tunika[3],
einen ſchmutzig weißen Schleier[4], geht bargeſicht[5] und barfuß[6]. Wenn man den Schleier abrechnet, ſo könnte ich
nicht behaupten, daß die Leute eigentlich unreinlich gekleidet
oder es mehr ſind, als an andern Orten, noch ſprangen
gerade die lumpigen Kleider in die Augen[7]. Im Gegen-

---

1 Aeußerſt einfach. **Wittman** 71. Ganz einförmig. **Hailbronner**
2, 297. Der Kopiſt 2, 124.

2 In MS.

3 Ein langes Gewand von Baumwolle, mit einem Gürtel zuſammen-
gebunden. **Wittman.** Ein blauer Rock und rother Mantel, oder ein
blauer Mantel (unrichtig). **Geramb** 2, 175. Hellblaue Hemben mit
Gürteln, rothe Ueberwürfe mit tunikaähnlichen Zacken. **Hailbronner** und ſein Kopiſt.

4 Ein großer, weißer Schleier, der über den Rücken hängt. **Wittman. Geramb.**

5 **Berggren** bemerkt (3, 148) unrichtig, daß die Frauensperſonen
nur zu Hauſe unbeſchleiert ſeien.

6 Etwas poetiſch zeichnet den Schmuck **Hailbronner:** Ueber die Stirne
und von den Ohren herab hängt eine Guirlande von echten Sil-
bermünzen und dieſe nebſt Armſpangen ſind ihr einziger (iſt dies
etwa wenig?) Schmuck.

7 Der Mangel an Waſſer (Unwahrheit) ... verurſacht eine außeror-
dentliche Unreinlichkeit, welche die Armuth noch abſchreckender macht.
Man wäſcht ſehr ſelten, was man wohl an der Wäſche und an den
Lumpen bemerkt, die als Bedeckung dienen; Alles iſt hier Ekel er-
regend. **Geramb** 1, 172. In Lumpen, kaum mit einigen ſchlechten
Fetzen bedeckt. 1, 168. Die Unreinlichkeit iſt nicht größer, als an
andern Orten.

theile, die Leute sind ziemlich ordentlich angezogen, und an Weihnachten gab es Frauen in prächtigen Kleidern. Ich zweifle nicht, daß der Schnitt ein ungemein alter sei, wohl aber, daß die Moabitin Ruth und die Nazarenerin Maria ganz genau so gekleidet waren, wie es die heutigen Bethlehemerinnen sind, und wie man die jung' Frau meistens auf den Gemälden abgebildet findet[1]. Ich beneide daher keinesweges den Einbildigen, der, beim Anblicke einer Bethlehemerin mit einem kleinen Kinde auf dem Arme, Maria mit Jesus auf ihn kommen zu sehen glaubte[2], obschon ich nicht abredig bin, daß die Bethlehemerinnen weit eher eine Parallele zulassen, als viele Europäerinnen in ihren mannigfaltigen Trachten.

Wie in der Kleidung, so herrscht auch mehr oder minder Einfachheit in der Ernährungsweise. Uebrigens weicht diese von der anderer Paläftiner in der Umgebung schwerlich ab. Es wurde zu seiner Zeit behauptet, daß Bethlehem eigentlich von Oelbäumen lebe[3]. Die Preise der Lebensmittel waren:

		Bor 20 Jahren. Plaster.	1845. Plaster.
1 Kantâr Trauben zu		9	100
1 Rottel Wein	„	1	3[4]
1 „ Aquavit	„	2	10
1 „ Honig	„	8 bis 9	24

---

1 Das behauptet Geramb, mit dem Beifügen, daß sogar die Farbe eintreffe. Ein längerer Aufenthalt würde wahrscheinlich zur Beobachtung geführt haben, daß die Bethlehemerinnen in den verschiedenen Vierteln, die aus verschiedenen Strichen die Einwanderung statthatte, nicht ganz die gleiche Tracht haben. Im Uebrigen bemerke ich, daß die europäischen Künstler bei Darstellung unserer lieben Frau wohl kaum an die Bethlehemerinnen dachten, sonst gäbe es nicht so viel Abstand auf der einen und so viel Verschiedenheit auf der andern Seite; so sah ich z. B. in einer Kirche zu Benedig die Maria von Nazareth beinahe ganz nach der neuen französischen Mode gekleidet.
2 Geramb.
3 Wittman 71.
4 Ich kaufte ¼ Maß zu 2 Kreuzer.

Man darf sich mithin nicht wundern, wenn man die Beth=
lehemer die Olimszeiten rühmen hört vor der zunehmenden
Theurung, wie es beinahe ans Unglaubliche streift.

Die Bethlehemer, zwar kein sehr großer Theil, beschäfti=
gen sich einmal mit dem Feldbau und der Viehzucht[1]. Im
christlichen Alterthume hieß es: In dem Städtlein Christus'
ist Alles Bauerwesen und außer dem Gesange der Psalmen
Stillschweigen; wohin man sich wendet, singt der Pflüger,
die Sterze in der Hand, das Hallelujah, der schwitzende
Schnitter erquickt sich an den Psalmen, und der mit dem
krummen Messer die Rebe beschneidende Weingärtner stimmt
Eines mit David an[2]. Noch immer ist die Pflege der Rebe,
wo man sie sicher glaubt, eine angelegentliche Sache. Die
Bereitung des Weines geschieht so: Mit den Füßen zer=
stampft man die Trauben in einem großen steinernen Troge
oder Topfe, und bringt dann Alles, Saft und Kämme, in
Krüge, worin man es fünfzehn Tage lang stehen läßt.
Darauf gießt man das Klare oder den Wein ab, ohne zu
keltern, und das Uebrige wird zu Spiritus gebrannt. Auf
letzterem hält man nicht wenig, wie auch daraus hervor=
leuchtet, daß man einen vortrefflichen Feigenbranntewein
bereitet[3]. Zum Branntweinbrennen dient ein ziemlich ge=
wöhnlicher Destillirapparat mit Kühlfaß. Der Wein wird in
großen Krügen (Dscha'rreh) aufbewahrt. Auch der Brannte=
wein wird als sehr gut gepriesen. Im römisch=katholischen
Kloster ist der Wein minder kräftig, als in den Häusern der
Eingebornen, weil dort die Traube wahrscheinlich gekeltert
wird. Vom Weinmost bereitet man auch viel Di'bes (Trau=

---

1 Helffrich 718. Bethlehemer nähren sich vom Laubbau. *Fabri* 1,
463 sq. Einige Landbauern. *De Bruyn* 2, 223.
2 Paula et Eustochium im Briefe an die Marcella, in den opp.
Hieronymi und wohl aus dessen Brief an letztere. Vgl. *Roland.* 286.
3 Das Letzte nach Berggren 3, 146.

benſyrup). Ohne den Moſt ſtehen zu laſſen, ſetzt man ihn
über das Feuer mit einer weißen Erde, welche man Hûâr
nennt, um ſo dem Safte alles Unreine und Herbe zu ent=
ziehen, und nach dem erſten Aufkochen ſchäumt und ſtellt
man ab. Darauf erneuert man den Abſud, und zwar ſo
lange, bis der Saft die Honig= oder Syrupkonſiſtenz er=
reicht. Man ißt das Di·bes mit Brot und andern Speiſen.
Die Bienenzucht iſt kein unbeachtenswerther Erwerbszweig,
obſchon ſie in den Jahren 1844 und 1845 wegen Waſſer=
mangels und der daher leidenden Flur bedeutend abnahm.
Man ſieht deswegen viele Bienentöpfe, für die bekanntlich
die Häuſer beſonders eingerichtet ſind[1], leer, die früher be=
wohnt waren. Die Bienenwohnungen ſelbſt ſind keine
Körbe, ſondern Töpfe (Walzen) von etwa 1' Durchmeſſer
und 2½' Länge, die hinten, d. h., auf der dem Zufluge
entgegengeſetzten Seite, kugelig geſchloſſen und vorne offen
ſind, aber mit einer irbenen, unten eine kleine Oeffnung
für den Flug habenden Scheibe geſperrt werden, indem man
die Fuge zwiſchen dieſer und dem Topfrande mit Pferde=
miſt verſtreicht. Es verſteht ſich von ſelbſt, daß die Bienen=
töpfe liegen, und zwar einer auf dem andern, und ſo meh=
rere Reihen über einander. Wo die Bienen ausgeſtorben,
waren ſie offen, und wo ſie noch wohnten, mit der Scheibe
geſchloſſen. Der ſtärkſte Ausflug findet im Frühling, näm=
lich in den Monaten Merz und April, ſtatt, da es am mei=
ſten Blumen gibt, und gezeidelt wird im Auguſt. Im J.
1778 wurde auf die Menge Bienen aufmerkſam gemacht;
man ſah Bienenſtöcke in großer Zahl längs den angebauten
Höhen rangirt[2]. Der Honig wird als vorzüglich ge=

---

1 S. oben 23. Das von mir aufgenommene Bild eines Hauſes zeigt
oben, über der längern Treppe links, in einer Niſche Kreiſe, welche
die liegenden Bienenzylinder bezeichnen.
2 Binos 213.

liegt. Die Ueberſicht der Gewerbe wird den Beweis lei=
ſten, daß doch etwas gethan wird. Von allen Berufsarten
gewann den Vorzug[1] das Verfertigen von Kugeln aus der
Höhle, wohin Maria ſich flüchtete, von rothen, gelben,
weißen, grünen, ſchwarzen Roſenkränzen, von Medaillons,
Kreuzen, Kruziſtren, Chriſtusbildern; namentlich wird auch
die Geburt des Herrn, der Beſuch der himmliſchen Heer=
ſchaaren bei dem Felde der Hirten, Chriſtus in der Wiege,
die Anbetung der Weiſen aus dem Oſten, die Flucht nach
Egypten (etwa mit einer barbariſch italieniſchen Aufſchrift),
die Verkündigung, die Opferung im Tempel, oder auch Züge
aus der Advents= und Leidenszeit, der Schmerzenweg, ſo
wie die Auferſtehung und Himmelfahrt des Herrn dargeſtellt,
andere Male das Bild des Pflegevaters Joſeph, der zwölf
Apoſtel, eines jeden in einem Kreiſe, des Hieronymus[2]
und anderer Heiligen, auch die Krippe[3], die Grabkapelle[4],
ſelbſt Eßtiſche[5]. Die Zeichnungen entlehnen die Arbeiter
von Kupferſtichen, die ſie von dem lateiniſchen Konvente er=
halten[6]. Man rühmte mir die Gelehrigkeit und Geſchid=

---

1 Es iſt nicht richtig, was Sieber ſagt (119), daß die Landleute in
  Bethlehem ausſchließlich von Verfertigung der Kruzifixe, Roſenkränze
  u. ſ. f. leben, wenn ihre geringen Feldarbeiten beſtellt ſeien; ebenſo
  Schubert (3, 13): Die ganze Thätigkeit der Einwohner iſt darauf
  gerichtet, Weihnachtsgaben .. zu bereiten. Maß hielt diesmal Ge=
  ramb, indem er bemerkte (1, 169), daß die Verfertigung von Ro=
  ſenkränzen u. dgl. der Haupterwerbszweig, um nicht zu ſagen, der
  einzige ſei. Vgl. *Nau* 396, *Light* 168. Hommes, femmes, enfants,
  tout le monde y travaille ... Les femmes et les enfants enfilent
  les grains de chapelets, les rangent ou plutôt les entassent autour
  d'eux. *Marmier* 2, 301.
2 Schubert 3, 13 fg.
3 De Forbin 124.
4 Robinſon 2, 382. Ehemals ſchnitzelte man auch die Grabkirche,
  die Marienkirche und Geburtshöhle aus avec tant de justesse, qu'il
  n'y manque pas un pillier, ny la moindre colonne. *Nau* 396 sq.
5 Schubert 3, 13.
6 Sieber, Berggren.

lichkeit der Bethlehemer in diesen Kunstsachen, und wirklich
werden Erinnerungsmale von sehr zierlicher, angenehmer
Art ausgeschnitzt[1]. Das weitaus Meiste aber ist sehr plump,
und insbesondere überschreitet die Nase alles Maß. Am
beßten gefiel mir die plastische Darstellung der Kapelle zum
Christusgrabe. Wer sie besitzt, der kann nicht nur sich an
die wirkliche Kapelle lebhaft erinnern, sondern er hat zugleich ein treues Bild von den hiesigen künstlerischen Be-
strebungen. Jedenfalls kommen die beßten oder die künst-
lichsten Arbeiten von diesen Artikeln aus Bethlehem[2]. Nicht
immer dürfen sich wohl die Bethlehemer nach dem besseren
Geschmacke richten, indem die armenischen Pilgrime mehr
auf Buntfarbigkeit, als auf Feinheit der Arbeit achten[3].
Das Hauptmaterial, welches zu den Kunstsachen meist von
Kreuz= oder Schildform benutzt wird, sind die Schalen der
orientalischen Perlenmuschel oder die Perlenmutter. Für
wohlfeilere Sachen dient, statt derselben, Fraueneis; statt
der schwarzen Koralle, Asphalt aus dem todten Meere, aus
welchem Rohstoffe auch schöne, mit Sprüchen des Koráns
versehene Trinkschalen verfertigt werden[4], oder auch schwarz
gebeiztes Feigenbaumholz[5]. Die Arbeiter setzen einen Werth
darauf, die Kunstsachen auszulegen, so daß die schwarze
Farbe gegen der weißen absticht. Die schwarze Koralle

---

1 Unter den Dosen, Kästlein, Schalen und Platten sieht man viele,
deren halb erhabene Arbeiten wirkliches Talent und Kunstfertigkeit
verrathen; namentlich gilt dies von jenen, die für das lateinische
Kloster in Bethlehem und Jerusalem von lateinischen Christen angefertigt werden. Schubert. Ein sonst kompetenter Richter, Prokesch
(118), sah wohl Fleiß und Mühe, aber ohne alle Kunstübung.
2 Robinson.
3 Schubert.
4 Prokesch 118. Ich besitze eine solche Schale mit schönen arabischen
Schriften.
5 Les habitans du village se livrent à l'innocente industrie de polir le
fruit du sacooum et de l'olivier pour en composer des rosaires.
Reynaud 227.

nehmen sie für kleine Werke von mehreren Arten der Horn=
koralle, selbst von den theuren, echten Antipathes Gorgonie[1].
Sehr gut verstehen sie sich darauf, Alles, was sie von Holz,
z. B. den schemelartigen Untersatz des morgenländischen Eß=
tisches, ausarbeiten, mit Perlenmutter auszulegen[2]. Im
vorletzten Jahrhunderte verarbeitete man nur das Holz[3].
Früchte werden etwas selten zu Kunstsachen verwendet; in=
deß sind die buntfarbigen Kugeln der Rosenkränze meist aus
den Früchten der Dômpalme oder auch aus den Kernen der
kleinen braunen Dattel gemacht. Nur selten sieht man
solche, die aus thierischer Zahnsubstanz, aus Elfenbein oder
Manatizähnen, gefertigt sind. Zu den Kruzifixen verwendet
man öfter auch ein gepreßtes thierisches Leder von großer
Zähigkeit und Dicke, dessen Abkunft jedoch nicht mehr zu
erkennen war, und angeblich selbst das Rhinozeroshorn.
Auch die Samen einiger, in ihrer künstlichen Form nicht
erkannten Hülsengewächse Arabiens und, außer dem Oel=
baumholze, verschiedene sehr feste Holzarten werden ver=
arbeitet[4]. Man schätzt die Zahl der Handwerker (Sadaf),
die sich mit diesem Erwerbszweige befassen, auf vierhundert.
Kommen die Gegenstände einmal aus ihrer Hand, so wer=
den sie von einem Priester gesegnet, entweder in Bethle=
hem[5], oder am Jesusgrabe[6]. Wenn die Kunstgegenstände
nicht an dem Orte selbst verkauft werden, so bringen sie
die Bethlehemer und besonders die Bethlehemerinnen nach

---

1 Schubert 3, 14.
2 Berggren. Schubert 3, 13.
3 Le travail est plus cher que la matiere: car tout n'est que de
 bois, avec quelques ornemens de nacres de perles, et d'os blanc en
 façon d'yvoir. Tout cela se fait presque avec le coûteau et le ca-
 nif. *Nau* 397.
4 Schubert 3, 14 fg. Vgl. Robinson.
5 Und mit Weihwasser besprengt. Korte 126. Vgl. *Nau* 396.
6 Korte und de Forbin.

Jerusalem zu Markt[1], oder erstere hausiren damit auch in dieser Stadt, wenigstens im lateinischen Kloster. Der fragliche Erwerbszweig ist nicht sehr alt. Ich finde ihn zuerst im J. 1586 erwähnt. Die syrischen Christen waren es, welche hölzerne Paternoster, Kreuzlein vom Oelbaum und von Zedernholz und andere derartige Sachen verfertigten, sie auch mit Reliquien oder sonst etwas Seltsamem zierten und also an die Pilgrime verkauften[2]. 1595 verfertigte man nicht bloß Kreuze und Rosenkranzperlen vom Oelbaum, und letztere auch von der Terebinthe, sondern auch andere Kunstarbeiten, wie die Kirche des Christusgrabes und die Krippe[3]. Wenn es wahr ist, daß im J. 1616 alle Einwohner Hirten waren[4], so dürfte man mit einigem Rechte glauben, daß damals dieser Erwerbszweig verblüht war. Wie dem auch immer sei, im J. 1646 beschäftigten sich die neubekehrten lateinischen Christen mit der Ausarbeitung von Kreuzen, Rosenkränzen, Denkmälern und Krippen[5]. Ein paar Jahrzehn später lernten die Araber von den Christen, die Kreuzlein von Oelbäumen und Zedernholz, das Modell des Jesusgrabes und die Krippe verfertigten, und letztere mit Perlenmutter und Schildkrötenschalen überaus zierlich und fein einlegten, das Rosenkranzmachen, weil sie die ziemliche Einträglichkeit vor sich sahen, ja sie lehrten das Handwerk sogar ihre Weiber und Kinder; denn auch die Mohammedaner gebrauchten Rosenkränze von hundert Perlen[6]. Allein der

---

1 Schubert 3, 13.
2 Schwallert 302.
3 *Cotov.* 239.
4 Della Balle 1, 157.
5 *Surius* 522.
6 Troilo 388 fg. Geramb schreibt (1, 169) in seiner historischen Unwissenheit: „Der Preis der Rosenkränze ist wegen der weit beträchtlichern Zahl der griechischen und armenischen Pilger .. und auch seit der Zeit gestiegen, seit welcher die Türken die Lust angewandelt hat,

Eifer der Moslemin scheint bald wieder erkaltet zu sein[1]; wenigstens ward im J. 1681 ausdrücklich bemerkt, es verdienen nur die wenigen Christen Bethlehems ihren Unterhalt dadurch, daß sie Kreuze, Christusgräber verfertigten, ja die ganze Grabkirche, vermöge der Unverdrossenheit, sehr gut darzustellen wußten[2]. Dieser Erwerbszweig war vor etwas mehr, als einem Jahrhunderte so einträglich[3] und der Absatz so groß[4], daß sich wahrscheinlich zu viele Christen, wie Mohammedaner[5] verlocken ließen, sich auf jenen zu verlegen. Daher rührte wohl in der Mitte des vorigen Jahrhunderts der Ueberfluß an Fabrikaten, und Bethlehems Bevölkerung, die aus Christen und Moslemin bestand, zwang die dasigen Franziskaner, ihr Rosenkränze, Modelle des Christusgrabes u. dgl. abzukaufen[6]. In der That führte der Uebelstand, daß nicht so viel Waaren (Rosenkränze) abgesetzt werden konnten, als fabrizirt wurden, nicht lange nachher die Nothwendigkeit herbei, daß die Bethlehemer ihre schaffenden Kräfte wieder mehr dem Ackerbau zuwendeten[7]. Die Glanzperiode jenes Erwerbszweiges scheint die erste

----

eine Art Rosenkranz zu tragen, der zur Ergänzung ihres Anzuges nothwendig geworden zu sein scheint, und dessen sie sich sogar auf den Straßen als eines Spielwerkes bedienen."

1 Noch rechnete Rau (396) selbst die Mohammedaner zu den Verfertigern von Rosenkränzen.

2 *De Bruyn* 2, 223. Dieser Richter, ein Künstler, ist kompetent, und seit dieser Zeit scheint die Kunst, doch seitenweise, keine Fortschritte gemacht zu haben. Wenige Jahre nachher schrieb Mirike (67), daß sich die Einwohner, worunter auch die Araber verstanden werden könnten, sich einestheils mit Machung der Kreuzlein und Rosenkränze u. dgl. von Oliven- und Terebinthenholz ernährten; er und seine Reisegesellschaft kauften viele und brachten sie nach Konstantinopel.

3 Ganz erträglich. **Thompson** §. 89.

4 Reret.

5 Reret.

6 Die Verfertigung sei die einzige Beschäftigung aller Einwohner der Dörfer. **Hasselquist** 171.

7 **Volney** 2, 241.

Hälfte des vorigen Jahrhunderts gewesen zu sein[1], in der, neben anderen schon bekannten Kunstgegenständen, auch das Grab unserer lieben Frau von Holz aus dem Felde der Hirten, von weißen, elfenbeinartigen Knochen[2], so wie die Grotte von Bethlehem aus Holz, mit saubern Auslagen von Perlenmutter[3], angefertigt wurden. Mir ist nicht bekannt, daß Bethlehem mit etwas Anderem Handel treibt, als mit diesen Artikeln. Jetzt ist der Absatz zwar nicht mehr so groß, doch aber immer noch beachtenswerth. Im dritten Viertel des siebenzehnten Jahrhunderts gaben sich besonders die Mohammedaner Mühe, den Industrieprodukten Abfluß zu verschaffen. Sie häuften eine große Menge Rosenkränze, und knüpften Handelsverbindungen mit Kairo an, um sie mit der großen Karawane nach Mekka zu fördern[4]. Selbst heutzutage noch haben die Rosenkränze von Bethlehem oder Jerusalem bei den Türken in Konstantinopel so viel Anzug, daß man sie als Handelswaare dorthin verschafft. Was die Christen betrifft, so kauften im letzten Viertel des vorigen Jahrhunderts gewöhnliche Kaufleute in Akka die frommen Waaren, man packte sie in eine Kiste, lieferte sie nach Venedig, und von hier gelangten sie ins übrige Europa, zumal nach dem deutschen Lande[5]. Ein Theil der Waaren wurde übrigens unmittelbar an die Bethlehem besuchenden Pilger abgesetzt. Monconys kaufte 50 Rosenkränze, 2 Sanktuarien und 56 Kreuze[6]. Die Preise waren, wie es heißt, zu verschiedenen Zeiten ungleich gestellt; nach der Mitte des

---

[1] In Bethlehem werden überaus viel Dinge gemacht von grossen und kleinen Creutzen. Korte 125.
[2] Neret.
[3] Korte.
[4] Troilo.
[5] *Mariti* 2, 369.
[6] 1, 315. Vgl. S. 62, Anm. 2.

vorletzten Jahrhunderts sehr niedrig[1]. Später hieß es, daß Kreuze einen Preis von drei bis vier Thalern, die Grab= kirche einen solchen von 15 bis 20 Thalern hatten, und daß, was aber schwer zu glauben ist, Bethlehem jährlich für 3 bis 4000 Thaler Andachtswaaren lieferte[2]. In unserem Jahrhunderte mögen die Preise etwas höher steigen[3], als zur Zeit, da das Gewerbe, wegen der Ueberschwenglichkeit mit Waaren und wegen des verminderten Absatzes, ins Stocken gerieth; allein von Theuersein darf man nicht reden, zumal wenn der große Pilgerhaufen abgezogen ist. Ein gar kleines Kreuz erläßt man für zwei Fu'ddah, d. h., nicht einmal einen Pfennig. Ich will nicht unerwähnt lassen, daß nunmehr die Minoriten die Andenken fast ebenso wohl= feil verkaufen, als die Arbeiter selber[4]. Wir verlassen den merkwürdigen Industriezweig, für welchen Bethlehem gewiß der Hauptplatz in Palästina ist, um uns bei den

Büchsenschmieden umzuschauen. Wenige Bethlehemer verfertigen Schießgewehre und Säbel, und die Flinten von Bethlehem werden geschätzt, vielleicht auch wegen des zier= lichen Schaftes. Ueberdies findet man Zimmerleute, Tischler, Steinhauer, Maurer, Töpfer, Schuhmacher, Baumwollen= klopfer, Fleischer. Große Mühlen werden in Bethlehem nicht angetroffen, und die Hausfrauen sind, wie gesagt, die Müllerinnen. Zu Bereitung des Mehles dient eine Hand= mühle, die aus zwei Steinen besteht. Der untere steht unbeweglich, der obere dagegen oder der Läufer wird wag= recht im Kreise herumgedreht. Damit bei dieser Bewegung der Läufer nicht abweiche, hat der untere Stein einen lan=

---

1 In einem schlechten und wohl liederlichen Preiß verkauffen. Troilo.
2 *Nau* 397.
3 Geramb in der 6. Anm. zu S. 61.
4 Schubert 3, 15.

gen eisernen Stift, wie eine Angel, welcher durch die Oeff=
nung eines in die Mitte des obern Steines festgesetzten,
kurzen Querhölzchens greift. Es hat aber der Läufer nicht
bloß ein solches Hölzchen zum Durchlasse jenes Stiftes, son=
dern auch daneben zwei halbscheibenförmige Oeffnungen,
um dadurch das Getreide in die Mühle fallen zu lassen[1].
Der Läufer, den ich maß, hatte 15½" Durchmesser und
1½" Dicke. Und damit das Drehen des Läufers oder
das Mahlen leichter von statten gehe, ist auf einer Seite
oben ein 6" langer hölzerner Stiel zum Umfassen für die
Hand senkrecht in den Stein gelassen. Der untere Stein
ist in gebrannten Thon gefaßt, und hat auf der einen
Seite eine kleine niedrige Mulde, worein das Mehl glei=
tet. Man mahlt das Getreide zweimal, bis es zum Backen
sich eignet. Die ganze Mühle kam von der Nähe Gaza's,
und eine solche kostet sechszig bis achtzig Piaster. Eine Frau
muhl vor meinen Augen unbedenklich am Sonntage. Ein
verwandtes Frauengeschäft ist das Brodbacken. Die Back=
häuschen stehen, wie ich oben bemerkte, als eigen gebaut
besonders da. Sie sind gewölbt, nicht mannhoch, mit einem
niedrigen Eingange, daß er den Eintretenden zum sich Ducken
nöthigt. Im Innern nimmt in der Mitte der Ofen, der
auf dem Boden steht, so viel Raum ein, daß höchstens noch
sechs bis acht Personen Platz finden. Dieser Ofen hat die
Form einer halbkugelichten Mütze mit Zipfel. Sein Umfang
beträgt 9' und seine Höhe bis zum Deckel 7". Diese hohle
Halbkugel besteht aus Töpferwaare ohne Boden, aber mit
einem Deckel, der oben in der Mitte ein aufrecht stehendes
Hölzchen zum Anfassen, nämlich zum Ab= und Aufheben,

---

1 Robinson beschreibt (2, 405 fg.) in der Nähe Bethlehems die Hand=
mühlen ebenfalls, und sagt, daß zwischen beiden Steinen eine kleine
Wölbung sich befinde..

hat. Der Boden im Ofen wird mit kleinen, eckigen Kalk=
steinen etwa ein paar Zoll hoch überlegt, ohne sie mit Mör=
tel fest zu bannen. Sie verleihen daher nicht nur dem
Boden der Brote ein eckiges Gepräge, sondern beim Her=
ausnehmen der letztern gehen sie wohl auch angeklebt selbst
mit. Ausgebrannte Steine werden durch andere ersetzt.
Zum Erhitzen des Ofens wird Mist gebraucht, dieser aber
nicht innen gebrannt, sondern man legt ihn außen um den
ganzen Ofentopf, so wie über den Deckel, und läßt ihn in
dieser Lage verbrennen, wodurch der Ofen, selbst die Steine
auf dem Boden in dem Grabe hinreichend erhitzt werden,
daß der Boden des Kuchens oder Brotes leicht anbrennt.
Beim Backen steht der Teig in einem hölzernen Napfe be=
reit, der Deckel des Ofens wird abgehoben, der Kuchen
(rund) gleich geformt und einer nach dem andern in den
Ofen gelegt, bis dessen Boden überdeckt ist, wodann der
Deckel wieder aufgesetzt wird. Sieben bis acht Kuchen oder
Brote haben auf dem Boden Platz. Nach drei Minuten
ist das Brot gebacken, es wird herausgenommen, und das
Backen auf gleiche Weise so lange fortgesetzt, als Teig vor=
handen oder der Ofen warm genug ist. Ich kann betheuern,
daß das Brot der Bethlehemerinnen gut schmeckt. Im J.
1738 zog ein Reisender besondere Nachricht von den Oefen
ein, und die Vergleichung seines Berichtes mit dem meini=
gen ist zu interessant, als daß ich dem Kitzel widerstehen
könnte, jenen mehr, denn hundertjährigen Bericht hier bei=
zufügen. Er lautet: Man baut (in Bethlehem) gemeiniglich
die Oefen tief in die Erde und bedeckt sie mit einem Schwib=
bogen. Man steigt zur Thüre, wodurch man hineingeht,
auf einer Treppe von einigen Stufen hinunter. In der
Mitte ist eine Pyramide von heißer Asche, die man gemei=
niglich aus den Häusern dahin bringt. Dieselbe legt man
auf ein großes, irdenes Geschirr, das zugedeckt und halb

voll kleiner Steine ist, welche, wie ich glaube, durch die Hitze feuerroth geworden sind. Einmal die Woche nimmt man alle Asche weg, und ersetzt sie durch andere, die man in einem gewissen Grade von Hitze erhält und oft (?) wechselt. Wenn man Kuchen backen will, thut man die Asche oben weg, hebt den Deckel ab und legt den Teig darauf, den Deckel wieder darüber, und bedeckt ihn oben mit Asche. In einem solchen Ofen haben die Araber, wie ich mir habe sagen lassen, 'mal einen gefangen genommenen Pilger sehr warm gehalten[1].

Man versicherte, daß die Einwohner als Fuhrleute und reitende Boten umherwandern, und daß man selten einen leckern Wegweiser finde, als der Bethlehemer sei[2], welches letztere ich nicht bezweifeln möchte. Krämer gibt es nicht wenige, und sie sorgen so ziemlich für die Bedürfnisse. Man findet bei ihnen nicht bloß fein zugeschnittenen Tabak, so wie Tuchwaaren, sondern auch Viktualien, Feigen, Rosinen, Di'bes, Pomeranzen, Mehl, Reiß u. s. f. Bethlehem ist der äußerste Versorgort für die Söhne der Wüste. Heutzutage gibt es in Bethlehem keine Leute mehr, die sich mit dem Tätowiren (Tâl) beschäftigen, wie im letzten und vorletzten Jahrhunderte, ebenso wenig Färber, wie im zwölften Jahrhunderte, in welchem man zwölf jüdische zählte[3]. Vielleicht überging ich etwa noch einen Gerber, weil ich mich erinnere, ein Thierfell auf der Marktgasse ausgebreitet gesehen zu haben, welches wahrscheinlich den kürzesten Prozeß der Gerberei bestehen mußte.

Es ist unnöthig, zu erwähnen, daß die Einwohner arabisch reden, bemerkenswerth jedoch, daß manche lateinische Christen sich sehr leidlich im Italienischen ausdrücken. Man

---

1 Pocode 2 §. 53.
2 Berggren 3, 146.
3 Benjam. Tud. 48.

wird dies dem Einfluffe der römisch-katholischen Mönche
zuschreiben, aber nur in neuerer Zeit mit Recht. Uebrigens
ift gerade das merkwürdig, daß Einwohner, ehe sie zur
römisch-katholischen Kirche übergegangen waren, italienisch
sprachen. Im J. 1586 redeten fast alle syrische Christen
etwas italienisch, das sie **Franco** nannten, lehrten es ihre
Kinder, und verpflanzten also diese Sprache von Kindern auf
Kindeskinder, damit sie hernach den Fremden als Dolmetscher dienen könnten[1]. So oder ähnlich verhielt es sich auch
gegen Ende des sechszehnten Jahrhunderts[2]. Nach der Mitte
des vorletzten Jahrhunderts sprachen nicht bloß die syrischen,
sondern auch die vielen römischen Christen das Italienische,
von denen einige als Dolmetscher für den Fremden bestimmt waren[3]. Ich kann nicht genug sagen, wie freundlich es dem Fremden vorkommt, wenn er aus dem Munde
der Eingebornen die Frankensprache vernimmt.

An einem Orte, wo der Besitz wegen einer schlechten
Regirung wenig sicher ist, wo Fehden und Kriege nicht
selten sind, wo hin und wieder Mangel an hinreichendem
Regen eintritt, wo die Industrie auch ihren Wechselfällen
preisgegeben ist, wenn z. B. aus irgend einem Grunde nur
eine kleine Anzahl von Pilgern sich einfindet; da wird man
nicht auf soliden Wohlstand der Einwohner rechnen. Es
ist sehr glaubwürdig, wenn, namentlich im sechszehnten
Jahrhunderte, über die Armuth der Bethlehemer geklagt
wurde[4]. In unserem Zeitalter strich man die Bevölkerung

---

1 Schwallart 302.
2 *Cotov.* 239. Aehnlich Amman (120), Surius (522).
3 Die man auch nothdürftiger Weise, so offt man wohin gehet oder
reiset, bey sich haben und gebrauchen muß. Troilo 388. Il n'y a
gueres d'hommes parmy ces Catholiques, qui ne sçavent l'Italien,
et qui ne servent de Truchemens. *Nau* 396.
4 Helffrich 718. Wenigstens die Araber. Schwallart. Sehr arm.
Cotov. Im vorigen Jahrhunderte nannte Ladoire (206) die Bewohner arm.

als besonders arm heraus[1], doch theilweise auf Kosten der
Wahrheit. Obschon man nicht leugnen kann, daß die Armuth in Bethlehem hauset, so ist dennoch das Elend nicht
gar so groß. Daß Manche sich wirklich durch ihre über-
mäßige Freigebigkeit gegen freundliche Besuche arm gemacht
haben[2], verdient nicht unbedingten Glauben. Offenbar ist
in Bethlehem die Bevölkerung zu groß, als daß sie, unter
der gegenwärtigen Regirung, vom Boden allein sich ernähren könnte. Die Gewerbe führten zu einer künstlichen
Vermehrung der Volkszahl. Wenn gerade ein Mißjahr den
feldbauenden Theil und flauer Absatz der Fabrikate den ge-
werblichen trifft, so kann wohl die Armuth eine bedenkliche Höhe
ersteigen. Höchst wahrscheinlich ist dieser Zusammenfluß von
Mißgeschick selten, und es tritt dafür häufig der Fall ein,
daß das Glück des Bauers und des Arbeiters wechselt,
wodann der eine dem andern im Unglücke die Hände reichen
mag.

Wenn man das Kapitel von den Sitten und Ge-
bräuchen aufschlägt, wäre Vieles zu erfahren, und aus
guten Gründen werde ich mich hier kurz fassen. Man konnte
vor etwa anderthalb Jahrzehn nicht genug Worte finden,
um den Druck zu schildern, welchen die Frauen zu erdulden
haben[3]. Die Frau, hieß es, müsse dem Manne das Wasser
weit herholen, es wärmen, ihm die Füße waschen, dann
das Nachtessen zubereiten, ihn und den ältesten Sohn stehend
bedienen, ohne den mindesten Antheil an der Mahlzeit zu

---

1 Seramb 1, 173. In der That, das Elend und die Armuth, die
hier unter den Trümmern haus(!)en und aus den Lehmhütten her-
ausblicken, scheinen zu sagen: Es ist aus mit uns (Es hat Weile,
Herr Professor). Und dennoch sind die Leute fröhlich (Weil — es
mit ihnen, „all seinen armseligen Familien", aus zu sein scheint).
Schubert 3, 11 fg.
2 Whiting im Calw. Missionsbl., 1842, 26.
3 Vgl. oben S. 57.

nehmen, und warten, bis sie fertig sind, um bei Seite ge=
hen, und die Ueberreste einsam verzehren zu dürfen[1]. Von
letzterem interessanten Auftritte, wogegen mein mitgebrachtes
Gefühl sich weiblich sträubte, war auch ich Zeuge, möchte
aber nicht verschweigen, daß die morgenländische Sitte es
im Allgemeinen so will. Ebenso befremdet es, daß die Ael=
tern ihre Kinder zu versprechen pflegen, wenn diese erst
zwei oder ein Jahr alt oder gar noch jünger sind[2]. Ein
Araber hatte seine fünfzehn Tage alte Tochter an einen vier
Jahre alten Knaben versprochen. Der Vater des Knaben
kauft das Mädchen, er kommt über den Preis überein, und
bezahlt sogleich einen Theil desselben als Aufgeld. Der Va=
ter ist um so reicher, je mehr Töchter er hat. Oft hört
man die Worte: Meine Frau kostet mich so und so viel;
das ist wohl ein hoher Preis. Ein Verfertiger von Rosen=
kränzen antwortete auf Anfragen: Ich habe für meine Frau
800 Piaster bezahlt. Der Preis der Mutter? 400 Piaster;
aber damals standen die Piaster in höherem Werthe. Ein
Theil des Aufgeldes wird von den Empfängern zum An=
kauf einigen Putzgeräthes für die versprochene Tochter ver=
wendet. Bei der Hochzeit steckt man sich billig in grellfar=
bige Gewänder und überläßt sich dem Tanze und anderen
Belustigungen[3]. Die Leichenbegängnisse haben etwas Selt=
sames oder Heidnisches, wie ich schon auf meiner ersten

---

1 Seramb 1, 171.
2 Seramb (dem ich hier folge) 1, 176. Wittman sagt (71), daß
  die Bethlehemer als Kinder in der Wiege versprochen werden und
  heirathen, wenn sie 12 Jahr alt sind.
3 A crowd of peasantry was assembled to celebrate a marriage . . .
  The females were chiefly girls, dressed in a profusion of colowred
  garments, with uncovored faces, displaying great beauty, and
  features not entirely Syrian . . . They ceased their concert of
  voices, accompanied with clapping of hand and quick motion of their
  bodies, on my arrival. *Light* 166.

Reiſe nach Paläſtina erfuhr[1]. Am Tage der Beerdigung
kommen die Weiber, am Grabe zu tanzen, zu weinen, zu
ſpringen, zu ſchreien. An gewiſſen Tagen des Monates,
in welchem der Hintritt erfolgte, wiederholen ſie auf dem
Leichenacker ihre Bewegungen, ihr Geſchrei und ihr Klagen.
Eine der Frauen ſpricht zwei Minuten lang etwas, während die anderen ſtillſchweigend zuhören; dann fangen ſie
auf ein gewiſſes Zeichen die Bewegungen und das Geſchrei
von neuem an, was ſo lange dauert, bis ſie die Mattigkeit
zwingt, aufzuhören. Die des Arabiſchen vollkommen kun-
digen Lateiner ſagen, daß dies eine den Frauen eigenthümliche Sprache ſei, welche ſelbſt ihre Männer nicht verſtänden.
Trotz aller Ermahnungen der Franziskaner hörte. dieſer Gebrauch nicht auf[2]. Ganz Aehnliches ſah und hörte ich im
moslemitiſchen Dorfe Siluáʼn. 1483 folgten einem weib-
lichen Leichname alle Sarazenen, Männer wie Weiber, mit
einem wunderbaren und ſchrecklichen Geſchrei und Geheul,
und ſie rangen die Hände über dem Kopfe zuſammen, im
Glauben, daß die Todten den Lebenden ſehr feind ſeien[3].

Was den religiöſen oder moraliſchen Karakter betrifft, ſo hält es etwas ſchwer, darüber Urtheile zu fällen.
Der Bethlehemer Chriſtenthum ſcheint indeß mehr im Aeußern, als im Innern, in wahrer chriſtlicher Frömmigkeit zu
beruhen[4]; allein der theilige Druck durch die ſie umgeben-
den Araber oder Moslemin muß das Urtheil über ſie nicht

---

1 Luſtreiſe 2, 175.
2 Geramb 1, 179.
3 *Fabri* 1, 479 sq.
4 Nur auswendige Chriſten. Johann Adam Henſinger im ſchwäb.
 Merkur, 1844, Nr. 48. Die Bewohner Bethlehems ſind gegenwärtig alle dem Bekenntniſſe nach Chriſten; was wiſſen ſie aber von
 Chriſto? Sie wiſſen nicht mehr von ihm, dem Heiland, von der
 Sünde, dem Wiederbringer des verlorenen göttlichen Ebenbildes,
 denn die Mohammedaner um ſie her. Herſchell 154. Zelotiſch.

wenig milbern. Das unruhige[1] ober ungeschlachte Wesen entspringt wohl aus der Stellung, die sie unversöhnlichen Feinden gegenüber einnehmen müssen ober mußten, und aus den Kriegen selbst, die sie mitunter führten. Die Feld= ober Streifzüge haben in den bethlehemitischen Christen, welche heute noch, wie 1829[2], Waffen tragen dürfen, ein gewisses Selbstbewußtsein erweckt, und Niemand wird ihnen Muth[3] absprechen. Als ich mit Bethlehemern nach dem Chôrbet Chareitûn und den brei Teichen zog, traten sie überall mit einer überlegenen Sicherheit gegen die Mohammedaner auf, und mein Vorurtheil, das ich im Anfange hegte, als würden sie nicht muthig genug sein und nicht genug Schutz vor allfälligen Nachstellungen von Seite der Moslemin ge= währen, legte ich bald ab. Man erzählte im J. 1778, es habe in einer Familie, die aus hundert starken Personen bestand, so viel Eintracht und Muth geherrscht, daß sie allein vierhundert Feinde zurückschlug, die sie angegriffen hatten[4]. Wenn schon in unsern Tagen zwischen den verschiedenen christlichen Gemeinden Reibungen, die wahrscheinlich von müßigen Pfaffen angesponnen werden, eben nicht selten sind, und auch es früher nicht besonders waren, so bewahrt uns doch die Geschichte sehr schöne Züge von Eintracht, von gutem Einvernehmen unter den verschiedenen Glaubensge= nossen[5], zunächst aus dem vorigen Jahrhunderte[6]. Weniger

---

1 Prokesch 113. Turbulent. Hailbronner 2, 298.
2 Prokesch.
3 Kühn. Whiting a. a. O.
4 Binos 206.
5 Ils (Christen und Mohammedaner) vivent entre eux de bon accord pour se maintenir dans leurs droits. *Nau* 396.
6 Familles Turques, Greoques, Armeniennes et Maronites, lesquelles, quoique de différentes Religions, vivent de bonne intelligence. *La-doire* 206. Die Bethlehemer haben unter sich Streit, aber nicht wegen der Religion; denn deshalb wohnen Mohammedaner und Chri= sten ruhig unter einander. Hasselquist 170. Bolney 2, 241.

bigott[1], als manche andere Christen Palästinas, sind sie, zumal die römisch=katholischen Christen, gar freundlich gegen den Fremden, und ich habe sie, die ich in mehreren Häusern besuchte, lieb gewonnen. Es durchwehte mich ein gar angenehmes Gefühl, mich in einer osmanischen Stadt mitten unter beinahe lauter Christen zu wissen[2], die kund gaben, daß ein näheres Band sie an mich knüpfte, und denen man ein freieres Athmen[3] anmerkte. Die eigenthümliche Wachsamkeit über die Keuschheit der Jungfrauen oder über die Züchtigkeit der Frauen will etwas näher besprochen sein. Im J. 1738 meldete man etwas allgemein, daß die Weiber sehr artig und von besserer Aufführung waren, als an andern Orten[4]. Wenn man zu unserer Zeit behauptete, daß, ein Mädchen oder ein Weib nur zu berühren, ihre Hand zu fassen, ein Verbrechen sei, welches den ganzen Ort in Aufruhr bringe[5], so ist es nach meiner Meinung etwas zu superlativ; es kann sein, wenn die Berührung von Seite eines Mohammedaners geschähe. Uebrigens wird, nach meiner Erkundigung, Unkeuschheit vom Volksgerichte unerbittlich mit dem Tode bestraft; Blut muß die Schande auslöschen[6]; der Bauch des gefallenen Mädchens wird mit einem Chandschâr aufgeschnitten[7]. Um das J. 1822 bemerkte man einen

---

Um das J. 1778 hielten die Christen treu zusammen. Binos. Light wurde erzählt (167): that they (drei Parteien) lived in great harmony with each other.

1 Und unabhängiger, als die Bewohner von Jerusalem. Whiting a. a. D.

2 Schubert 3, 16.

3 Wo man sich gewißlich recht laben und erquicken kan, weilen man sich hier einer grösseren Freyheit, als zu Jerusalem, keck gebrauchen mag. Trollo 400. Es ist der einzige Ort in Palästina, wo die Christen einer gewissen Freiheit genießen. Binos 206.

4 Pococke 2 §. 51.

5 Sieber 46.

6 Geramb 1, 177. Vgl. oben S. 35.

7 Sieber.

Mohammedaner in einer der benachbarten Grotten. Unglück-
licherweise befand sich daselbst auch die Wittwe eines römisch-
katholischen Bethlehemers, die durch ihre Schönheit berühmt
war. Deswegen schlug man Lärm. Der Moslem nahm
Fersengeld, und das junge, erschrockene Weib floh zu den
Franziskanern. Die ausgesperrte Menge drang ins Kloster.
Ungeachtet die Mönche die Frau zu schützen suchten, entrissen
wurde sie und auf einen öffentlichen Platz geschleppt. Da
will sie den Verdacht von sich abwälzen; der anwesende
Vater und Brüder dringen am meisten auf ihr Verderben;
der Vater tödtet sie und die Brüder tauchen ihre Hände
ins Blut, in der Meinung, daß sie so den Mackel der
Familie auslöschen. Die zuckenden Ueberreste werden vom
Pöbel zerrissen[1]. Man rühme nun die Sittenreinheit, wie
sie nirgends größer auf der Welt sei[2], die keusche Zurückge-
zogenheit der Frauen und Jungfrauen[3], ich erblicke unter
der zerquetschenden Wucht des Barbarenthums wenig Tu-
gend. Wahre Tugendhaftigkeit ohne Freiheit ist unmöglich.
Wo ist aber Freiheit möglich, wenn schon der Verdacht so
leicht tödten kann? Eine so harte Strafe vor Augen, wundert man sich etwa, daß sich die Bethlehemerinnen zurückziehen?
Mit gleichem Rechte könnte man den Dieb, der im Kerker
sitzt, einen braven Mann heißen, weil er dort nicht stiehlt.
Wundern muß man sich vielmehr, daß noch Fehltritte von
Bethlehemerinnen begangen werden, wenn auch sehr selten,
wie denn überhaupt, in Gemäßheit der Sittenstrenge, die
Jungfrauen des Morgenlandes die Blume ihrer Ehre sehr
selten pflücken lassen, ohne daß gerade ihnen für deren
Verlust der Tod in Aussicht gestellt wäre. Vor nicht langer

---

1 Seramb 1, 177 ff. Es mag etwas Uebertreibung dabei sein.
2 Seramb 1, 177.
3 Schubert 3, 16.

Zeit hatten die Bethlehemer mit Nachbaren eine Fehde, weil einer der letzteren sich mit einer Bethlehemerin verging, und sie endete mit Rache und Blutvergießen. Man meldet aber auch von Bethlehem die Kehrseite; man will wissen, daß die Unzucht, besonders um Weihnachten, dort einen Anstrich von Heiligkeit erhalte[1]. Ich werde auf diese Andeutung in der Geburtskapelle zurückkommen, und hier nur noch beifügen, daß ich von Unzucht nichts bemerkte, vielleicht aber deswegen, weil ich in der Christnacht nicht einsamere Stunden für den Besuch der Kapelle wählte, in die große Marienkirche gar nicht ging, und dem griechischen Weihnachtsfeste nicht beiwohnte. Daß übrigens die Bethlehemerinnen in der Charwoche zur Nachtzeit die Grabkirche in Jerusalem besuchen und hier die zu Hause so strenge bewachte Züchtigkeit gerne preisgeben, wird als etwas Unzweifelhaftes erzählt[2].

Im J. 1821 wurde eine Menge Falschmünzer verhaftet, ohne daß die Ruhe gestört worden wäre[3].

Wenden wir uns jetzt an die Behörden von Bethlehem. Die oberste Leitung ist einem moslemitischen Schêch anvertraut, der ganz oben westlich im Städtchen wohnt. 1814 standen die drei Parteien Christen und der Rest von Mohammedanern unter einem christlichen Schêch, und ohne so viel Druck von den türkischen Behörden zu erleiden. Er war verbündet mit Abu Ghôsch von St. Jeremias, und, auf Verlangen, konnte er hundert mit Feuergewehren bewaffnete Männer ins Feld stellen[4]. Außer einem Schêch

---

1 Scholz 225.
2 Indem Light bemerkt, daß die Gesichtszüge der Bethlehemerinnen nicht ganz syrisch seien, hängt er die schwere Anklage an: Scandal account for this by the numerous strangers who visit Bethlehem during the holy week (166).
3 Berggren 3, 147.
4 *Light* 167.

gibt es heute noch einen christlichen Vorstand von sechszehn Mitgliedern. Die Ergänzung geschieht durch eine Art Sukzession. Stirbt der Vater und hinterläßt er Söhne, so rückt immer einer derselben an seine Stelle, wobei die Auswahl von diesen dem Vorstande oder Gemeindrathe überlassen ist. Die Regirung mischt sich in diese Sache nicht ein. Der Neugewähte oder Neusukzedirende tritt am Beerdigungstage seines Vaters gleich das Amt an, indem er auf dem Grabe desselben mit einem neuen Gewande angethan wird. Eine Art Kirchenvorstand, welchen der Pater Seelsorger der römisch = katholischen Gemeinde präsidirt, versammelt sich von Zeit zu Zeit im lateinischen Kloster.

Man kann nicht leugnen, daß die Steuerlast der Bewohner sehr groß ist, doch, wie man mir sagte, etwas minder drückend unter der türkischen Regirung, als sie unter dem Pascha Ibrahim war. Für den Kopf männlichen Geschlechts vom fünfzehnten Jahre an zahlt man als Chara'dsch jährlich 55 (20, 25 und 30)[1] Piaster; als eine andere Kopfsteuer, die Aa'neh oder Unterstützung heißt, 50 (36) Piaster; für Land, das in einem Tage mit einem Gespann Vieh gepflügt wird, 30 Piaster; für ein Joch Rindvieh 70 (150) Piaster; für ein Kamel 40 (30) Piaster; für einen Maulesel 10 (20) Piaster; für eine Ziege 1 (1) Piaster; für einen Oelbaum 1 (1) Piaster. Außerdem entrichtet man Einquartirungsgelder für die durchziehenden Soldaten und Araber, deren Zahl unbestimmt ist. Die Kosten für den einquartirten Mann werden wöchentlich auf 50 Piaster angeschlagen. Im J. 1821 hieß es, daß die Franziskaner alle Jahre für ihre Gemeindeglieder die Grundsteuer im

---

1 Die eingeklammerten Zahlen haben nach Robinson (2, 576) auf Bêt Dschâla im J. 1838 unter Ibrahim-Pascha Bezug; zur Erleichterung der Vergleichung fügte ich das Olim und Alibi gleich in einer Klammer bei.

Betrage von 1000 Piastern bezahlten[1]. Blicken wir noch weiter zurück, und zwar zuerst ins J. 1598. Die armen Bethlehemer besaßen damals nichts, das der Besteuerung nicht unterworfen war; sie zahlten für ein Schaf oder eine Ziege 1 Maidin, für 8 Pflanzen oder Bäume jeglicher Art 2 Maidin; sie entrichteten jährlich den vierten Theil der Ernte. Ferner mußten die verheiratheten Männer jährlich eine Goldzechine erlegen, oft aber, Alles im Stiche lassend, fliehen, weswegen denn nicht selten der Ort so veröbete, daß nur noch die Minoriten zurückblieben[2]. Im J. 1679 waren Armuth und Bedrückung ungefähr gleich: Kopfsteuer eines Verheiratheten jährlich 1 Zechine, jedes Stück Vieh, groß oder klein, 1 Maidin u. s. f.[3].

Die Marienkirche.

Grundrisse:

1552 bis 1559. **Ritrato in Pianta. Natal Bonifacio** *F.* Kopirt von Zuallart, und selbst 1738 fast Alles pünktlich von Pococke (S. 25), mit dem Unterschiede, daß die nördliche Kapelle (D) neben dem Hochaltare als Kapelle der Armenier bezeichnet ist, und daß der nördliche Theil des lateinischen Klosters fehlt.

1596. **Bernardino Amico.** Sein Grundriß wurde von Quaresmius (2, 677) und, nach einem kleinern Maßstabe, als der bei letztern, von Zwinner (Fol. 375) kopirt, der einzig die Gärten mit Bäumen besetzte und die Zisternen auf dem Vorplatze ein wenig versetzte. Mit Maßstab und Boussole.

1844. Wegen Uneinigkeiten zwischen den Lateinern und Armeniern erhielt der englische Architekt Crishlow in Jerusalem vom Pascha den Auftrag, einen neuen Plan der Kirche zu verfertigen. Dieser Engländer entsprach meiner Bitte um Einsicht dieser Arbeit nicht, indem er sich damit entschuldigte, daß sie sich in Konstantinopel befinde. Es wäre möglich, daß der Riß nicht so exakt ist, und daß man ihn dem Lichte der Franken am liebsten entzieht.

Eine Ansicht der Marienkirche gaben de Bruyn (2,222), Wegelin (von N.W. und gut), d'Estourmel (115, wenig kenntlich), Bartlett (205, schlecht), Halbreiter (Bl. III, 2; treu) und

---

1 *Scholz* 198.
2 *Cotov.* 239 sq.
3 *Laß* 361. So gleich, daß es aus Kootwyk übersetzt zu sein scheint.

Andere. Nachsehenswerth ift das Innere der Basilika bei Roberts (part. VIII) und Bartlett (210). Der Chor (Chancel of the Church of St. Helena) und der Eingang in die Geburtskapelle ift bei Roberts sehr schön.

Die Marienkirche[1], die Kirche unserer lieben Frau[2], die Kirche der Krippe[3] oder die Kirche der Gottesgebärerin[4] liegt oben auf der nördlichen Abdachung des zweiten Hü=gels, welcher dem faſt alle Hâ·ret von Bethlehem tragenden Hügel öftlich gegenübersteht[5], über dem Wâ·di el = Charû·beh[6], so daß der Stiel des kreuzförmigen Gebäudes[7] mit dem Rücken des Hügels von Weſt nach Oſt parallel läuft, während der eine Arm ſich nach Nord und der andere nach Süd hinſtreckt. Die Form iſt überdies die einer Ba=ſilika, ähnlich der giebelförmigen Akſamoſchee in Jeruſalem. Ehe man von Weſt her zur Kirche kommt, durchſchreitet

---

1 Sanctæ Mariæ ecclesia. *Arculf.* 2, 2. Ecclesiam ... in honore s. Mariæ. *Bernard.* 16. *Saewulf.* 35. Basilica s. Mariæ. *Fulcher. Carn.* 17 (397), 24 (406). *Marin. Sanut.* 3, 14, 11. Templum eſt D. Mariæ. *Fürer* 65. Ecclesia S. Mariæ Bethlehem. *Quaresm.* 2, 622.

2 Ecclesia cathedralis in honore beatæ virginis consecrata. J. de Vi triac. c. 59. Ναὸς τῆς παρθένου. *Perdicas* 76. Zn Ehr vnser lieben Frawen. Alexander 74. Tucher 667. Zwinner 371. Tempio della vergine. *Legrenſi* 1, 181.

3 Die Kirch zur H. Krippe. Rabzivil 169. Wird genennet der Ge=burt oder Krippen Chriſti. Troilo 392. Kirche Mariæ de præsepio. Raumer 309 und ihm nach Schubert 3, 13. Auch bei Bart=lett (208), wie bei Troilo, the Church of the Nativity.

4 Ἡ ὑπεραγία Θεοτόχος. *Epiphan M.* 52.

5 Ab altera urbis parte versus Orientem. *Fürer.* A l'opposite de la Ville de Bethleem 2. traits d'arc du costé du Levant. *Surius* 524. Außerhalb Bethlehem, gegen Morgen. Troilo 392. Einen Büchsen=schuß weit außer der Stadt. Della Balle 1, 157. Vgl. oben S. 37.

6 Gleich aufferhalb Bethlehem, jenseit an der andern setten der Hal=den gegen Auffgang (biß dahin vorzeiten die Statt gangen). Rauch=wolff 644.

7 *Quaresm.* 2, 643. *Surius* 525. Troilo. *Ladoire* 192. Proteſch 114. Geramb 1, 149. Schubert 3, 19. Haſſelquiſt fand (166) eine nach einer beſondern Bauart aufgeführte Kirche, die mit derje=nigen der St. Paulskirche in Rom einerlei sein soll.

man einen länglichen, viereckigen, ebenen[1], südlich vom armenischen Kloster begrenzten Platz. Es scheint dieser ehedem geschlossen[2] gewesen zu sein, und hatte auf der Westseite gerade gegen das Städtchen einen Eingang oder Bogen[3].
Im sechszehnten Jahrhunderte meinte man, daß kaum noch
der halbe Theil der ursprünglichen Kirche übrig war, wie
man es an den alten Grundmauern, Stücken und Bögen
außerhalb abnehmen konnte[4]. An jenem Bogen lagerten
sich vor mehr, als einem Jahrhunderte die arabischen Thue-
nichtse der Stadt, zu denen sich manchmal auch Christen
gesellten, mit der Pfeife im Mund und mit dem Chandschär im

---

1 Hæc tota est marmoribus quadratis delapidata. *Quaresm.* 2, 622.
Il y a une belle plaine quarrée. *Surius.*

2 So ist wenigstens der Platz auf den Grundrissen von Bonifacio
und Zuallart (cortile), von Amico, Quaresmius und Zwinner gezeichnet. Die drei Zisternen sind auf allen Seiten ummauert,
und eine Gasse führt krumm, zuerst ostwärts, dann südwärts, zum
Kloster. Ignaz von Rheinfelden schreibt (128): Als wir zu
der Statt genahet, durch einen gewölbten hohen Bogen in Vorhoff
kommen, . . . seynd also der Kirche zugangen. Une grande court.
Nau 397.

3 A 50. pas de cette porte (de cette ville), l'on passe sous une ancienne et haute arcade. *Ladoire* 191. An einem andern Orte sagt
er (206), daß von dem einen Thore ostwärts bis zum ancien por-
tail qui reste encore, et qui fait l'entrée d'une grand cour qui est
devant la grande Eglise de la Nativité, ein unbesetzter Platz auf
250 Schritte sei und vom andern oder westlichen Thor bis zur
Davidszisterne 400 Schritte weit kein Haus stehe. Dieses Thor
findet man sowohl auf dem Grundrisse von Bonifacio und Zuallart (Prima entrata), als auf dem von Amico und Zwinner,
und zwar von der Thüre in die heutige Vorhalle zweimal so weit
entfernt, als das Schiff lang ist. Bei Bonifacio steht die Prima
entrata gerade gegenüber der Seconda (dem heutigen äußern Eingang). Vous trouves d'abord une grande porte, dont les murailles
sont fortes et epaisses. *Nau.* Vgl. die letzte Anm. (Ignaz
v. Rh.)

4 Rauchwolff. Surius sagt von seiner plaine quarrée: Qui estoit
jadis embellie de belles colomnes et galeries, qui de leurs lustre
n'ont laissé autre chos q'aucunes pieces et fondemens. Im Hofe
zeichnete Bonifacio auf dem Plane wenigstens 10 Säulen. Nach

— 80 —

Gürtel, einige selbst mit Flinten bewaffnet[1]. Näher der
Kirche trieb man vor bald zwei Jahrhunderten noch mehr
Spektakel. Im „Vorhof" saßen drei Santone nackt auf dem
Boden, versammelt wegen eines moslemitischen Festes, und
erhoben während einer ganzen Nacht ein großes Geschrei[2].
Der Vorplatz ist nunmehr schlecht gepflastert[3].

Wie im Allgemeinen die Kirche, weil an ihrer Nord-
und Südseite Klöster angebaut wurden, und weil den Chor
eine hohe Mauer, einen Garten außerdem einschließend,
umfängt, keinen umfassenden Anblick gewährt, und in ihrem
Verstecke einen mehr kümmerlichen Eindruck macht, nicht den,
welchen wir empfangen, wenn die besorgte Mutter ihre
schützenden Hände über das Kind legt, sondern eher den
Eindruck, als dürfe der Christentempel, ringsum beargwöhnt
von feindseligen Mohammedanern, aus lauter Aengstlichkeit
sich nicht recht zeigen; so hat im Besondern die westliche
Façade, noch die freieste Seite, wenig Einladendes[4]. Sie
wird die gespannte Erwartung des Pilgers nicht noch mehr
spannen, sondern ihre etwas düstere, ihre altersgraue Farbe
und ihr Mangel an Zierden könnten ihn vielmehr herab-
stimmen; allein mancher ist wohl aus leidenschaftlichem
Vorgefühl dessen, das da bald kommen wird, wie blind.

Georg (523) mußten, nach der Lage und den Ruinen zu urtheilen,
einst viel mehr Säulen gestanden haben. Ex Aquilonari erat magna
porticus, quam pulcherrimæ marmoreæ rubeæque perlucidæ co-
lumnæ fulciebant, ut bases superstites præ se ferunt, nec non alia
ædificia. *Quaresm.* 2, 622.
1 *Ladoire.*
2 Ignaz von Rheinfelden.
3 Der Zugang des Klosters ist mit breiten Steinen gepflastert, mit
Brunnen und Aufsätzen begleitet, breit und ansehnlich. Prokesch.
4 La facciata di questo glorioso Tempio è più considerabile per la
smisurata grandezza de marmi, che la compongono, che per la
conditione del lavoro, poiche sudarono più gl' artefici nel collocarli,
che gl' ingegni per scolpirli ond' è che riesce più soda l'opera,
che vaga, e di comparsa all' occhio. *Legrenzi* 1, 179.

Vielleicht mag das Portal die Aufmerksamkeit fesseln? Es ist weder groß, noch ansehnlich[1]. Man führte schon seit Jahrhunderten Klage über die Kleinheit der Pforte, die man aber geflissentlich so wenig offen ließ, um die Araber abzuhalten, daß sie nicht ihre Pferde in den Tempel führen[2]. Kleine Eingangsthüren, zur Sicherheit der Hausbewohner, sind jedoch im Morgenlande gemein, nicht bloß bei den Christen[3]. Sind wir einmal in die Kirche getreten, so werden wir uns eine zweite Täuschung gestehen. Wir hofften auf einen Totalanblick; dafür stehen wir in einer Vorhalle[4]. Durch eine Mauer ist dieselbe von der Kirche getrennt, wie letztere selbst durch eine Mauer unterschlagen[5]. Durch eine

---

1 Une petite porte basse (la principale a été bouchée) nous introduisait. *D'Estourmel* 2, 115.

2 *Zuallard.* 205. Zwo grosse hohe Porten, deren eine vermaurt, die andere eines halben Manns hoch offen, dardurch weder Pferdt noch Camel hinein könden. Ignaz von Rheinfelden 128. Der Eingang allein 4' 5'' hoch, von einer starken, mit Eisen doppelt beschlagenen Thüre geschlossen, und von dieser ging man vornhin durch 5 grosse, ansehnliche Thore, jetzt aber alle bis auf das grösste, 18' hohe und 12' 5'' breite zugemauert. Troilo 392 fg. Per picola, ed angusta porta, obligato ogn' uno a chinarsi. *Legrensi. De Bruyn* 2, 224. *Ladoire.* Schubert 2, 492. Er sah einen arabischen Thürhüter; ich nicht.

3 Questa angustia, e bassezza di porte è accostumata non solo in queste parti, ma anco in tutto il Dominio Ottomano artificio particolare de Christiani, come li più soggetti allo strappaccio de Turchi, li quali di passagio prendono volentieri allogio appresso loro qualunque volta vedono una buona fabrica senza il riguardo, che sia Chiesa, introducendo anco li loro Cavalli, che però ritrovando anguste, e picole le porte si ritirano. *Legrensi.*

4 Ein niedriges Pförtchen führte in un vestibule élevé, construit en partie de grandes pierres; cette portion m'a semblé la plus ancienne des bâtiments. *D'Estourmel* 2, 115, der dann en face eine Thüre der Kirche oder des Schiffes hatte. Dieses Vorgewölbe findet sich auf dem Grundrisse von Bonifacio und Amico.

5 Medschir eb-Din unterschied (135) drei Abtheilungen, das Schiff, die Ostseite (Chor) und Felsenhöhlen (Sachrah). Εἶναι δὲ διῃρημένη εἰς δύο, εἰς προαύλιον, καὶ εἰς τὸ καθολιλὸν. Ἡ Ἁγία Γῆ 81. The altar and transepts .. are separated

6

andere Thüre mitten in der Ostwand dieser Vorhalle komm
man in das Schiff der Kirche. Oestlich gegenüber führen
drei Thüren[1] neben einander, die mittlere einige Stufen
hinauf[2], zu den Absiden und dem Chor. Die Absperrung
des Chors von dem Schiffe[3] besteht schon lange, offenbar um
den Entweihungen durch die Mohammedaner besser vorzu-
beugen[4]. Gleich neben der Eingangsthüre ins Schiff und
in diesem gegen Nord findet sich ein Eingang ins lateinische
Kloster[5] und ein anderer gegen Süd ins griechische; die
Armenier haben ihren Eingang auf der Südseite der Vorhalle[6]. Außerdem führt zu den Lateinern noch ein besonderer,
mit einer festen, eiserne Thüre geschlossener Eingang neben
dem Haupteingange, aber mehr nördlich. Die eigentliche
Klosterthüre ist meist zugesperrt, und die Lateiner ziehen den
Eingang durch die Kirche vor, weil ihnen durch die Griechen
schon manche Rechte verkümmert wurden, und weil sie mit
der Behauptung des Durchganges durch das Kirchenschiff
ihr altes Recht zu schützen glauben. In einer Beziehung
kann man gegen das Benehmen der römischen Katholiken

---

from the nave by an unsightly wall, which entirely destroys its
architectural effect. *Bartlett* 209.
1 Tò δὲ καϑολικὸν εἶναι μὲ τρεῖς πόρτας. Ἡ Ἁγία Γῆ.
2 Le chœur est plus élevé que la nef de 4. marches. *Ladoire.*
3 Die Kirche ist am Vereinigungsorte des Stieles mit den Armen vermauert. Prokesch 114. Geramb 1, 150. *D'Estourmel.*
4 Il Coro . . . è murato interno. Viagg. al S. Sepolcro F 6a. Le
grand Choeur enclos en ses murailles. *Surius* 525. Separé par une
haute muraille. *Ladoire.* Auf den Grundrissen erscheint die Trennung wenig stark, und man zählt fünf Eingänge zwischen Schiff und
Chor.
5 Man s. diesen Eingang auf den Grundrissen von Zuallart, Amico,
Quaresmius und Zwinner. Dagegen sieht man den äußern besondern Eingang der Lateiner nicht, wohl aber auf dem Plan von
Amico. Helffrich wurde bei der Ankunft durch die große Kirche
ins Kloster geführt (717).
6 Man s. auf den angeführten Grundrissen. Dieser Eingang war zur
Zeit Zwinners der gemeinschaftliche der Griechen und Armenier.

nichts einwenden; geht man aber von einem andern Stand=
punkte aus, so wird man nicht umhin können, die Väter
Franziskaner mit anzuklagen, daß sie an der Entweihung
des Christentempels einen Theil der Schuld tragen. Es ver=
steht sich von selbst, daß auch den Griechen verboten werden
sollte, die Kirche zu einem gewöhnlichen Eingange in ihr
Kloster zu benutzen.

Die Basilika ist groß[1]. Sie mißt von der Thüre der
Vorhalle bis zum vorbersten Theile des Chores etwa 170'
und im Schiffe von einer Seite zur andern gegen 80'[2]. Das
Schiff ist immer noch, schon durch so hohes Emporstreben,
ein imposantes[3] Bauwerk; schön aber nicht mehr, wie es
noch 1719 genannt wurde[4]. Die Mauerwände sind von
Quadersteinen aufgeführt[5], während der Boden mit Stein=
platten ohne Pracht belegt[6], und schon seit Jahrhunderten

---

1 Ziemlich groß. Seyblitz 474. Groß. Wormbser 409. Helffrich.
An Größe keiner Kirche Frankreichs nachstehend. *Ladoire.* Palæst.
1831. 49.

2 Meine Berechnung hielt sich an den Grundriß von Amico. Sonst
sind die Angaben bedeutend abweichend. Bei Fürer findet man
(66) 78 Schritt Länge, bei Schweigger (122) 40 Schritte (viel=
leicht ohne den Chor), bei Surius (525) 82 Schritte, bei Troilo
(393) 204 Schuh; bei Schweigger 45 Schritte Breite, bei Su=
rius 40, bei Troilo 193 Schuh. Amico und Surius verdienen
am meisten Glauben. Spezielle Maße theilt Quaresmius (2,
644) mit.

3 Eine wahre Prachtanlage. Mayr v. A. 330. Ein majestätisches Schiff.
Hailbronner 2, 298. It is a venerable and magnificent Basilica.
Bartlett 208. Ladoire sagt vom Chor (193): Il a un certain air
de grandeur, qui frappe et qui étonne ceux qui le considerent avec
quelque attention.

4 Die Kirche gebe an Schönheit keiner Kirche Frankreichs etwas nach.
Ladoire 192.

5 Bastie de belles pierres de taille. *Surius* 525. Bâtie d'une tres
belle pierre de taille. *Ladoire.*

6 Das Pflaster ist in so verfallenem Zustande, daß man da nicht gehen
kann, ohne besorgen zu müssen, daß man sich durch Fallen gefährlich
verletze. Geramb 1, 150. Nur ein Schwärmer ohne Scham vor
der Wahrheit kann so schreiben. Quaresmius fand (2, 643b)

der Marmorzierde beraubt ist[1]. Die Seitenwände (des Unterbaues) sehen jetzt unten roh aus und oben, über den Säulen, erhielten sich an jenen (des schmälern Oberbaus)[2] undeutliche alte Darstellungen oder schwer erkennbare Bilder in Mosaik[3]. An diesen Seitenwänden des eingezogenen, hohen[4] Oberbaues sind je zehn große Bogenfenster angebracht[5], welche ziemlich viel Licht in die Kirche werfen. Die Decke des Mittelbaues, der sich über das Mittelschiff erhebt, bilden einfache, nicht einmal gemalte[6] Balken von Holz, wahrscheinlich von Zypressenholz[7], so die Durchzugsbalken, als die Sparren, d. h., des Giebeldaches ganzes Holzgerippe[8], welches nicht den beßten Eindruck auf mich machte.

---

die Ecclesia delapidata . . ex quadam mixtura ex attritis lateribus calceque compacta . . . punicei coloris.

1 Hoc templum olim totum marmore et stratum fuit et contabulatum. *Fürer* 65. Tout le pavé comme une grande partie des murailles estoit autresfois couverte et revestüe de marbre blanc, et d'autres pierres precieuses, comme on remarque encore en aucuns endroits. *Surius.* Troilo 393.

2 Neret fand (112) die Wand über den Säulen von Holz, aber sehr schön gearbeitet und Richter (38) einige byzantinische Gemälde auf Holz an den Wänden.

3 Einige beschädigte Mosaikstücke. Seramb 1, 150. Des débris de mosaïque, épars sur les murs attestent l'ancienne magnificenc du décor. *D'Estourmel* 2, 115. Röser 446. Mosaikwände zerstört. Hailbronner.

4 Les murailles de la nef du milieu sont fort hautes. *Surius.*

5 Auf jeder Seite 11 Fenster, durch die es gleichsam freihell wird. *Quaresm.* 12 grandes fenestres. *Surius.* Neret (sehr große) und Joliffe sprechen nur von Fenstern. Ob meine Vorgänger unrichtig zählten oder ob seit ihrer Zeit eine Abänderung im Bau statthatte, kann ich nicht wissen. 7 nördliche Fenster sieht man auf der Wegelinschen und Halbreiterschen Zeichnung.

6 Das Sparrwerk, nicht angestrichen, sieht wie neu aus. Röser.

7 So schien es dem nüchternen Prokesch (114). Surius sagt: Toute la charpenterie est bastie de bois de Cedre et Cypres. Andere erkannten nur Zedernholz, wie Troilo, Ladoire, Binos, Wegelin (2, 120); Röser stützt sich auf soll. Troilo sagt: Die Kirche nicht gewölbet, sondern nur oben mit den Balcken von Cedern-Holz beleget, welche man siehet.

8 Dieses ist in architektonischem Inkresse von Bernardino Amico gezeichnet und mitgetheilt, aber anders, als es heute gesehen wird.

Das Dach ist mit Blei bedeckt, wie es, nach den vorhandenen Nachrichten[1], von jeher war. Im J. 1845 befand es sich in einem solchen Zustande, daß es während meiner Anwesenheit in den Tempel regnete. Der Oberbau oder dessen Seitenmauern ruhen auf der, mehr oder minder senkrecht darunter stehenden innern Reihe der Säulen im Schiffe[2]. Es scheint meiner Aufmerksamkeit entgangen zu sein, daß die Knäufe einen hölzernen Architrav[3] stützen, auf dem erst die Seitenmauern des Oberbaues aufgeführt wurden. Der Marmorsäulen[4] sind, in vier Reihen[5] aufgestellt, an jeder elf, im Ganzen vierundvierzig[6]. Dadurch zerfällt das Schiff

---

[1] Thetmar in Maltens Weltk., 1844, 192. Rudolph von Suchen 842. *Anonym.* bei Allat. 15. (Kirchen und Chor) Gumpenberg 463. Seydlitz. Wormbser. Fürer. Radzivil 169. *Surius.* Ignaz von Rheinfelden. Troilo. *Legrensi. Ladoire.* Binos.

[2] Cette charpente ... est appuyée sur une muraille tres mince. Cette muraille est soûtenuë de part et d'autre par une frise (von Holz) ..; 50 colomnes .. à chaque côté de la nef portent cette belle frise. *Ladoire* 193.

[3] Hailbronner. Ein Balken, sagt Quaresmius (2, 643a). La frise .. d'un bois bien travaillé. *Nau* 398.

[4] Alexander 74. *Anshelm.* 1290. Wormbser. Fürer. Rauchwolff.

[5] Breydenbach 131. La Chiesa ha .. 4. filare. Viagg. al S. Sepolcro F 6a. Seind vier zeyleten. Tschudi 274. Rauchwolff. Schwallart 306. *Ladoire.* Richter 38. *Duc de Raguse* 3, 46.

[6] So viel zählten auch Alexander, Georg (523), Tschudi, Helffrich, Schweigger (122), Surius, Monconys (1, 314), Binos, Richter, Wegelin; 40 dagegen Anshelm, Schwallart, die bekannten Grundrisse, Mayr (330), Hailbronner; 46 die Ἁγία Γῆ (81); 48 das Viagg. al S. Sepolcro, Prokesch, Palæst. 1831 (49), Geramb (1, 149), d'Estourmel (2, 115), der Herzog von Ragusa (3, 46), Schubert (3, 19); 50 Medschir eb-Din (135), Fürer, Quaresmius (2, 642b), Zwinner (371), Troilo, Ladoire; 52 Ignaz von Rheinfelden (129). Würde die Säulenzahl mit den Jahrhunderten wechseln oder variiren, so hätte man Grund, anzunehmen, daß bauliche Veränderungen stattgefunden hätten; da aber die heutige Zahl 44 bis ins fünfzehnte Jahrhundert zurückgeht, so sind wir berechtigt, die übrigen Zahlen als auf Irrthum beruhend zu erklären, etwa mit

in fünf Abtheilungen[1], von denen die mittelste weitaus die breiteste ist[2], so daß zwei Flügel gebildet werden[3]. Die Decke der Nebenschiffe ist eben und kaum höher, als die Säulenköpfe[4]. Die, meines Erinnerns, bräunlich=rothen[5], jetzt nicht mehr eigentlich schönen[6], aus einem Stück bestehenden[7] Säulen sind 18′ hoch, Basis und Kapitäl mitgerechnet[8], halten im Durchmesser unten 2′ 6‴[9], und stehen von Ost nach West 7′ und je die zwei Reihen von Süd nach Nord 13′ von einander[10]. Hat man auch früher die feinen Arbeiten der Fußgestelle und der Knäufe gerühmt[11], so ist es doch gewiß, daß diese Säulen, welche zur

---

Ausnahme der Zahl 50, weil ehedem im Chor 6 Säulen standen, die gar wohl zu den 44 gerechnet werden konnten (S. Monconys).

1 Cinque archi, overo coperti. Viagg. al S. Sep. Hat fünff Gewölb. Ignaz von Rheinfelden. È in 5. Navate. Legrenzi 1, 182.

2 Quella (navata) di mezo si dilata a 9. braccia, le laterali sono la metà meno. Legrenzi.

3 Qui (die vier Reihen) font 2. ailes. Ladoire.

4 Quaresm. 2, 643a.

5 Gelblich. Medschired-din. Di marmoro rosso e bianco. Viagg. al S. Sep. Von mancherlei Farben, roth, gelb und weiß. Schwallart. D'un marbre brun, ou pour mieux dire, d'un porphyre taschetté, et d'autres belles couleurs. Surius 525. Colomnes de marbre rouge .. Ces colomnes estoient toutes peintes par dessus. Monconys. De differentes couleurs, parmi lesquelles le rouge semble dominer. Ladoire. Roth. D'Estourmel. Auch Troilo sah Porphyr.

6 Wie sie Breydenbach (131), Alexander (74), Schweigger fanden.

7 Schwallart, Mayr, Richter.

8 Richter 38. Prokesch 114. Ungefähr 18′. Binos. 14′. Surius. 22 Schuh 1 Zoll, davon der Schaft 17′, der Fuß 1′ 5″ und der Kopf 3′ 8″. Troilo. Etwa 30′. Ladoire. Hoch. Rauchwolff.

9 Richter. Prokesch. 9 Spannen dick. Rauchwolff. 6 palm. 6 uns. (= 5′ 9″) im Umfange. Quaresm. 2, 644. 8′ Surius.

10 Schwallart. Vgl. Anm. 2. 9½′ Abstand. Prokesch. Nach andern Grundrissen und auch dem meinigen ist das Verhältniß bedeutend anders.

11 Fort joliment travaillez. Surius. Sehr künstlich ausgehauen. Troilo.

korinthischen Ordnung gehören[1], von schlechter Arbeit sind[2]. An die Säulen die Einen und an die Marmortafeln, die 7' breit und 12' lang und spiegelglatt[3] waren, knüpften die Andern einen merkwürdigen Aberglauben, der sich in den Pilgerbüchern vom J. 1280 ungefähr bis 1583 verfolgen läßt. Der Eine nämlich behauptete, daß es den Sultân gelüstete, Säulen wegzunehmen, um sie zu einem Bau in Kairo zu verwenden; allein nach dem plötzlichen Erscheinen einer Schlange erfaßte ihn Entsetzen und er stand vom Vorsatze ab[4]. Der Andere sprach: Als die Schlange von ungeheurer Größe der ersten Marmortafel, womit die Kirche bekleidet war, einen Biß versetzte, spaltete sie entzwei, und so ging es fort bei vierzig andern Tafeln. Sobald der Sultân sein Vorhaben aufgab, verschwand die Schlange, aber ihre Spuren, wie etwas Verbranntes, blieben[5]. Aus dem J. 1320 vernehmen wir etwas mehr. Ein gewisser Sultân ließ viel Marmortafeln nach seinem Palaste verschaffen, bis ihn eine Schlange von der gänzlichen Ausführung seines Vorhabens abhielt[6]. In dem letzten Viertel des fünfzehnten Jahrhunderts befand sich dieser Aberglaube in einem weit raffinirteren Zustande[7]. Es war nach Ver-

---

1 Quaresmius, Richter, Prokesch (eine Art korinthischer Knäufe), Palæst. 1831, Geramb, der Herzog v. Ragusa, Hailbronner.
2 De Forbin (123), Prokesch.
3 *Fabri* 1, 476.
4 *Brocard.* c. 9.
5 *Marin. Sanut.* 3, 14, 11. Er berührt auch die Säulen.
6 Sed quidam Soldanus multas ex hys tabulis (marmoreis) removeri fecit et ad suum deferri palatium. Sed Christi faciente virtute, quidam serpens multis videntibus de sub lapidibus illis egressus cucurrit ad illas super tabulas marmoreas parieti applicatas. et sicut ibat ita sue vie vestigia tabulis imprimebat. que vestigia hodierna permanent die in signum miraculi. Soldanus autem propter hoc miraculum ab incepto destuit neque amplius illos lapides removere presumpsit. *Pipin* 72b. Ein Paar Jahrzehn figuriren die Sarazenen statt eines Sultans. Rudolph von Suchen 842.
7 Mira res, et fidelibus prædicandum prodigium. *Fabri* 1, 475.

treibung der Christen aus dem h. Lande, als der egyptische
Sultân zum Theile die Kirche in Bethlehem, wenigstens
die Altäre und Bilder, zerstörte. Beim Anblicke der Marmortafeln, womit Wände und Boden belegt waren, befahl
er die Abtragung neben dem Eingange in die Geburtshöhle,
bis eine ungeheure Schlange [1] aus der ganzen und gesunden Wand, durch die nicht eine Nadel schien gedrungen zu
sein [2], hervorsprang, zuerst mit der feurigen Zunge und mit
Bissen auf der einen Seite die Tafeln spaltete, dann auf
die andere Seite der Dreikönigskapelle hinüberschoß, und
hier am glattesten Marmor, wo nicht eine Spinne sich hätte
fest halten können, hinlief. Die Gangspuren sahen aus,
als wenn Jemand ein glühend Eisen auf die Steine
fest angesetzt hätte, und als wenn die Steine wie
Holz verbrennbar gewesen wären [3]. Nach diesem Vorfalle
kamen 1341 die Sarazenen, jene kostbaren Säulen wegzu-
schleppen. Als sie aber Hand anlegten, erschraken sie so
sehr wegen eines furchtbaren Gesichtes [4], daß sie gelähmt
nichts thun konnten, und dann in Schrecken flohen. Nach
Verlauf von Jahren [5] ließ wieder ein Sultân, zwar nicht
die Kirche zerstören, aber die Tafeln des Bodens in der
Geburtshöhle wegnehmen. Doch beim Angriffe zerfiel Alles
wie faules Holz, so daß ihm keine Beute blieb [6]. Nirgends

---

1 *Fabri.* Ein mächtiger Wurm. Kapfman 9. Ein grausamer Wurm
herfür geschloffen. Tschudi 283. Aus einer Marmorsäulen sprang
ein Drache. Luffy 37.
2 Dagegen zeigte man Kapfman an der gemalten Mauer einen großen
Riß von der Schlange her.
3 *Fabri.* Die Spuren der Schlange blutig, wie feuerverbrannt. *Georg.*
523.
4 *Fabri.* Rudolph von Suchen spricht von einem Gesicht.
5 *Fabri.* Meggen rechnete (125) kürzer; man zeigte ihm die Spuren
der furchtbaren Schlange, welche 30 Jahre vorher den Sultân ver-
jagte. Rudolph von Suchen sagt, es sei vor seinen Jahren geschehen.
6 *Fabri.* Vgl. auch *Anshelm.* 1291, *Salignac.* tom. 10 c. 3, *Antho-*

wird genau gesagt, welcher der tempelschänderische Sultân
war[1], und in welchem Jahre das sogenannte Wunder ge=
schah, das man später mit vieler Fertigkeit multiplizirte.
Auch fehlt der Erzählung Einheit in der Sache; abwechselnd
spielten bald Sultâne, bald Sarazenen, bald die Marmorsäu=
len, bald die Marmortafeln der Kirchenwand, oder auch
beide, bald eine Schlange, bald ein Wurm oder sonst ein Un=
gethüm. Es kommt mir sehr wahrscheinlich vor, daß die ver=
brannten Spuren am Marmor von einem Blitz herrührten,
den man nur benutzte, um dem Aberglauben in seinem La=
byrinthe herumzuleuchten. Daß von einem Sultân oder von
den Sarazenen einst Versuche gemacht worden sind, aus
der Marienkirche kostbare Kunstsachen zu entwenden, wäre
immerhin möglich; allein gerade weil die Erzählung sich mit
Wundern wappnet, bleibt es zweifelhaft, ob etwas oder was
daran wahr sei. Es wäre denkbar, daß der Aberglaube
ursprünglich eine geflissentliche Ersonnenheit war, um die
Moslemin zu schrecken, daß sie sich nicht an den Kirchen=
schätzen vergreifen.

Auf der rechten (südlichen) Seite[2], nahe bei der
Wand stand ein prachtvoller Taufstein von Porphyr[3].
1449 wurde er als roth und kreuzweise ausgehauen geschil=
dert. In diesem schönen Marmorsteine tauften eben Christen
ein Kind, indem sie Oel ins Wasser goßen, wonach die Kin=
der Steine und Asche hineinwarfen[4]. Im J. 1507 gehörte

---

nius de Castilio bei Ignaz von Rheinfelden 130. Surius
bezieht sich (526) wegen eines zerbrochenen, von der Schlange her=
rührenden Säulenfußes auf Salimgiaque (Salignac).
1 Nur Antonius de Castilio nennt „Saladinus Bassa (?)“ in
Großkair.
2 Die Lage des Taufsteins kann man auf den oft angeführten Grund=
rissen sehen.
3 Εἰς τὰ δεξιὰ μέρη τοῦ ναοῦ ἔχει βαπτιστῆραν πορ-
φυρῆν, ὡραιότατον. **Anonym.** bei **Allat.** 15.
4 Gumpenberg 464.

der Taufstein, links gegen die Thüre, den Griechen, die an den Weihnachten auch größere Kinder tauften[1]. Um das J. 1620 war der marmorne Taufstein achtseitig, innen in Form eines Kreuzes oder einer Rose, außen mit Kreuzen und Inschriften[2]. Noch 1754 nannte man den Taufstein einen köstlichen von Porphyr, in der Gestalt einer offenen Rose, von anderhalb Ellen Höhe und oben von dritthalb Ellen im Durchmesser[3]. Nahe bei diesem Taufsteine fröhnten im vorletzten Jahrhunderte einige bethlehemitische Griechen einem sonderbaren Aberglauben. Eine Säule des ersten Schiffes rechter Hand hatte fünf Löcher. Jene verbanden sich die Augen, drehten eilig den Körper im Kreise herum, um wahrzunehmen, ob sie zufällig mit den Fingern die fünf Oeffnungen treffen; war es nicht der Fall, so glaubten sie, daß sie verdammt würden[4]. Welche Bedeutung mitten in der Kirche eine Säule mit einem Apfel auf der Spitze im sechszehnten Jahrhunderte hatte[5], kann ich nicht angeben.

Der Chor[6], gegen Morgen der äußerste Theil der Kirche[7], ist groß[8], aber nicht mehr schön[9], weil zu kahl und durch die griechischen Altäre entstellt[10]. Statt Marmor sieht

---

1 *Georg.* 524. *Surius* erwähnt (526) nur au bas de l'Eglise die fonts baptismaux.
2 Totum integrum, altera parte excepta, quam Mauri fregerunt. *Quaresm.* 2 643.
3 Schulz 7, 8.
4 *Legrenzi* 1, 182 sq.
5 Viagg. al S. Sepolcro F 6a.
6 Von den Griechen καϑολικὸν genannt. Ἡ Ἁγία Γῆ 81.
7 *Anshelm.* 1290. Schwallart 307.
8 Viagg. al S. Sepolcro. Schwallart 306. 39 Schritte lang, 16 breit. *Surius* 525. Nach Amico gegen 80′ lang und an den Kreuzarmen und mit diesen über 110′ breit.
9 Wie noch zur Zeit Schwallarts.
10 Schon Wittman bemerkte (70), daß die Schönheit und Symmetrie des Tempels dadurch verunstaltet worden sei, weil den Griechen erlaubt ward, gegen eine jährliche Abgabe einen Theil desselben zu einer besondern Kapelle zu verwenden.

man an den Wänden Kalktünche, statt schöner Gemälde[1]
das Kalkweiß oder griechische Stümpereien. Verschwunden
sind die Pfeiler[2], so wie die Chorherrenstühle[3]. Am freund=
lichsten dünkt die helle Beleuchtung[4]. Der Hochaltar in der
Mitte des Chors[5], fast unmittelbar über der Geburtshöhle,
spricht uns so wenig an, daß wir uns zu den Seiten wenden,
wo Nebenchöre in den Armen des Kreuzes sind[6]. Der südliche
Nebenchor ist nun gleichsam verwaiset, und von hier führt
eine Treppe hinauf zu den Gebäulichkeiten der Griechen,
wofür auf dieser Seite, aber näher dem Chore, die alte
Stiege[7] abging. Auch der nördliche Nebenchor empfiehlt sich
dem Auge wenig[8]. Westlich daneben öffnet sich, wenn ich

---

[1] Das angeführte Viaggio spricht von einem Madonnenbilde und dem
Bilde Abrahams neben dem Hochaltare.

[2] Schwallart sagt, daß hinter dem Chor (?) ein großer Pfeiler und
zwei Säulen stehen, Medschir ed - Din (135), daß es Pfeiler gebe,
und in der Ἁγία Γῆ heißt es: Ἔχει τὸ καθολικὸν καὶ
τέσσαρες μεγάλαις κολώναις. S. die ältern Grundrisse.

[3] Sie waren im Anfange des sechszehnten Jahrhunderts sämmtlich ver=
dorben (guasto. Daffelbe Viagg.); hingegen hieß es im vorletzten
Jahrhunderte: Il maggiore (Altaro) recinto da molte sedie di noci
ingegnosamente lavorate, le quali vengono a comporre il Choro a
commodo de Religiosi per salmeggiare, e servire alle Messe so-
lenni. Legrensi 1, 182. Das Viaggio sagt auch, daß die Kirche
(wohl der Chor) 3 Altäre hatte: gegen Ost, Süd und Nord.

[4] Schwallart.

[5] Vgl. das Viagg., Surius. Den beßten Begriff geben die Grundr=
risse. Nach Fabri (1, 468 sq.) ging es im Chore einige Stufen
hinauf ins Sanktuarium und Presbyterium, und von jenem wieder
einige Stufen hinauf zum Hochaltare.

[6] Hat auff jedwerer Seiten noch ein anderen Chor, welche das Creuz
der Kirchen machen, in jeglichen stehen drey Altär. Alle drey Chör
sind gewölbt. Schwallart 306 fg. Nach Surius hatte die Kirche
7 Altäre, ganz so, wie sie Helena errichtete.

[7] Wie sie noch der Plan von Amico, Quaresmius und Zwinnuer
hat. Nach dem Viaggio führten hier 12 Stufen in ein Gemach,
welches einst die Sakristei war.

[8] In die kleinere Chör innzugehen, sind Thürlein in den Mawren
gemacht. Schwallert 307. Auch auf den Grundrissen scheinen die
Nebenchöre abgesperrt.

mich recht erinnere, eine Thüre in die Katharinakirche[1]. Wir werden in diesem Chore noch einige Merkwürdigkeiten für den Pilger hervorheben.

Zuerst der Altar der Beschneidung, der, wie der folgende Altar, mehr der Geschichte angehört. Im Anfange des vierzehnten Jahrhunderts war links an der Wand der Marienkirche der Ort, wo der Nabel Christus' lag und dieser beschnitten ward[2]. In den drei letzten Jahrzehn desselben Jahrhunderts zeigte man die Stätte der Beschneidung und des Nabels auf der Mittagsseite[3]. Von letzterem schwieg man seit dieser Zeit; allein den Ort der Beschneidung zeigte man immer auf der Südseite[4], und zwar neben dem Hochaltar[5], oft, bis gegen das Ende des vorletzten Jahrhunderts[6].

---

1 Ha tre usci. Das Viagg. Oberhalb (östlich) der Treppe, auf der man in die Geburtshöhle hinabsteigt, führte eine Thüre in den Chor. Schwallart und die letzte Anm. Auch auf den Plänen von Bonifacio und Zuallart ist der Ostheil des Chores neben den Treppen der Geburtshöhle abgeschlossen; der Grundriß von Amico u. A. hat hier 3 Eingänge. Où (in dem ganzen Chor) on entre par 3. portes, scavoir: du costé du Levant, du Septentrion et du Midy. *Surius* 525. Profesch sagt (114), daß der vormals für die römischen Katholiken bestimmt gewesene Eingang in die Kirche (Chor; oder Schiff?) zu seiner Zeit vermauert war. Vgl. Seramb 1, 150.

2 *Marin. Sanut.* 3, 14, 11. Pipinus sagt (72) unbestimmter: Et vidi et tetigi locum ubi (Christus) circumcisus est (in Bethlehem).

3 In der chirichen (Bethlehem) gegen dem mittentag der sunn da ist die stat da gelegen ist bez süzzen chind Jesus besneidung vnd der napel. Rechtenstain 98b. E dove (rechts in der Marienkirche, nicht links, wie Marinus Sanutus bemerkte) Cristo fù circonciso; ed ovvi una capella al lato all' altare maggiore. *Frescobaldi* 139. Appresso (Geburtskapelle) suso nella detta chiesa. *Sigoli* 166.

4 Zu der rechten seiten auffen am Chor. Gumpenberg 464. *Albert. Sax.* 2110. Tucher 667. *Fabri* 1, 440. Ad partem autem dexteram chori respectu orientis. *Anshelm.* 1290. *Surius* 525 sq.

5 S. die letzte 3. Anm. Auch Tucher. S. besonders die bekannten Grundrisse.

6 (Ein wenig von dem Altare der 3 Könige) Si riverisce il terzo santuario, ed è il luogo dove Christo otto giorni doppo la nascita giusto la legge hebraica fù circonciso. *Legrenzi* 1, 181.

An diesem Orte, zu dem man vom Boden der Kirche hin=
aufstieg[1], stand eine Kapelle mit einem Altare[2] oder doch
ein Altar[3]. Nach der Mitte des sechszehnten Jahrhunderts
lag unter demselben, als eine Zugabe der Tradizion, die
Steinplatte, worauf die Beschneidung vorgenommen wurde[4],
und man sah darauf noch das Blut[5], um das J. 1620 aber
nur ein eingehauenes Kreuz auf dem grauen Marmorboden[6].
Fragt man das Evangelium über die Stätte der Beschnei=
dung, so gibt es uns keinen positiven Aufschluß. Es sagt
nur, daß, als der achte Tag, der Tag der Beschneidung,
dawar, das Knäblein den Namen Jesus erhielt; da es
aber nachgerade lautet, daß, nach vollbrachter Reinigung,
man es nach Jerusalem brachte, um es dem Herrn darzu=
stellen[7], so ist es sehr wahrscheinlich, daß die Beschneidung
in Bethlehem geschah, sonst hätte ebenso gut gesagt wer=
den können oder sollen, daß Jesus zum Beschneiden gen
Jerusalem gebracht wurde. Uebrigens sind die Theologen
über die Stätte der Beschneidung gar nicht einig[8]. Es
haben die Heiligen Epiphanius und Bernardus die
Meinung, Jesus sei zu Bethlehem beschnitten worden[9], und
zu seiner Zeit galt die Ansicht, daß es in der Geburtshöhle

---

1 *Fabri.*
2 *Frescobaldi* in der letzten 3. Anm. *Surius.*
3 Gumpenberg. Die bekannten Grundrisse haben nur einen Altar
der Beschneidung, der ältere einen geschlossenen; der neuere einen
ziemlich offen liegenden Altar; beide östlich vom Osteingange in die
Geburtshöhle, im Winkel zwischen dem Mittelchor und dem Ostarm.
4 Ehrenberg 512. Luffy 39.
5 Ehrenberg.
6 *Quaresm.* 2, 637. Er schiebt die Tradizion in den Mund der Ar=
menier und weniger Anderer.
7 Luk. 2, 21 fg.
8 Wie man bei Quaresmius (2, 636 sqq.) vernimmt.
9 Die Worte des Epiphanius (angeführt von *Quaresm.* 2, 637a,
Ignaz von Rheinfelden 130) lauten: Christus natus est in
Bethehem, circumcisus in spelunca, oblatus in Jerusalem. Dazu
habe ich nur zu bemerken, daß, wie es scheint, die alte Sage die

geschehen sei[1]. — Die römisch-katholische Kirche ertheilte am
Altare der Beschneidung gänzlichen Ablaß der Sünden[2]. Im
J. 1583 besaßen diesen Altar die römischen Katholiken; er
war aber, weil die Mohammedaner hieher einen freien Zu=
zug hatten, gar entblößt[3].

Gegenüber diesem Altare, auf der Nordseite der Kirche[4],
lag der Altar, wo, wie man früher deutete[5], die drei Kö=
nige (Schêch) die Opfer darbrachten, oder wo, wie man
namentlich später für besser hielt, sie sich zur Darbringung
der Geschenke vorbereiteten[6]. Die römischen Katholiken er=
warben sich hier siebenjährigen Ablaß[7]. Im Anfange des
zwölften Jahrhunderts stand in der Marienkirche, wahrschein=

Beschneidung in eine Höhle verlegte, was in späterer Zeit nicht
mehr der Fall war.
1 *Quaresm.* 2, 637. Er hält es auch für wahrscheinlicher. Ihm folgte
Rau (408 sqq.).
2 *Anshelm.*
3 Radzivil 170.
4 Ad partem sinistram versus est altare innixum parieti orientali.
Anshelm. Surius. Nach Reret (112) war im Kreuzgange ein Al=
tar den III Königen dort, wo sie antamen, geweiht.
5 *Frescobaldi* 139. „Wenn man an der seiten hineyn gehet, als die h.
3. Könige ihr Opfer brachten", da geht es 16 Stufen hinab in die
Geburtskapelle (nördlich). Gumpenberg. Neben dem Chore links.
Albert. Sax.
6 Obschon Frescobaldi und Sigoli Bethlehem zu gleicher Zeit be=
suchten, so faßten sie die Sache doch ungleich auf; denn letzterer er=
zählt: Appresso (Ort der Beschneidung) si è il luogo dove gli Magi
ismontarono da cavallo quando andavano a offrire a Gesù Cristo
(167). Altar, der stehet auff der statt, da die h. 3. Könige ihre
Wattsäcke auffstrickten, vnnd ihre Gaben die sie wolten opffern her=
auß theten, vnnd höfflich bereiteten, daß sie mit Andacht, Zucht vnd
Ehren dem Kind vnd seiner Mutter erschienen. Fabri 259. *Ans=
helm, Surius.* Binos sagt (207), daß der Altar im Chor, wo
die h. III Könige abstiegen, um den Messias anzubeten, von der
Helena erbaut wurde. Die neuern Pläne haben kurzweg einen
Altar der III Könige, auf der Ostseite des nördlichen Nebenchors.
Wenn es wahr wäre, daß, wie Chateaubriand schreibt (1, 301),
senkrecht unter dem Dreikönigsaltar die Krippe Jesus' sei, so müßte
die Sage südwärts hinübergewandelt sein.
7 *Anshelm.*

lich auf der Südseite, ein Marmortisch, auf welchem die
Mutter Jesus' mit den drei Wundermännern aß, nachdem
diese ihre Geschenke dargebracht hatten[1]. Man nahm im
vierzehnten Jahrhunderte an, daß bis zum Altare der Könige der Stern ging und dann hier stehen blieb[2], oder bis
zur Zisterne daneben[3]. Im fünfzehnten Jahrhunderte war
bei dem Altare eine tiefe Zisterne, aus der angeblich der
drei Könige Diener für die Kamele, Dromedare und Rosse
Wasser schöpften[4]. Später (im 16. Jahrhunderte) zeigte
man neben dem Altare der drei Könige eine Quelle[5] oder
eine Zisterne[6], hernach ein tiefes Loch dafür[7], worein der
Leitstern gefallen war; im gegenwärtigen Jahrhunderte das
Bild des Sternes in jaspisartigem Marmor[8] oder den
Zenithpunkt am Altare des Chors in einem Marmorstein,
über welchem der Stern stehen geblieben sein soll[9]. Man
ersieht aus diesem Beispiele, wie man eine eingeschlafene
Tradizion wieder aufrief. Zu seiner Zeit pflegte man sogar

1 *Saewulf.* 36.
2 E insino (Altar der drei Könige) gli accompagnò la stella e poi
ispari. *Frescobaldi* 139.
3 Appresso (wo die Weisen des Ostens abstiegen) si è una cisterna
dove la stella si posò, e apparve a' tre Magi; der römische Katholik erhielt da vollkommenen Ablaß. *Sigoli* 167.
4 *Fabri.*
5 *Anshelm.*
6 Viagg. al S. Sepolcro F 6b (linker Hand, wenn man in die Geburtskapelle hinabsteigen wollte).
7 Tschudi 276. Die neueren Pläne haben die Zisterne der drei Könige gleich östlich von ihrem Altare. Quaresmius erzählt von
einer Zisterne nördlich über der Geburtshöhle; sie war trocken und
der Aquädukt geschlossen; die von Seilen zerriebene Oeffnung ließ
schließen, daß da früher viel Wasser und ein großer Zulauf war
(2, 638b).
8 Joliffe 118.
9 Röser 447. Nach Raynaud (229) hatten da die Armenier eine
Kapelle mit einem marmornen Sterne im Boden. Mitten im Chor,
sagt Wolff (134), an einem den Griechen gehörenden Altare stehe
unter dem Altarblatte in einer Nische ein weißer Marmorstein mit
dem Sternloche.

den Stern in der Zisterne zu sehen[1]. Auf die drei Könige
und ihren Leitstern werde ich in der Geburtskapelle noch
einmal zurückkommen. Im sechszehnten Jahrhunderte sah man
zur Linken der Kirche einen mit Marmor bedeckten Altar,
in welchem Steine man nicht wenig die Gestalt Simeons,
wie er den Knaben in den Armen trug, bewunderte[2].

Der Chor wird zum Gottesdienste benutzt, nicht aber
das Kirchenschiff[3], und zwar schon seit sehr langer Zeit
nicht mehr, wenn man die Taufhandlung abrechnet. Schlimmer
wohl, als dieses Verzichten auf das Schiff als Gotteshaus
ist, daß es schon oft und viel entweiht wurde. Ich meine
vor der Hand nicht das gedanken= und gefühllose Gehen
durch die Kirche, sondern diesmal etwas Anderes, welches
niederzuschreiben die Feder sich sträuben möchte. Ich bitte
jedweden Leser, mir es nicht als Mangel an Anstandsgefühl
anzurechnen, wenn ich mit den Worten so ganz herausrücke.
In der That bei der Beschreibung eines Christentempels,
für welchen das abendländische Christenherz mit Achtung und
Bewunderung erfüllt ist, erlaubt die Wahrheit keine Vertu-
schung. Ich muß nämlich auf öftere Anschau hin bezeugen,
daß der Boden der Kirche oder des Schiffes, nämlich der
Nordwestwinkel, mit Urin und Menschenkoth verunreinigt
war, was mir besonders nach der lateinischen Christnacht
auffiel. Als ich einst las, daß die heidnischen Griechen ihre
Tempel nicht besonders heilig hielten, daß sie namentlich in
dem großen Sonnentempel zu Rhodos gleiche Bedürfnisse
befriedigten, so überkam mich Entsetzen. Jetzt erfahre ich den
erstaunlichen Zynismus an den Christen, und zwar in keinem verachteten Winkel der Welt, sondern nach dem Glau-

1 Das Viaggio.
2 *Georg.* 523. An einem Altarblatt. Wormbser 409. Rauchwolff 644. S. später das Bild Hieronymus'.
3 Geramb 1, 150. *Duc de Raguse* 3, 46.

ben so vieler Christen, in der Geburtskirche des Heilandes. Der Tempel wurde auch schon durch den Haß derjenigen, welche auf den Glauben an die Religion der Liebe stolz sind, entweiht. Wahrhaftig wo verschiedene christliche Gemeinden einen Tempel gemeinsam brauchen, muß man denken, daß zwischen ihnen Feindseligkeiten herrschen. Traurig ist es, daß auch hier die Christen sich durch Streitigkeiten entehren, wie dies in Jerusalem der Fall ist. Im J. 1818 kam es zu förmlichen Raufereien, wobei Viele verwundet und Mehrere erschlagen wurden, und später fochten die Christen mit blankem Schwerte um das Recht des Messelesens an der Thüre des Heiligthums[1]. Gerade während meines Aufenthaltes in Bethlehem (1845) kam es zu einem die Christen fürwahr schändenden Ausbruche. Ein ansehnlicher Trupp französischer, von einem gewissen Herrn Roland angeführter und von der gewesenen Königin Adelheid angeblich unterstützter Sänger wollte einmal des Abends durch den gewöhnlichen Eingang der Kirche ins Kloster zurückkehren. Die Griechen hatten vorher gesperrt und wollten jetzt nicht mehr aufschließen. Da gab es Wortwechsel, freilich nicht aus Liebe, welche der erhabene Stifter unserer Religion so dringend predigte. Am Ende setzten die Franzosen, die Recht haben mochten, den Streit aber doch an den Haaren herbeizogen, weil das Kloster für eine ungewöhnlichere Tageszeit füglicher ihr eigenes Thor hätte aufsperren können, den Einlaß durch. Die lateinischen Parteigänger erzählten mir nachher das Vorgefallene mit triumphirender Freude, und ein Armenier, den ich danach traf, schleuderte zornige Worte auf die Franzosen, und erwies gegen mich viele Gefälligkeiten, weil er mich von den Händeln ferne wußte. Ich behaupte nicht zu viel, wenn ich aus-

---

1 Palæst. 1831, 58.

7

spreche, daß die Christen ihren Tempel mehr schänden, als die Mohammedaner selbst, von denen manche ihn sogar verehrten[1]. Allerdings erzählt man hinwieder von den Moslemin Dinge, welche ihrem religiösen Zartgefühl und ihrer Schonung anderer in Gedanken und Werken bestehender Heiligthümer wenig Ehre machen. Nicht genug, daß sie oder ihre christlichen Kreaturen Marmorsteine vom Boden und von den Wänden der Kirche vorgeblich wegrißen, um mit diesem Raube die Moscheen zu verschönern[2], sie gebrauchten das Schiff auch als Haus und Stall, wenigstens zu einer Zeit, da es mehr in Verfall gerathen war. Im J. 1583 trafen die Pilgrime den „Boluchus" mit etlichen Janitscharen und mit seinen Pferden sitzend in der Kirche; weil diese allezeit offen stand, trieben die Mohammedaner nach Belieben

---

1 Die Sarraceni ehren alle Kirchen vnser lieben Frawen, aber besonder diese zu Bethlehem. Breydenbach 132. Die Verehrung zollten die Moslemin zumal der Geburtshöhle: In deme wir vnserer Andacht abgewartet (wie dann keiner daselbsten sich ersättigen kan) seynd zwen Türcken ohne ihr Babutsen oder Schuch dahin kommen, welche als ob sie Christen mit Kussen das H. Orth verehrt . . . kommen die Türcken in grosser Zahl dises allerheyligste Orth zuverehren wol wissendt das Christus von MARIA der allerseligsten Junckfrawen daselbst gebohren worden. Ignaz von Rheinfelden 129.

2 Denkt man zurück, daß allemal ein Wunder den Frevlern Schrecken einjagte, wenn sie sich an der Kirche vergreifen wollten, weiß man, daß man den Unsinn aushecke, die Kirche sei unantastbar (Fabri 1, 476); so mußten, wie es scheint, die Kostbarkeiten doch den Händen weichen. Istis tamen non obstantibus, gestand selbst Fabri, multæ tabulæ politæ sunt parietibus detractæ per fures christianos, die sie an die Sarazenen verschacherten. Nach Belon (268) nahmen die Türken die Marmorbekleidung weg. Schwallart behauptet (306) nicht nur das Gleiche, sondern noch mehr: daß sie in die Felsenkuppel (Tempel Salomos) und nach Kairo wanderte. Tout le pavé comme une grande partie des murailles estoit autresfois couverte et revestüe de marbre blanc, et d'autres pierres precieuses, comme on remarque encore en aucuns endroits, que les Turcs ont enlevés pour orner leur grande Mosquée. Surius 525. Das Echo davon vernehme man bei Troilo (393), Prokesch (114) und Anderen.

ihr Vieh hinein[1]. 1586 war das Kirchenschiff die Wohnung des Kâdhi oder des Herrn zu Bethlehem, der auch darin schlief; bei der Ankunft der Pilger saß er gerade vor der Chortreppe auf einem den Boden der Kirche deckenden Teppiche, nach Sitte der Morgenländer, welche keine Bank, keinen Stuhl oder Tisch gebrauchten[2]. Wie der Tempel weiter durch Thiere verunreinigt ward, werden wir später erfahren. Wenn man nicht das Beispiel jener Franzosen nachahmen will, so ist jetzt der Eintritt in Schiff und Chor leicht und unbeschwert, und ohne daß man besorgen muß, einem türkischen Lager zu begegnen. Dieses freien Eintrittes durften sich die Christen nicht jederzeit rühmen, ohne die Behauptung aufstellen zu wollen, daß die Mohammedaner die Marienkirche in Bethlehem auch nur mit halb gleicher Strenge zu einer Zollstätte umschufen, wie die Auferstehungs= kirche in Jerusalem. Im ersten Viertel des sechszehnten Jahrhunderts bezahlte der Mann eine Drachme[3]; 1556 er= kaufte man den Eintritt mit einem halben[4] und 1565 mit einem ganzen Maidin[5].

Ich werde nunmehr tiefer hinablangen in die Fund= gruben der Geschichte. Die Versicherung, daß da, wo später die Kirche der Geburt unseres Heilandes sich erhob, das Haus Davids stand[6], kann uns hier nicht bekümmern, da sie offenbar in den Kreis des vielen bodenlosen Sagentandes greift. Wir treten nun in eine andere Nebelregion. Angeblich

---

1 Radzivil 169.
2 Schwallart 303.
3 Di muta, ò datio. Das oft erwähnte Viagg.
4 Ehrenberg 512.
5 Billinger 93.
6 Quo loco olim domum Davidis stetisse memorant. *Fürer* 65. Gum= penberg sagt (463), daß man wohl sehe, es sei das gar schöne Stift zu Davids Zeiten eine schöne Festung gewesen. Vgl. oben S. 15, Anm. 1.

war der Ort der Geburt immer, ja schon zur Zeit der
Apostel und ersten Christen von den Gläubigen besucht und
verehrt. Man hatte da eine Art Kirche, die aber im J. 137
auf Befehl des Kaisers Hadrian zerstört wurde[1]. Dieser,
um den Namen der Christen zu beschimpfen und ihren
Glauben zu vertilgen, soll einen Adonistempel in Bethlehem
erbaut haben[2]. Solches scheint nicht sehr glaubwürdig, da
es erst um das J. 400 erwähnt ward, und es ist wohl
sehr unwahrscheinlich, daß vom Vater der Kirchengeschichte,
der uns auch die Kirchegeschichte von Bethlehem erzählt,
eine so wichtige Thatsache und die, daß der Götzentempel
unter dem Kaiser Konstantin dem Großen zerstört wurde[3],
mit Stillschweigen übergangen worden wäre; der Paralle=
lismus von Jerusalem, wo ein Venus= und ein Jupiters=
tempel die Sterbe= und Grabstätte Jesus' bezeichneten,
dürfte den Glauben und die Feder mißleitet haben[4]. Mit
diesen etwas dämmerhaften Erzählungen wollte man den
Beweis leisten, daß den Geburtsort die Menschen nie
aus den Augen verloren, und daß der im vierten Jahr=
hunderte angenommene der echte war. Im gegenwärtigen
Falle ist dieser oder ein solcher Beweis, meines Erachtens,
unnöthig. Entweder muß man das Leben Jesus' für eine
Mythe, oder die damalige Geburtsstelle für echt erklären.
Mich leiten diesmal ganz besondere Gründe, zu geschweigen,
daß man heutzutage dreihundertjährige Häuser, worin be=

---

1 *Surius* 524. Protesch 117. Surius verweiset auf den Ausspruch
   alter Väter, macht sie aber nicht namhaft.
2 S. Paulini epist. 2. ad Severum, angeführt von Besold 26.
   Hingegen schrieb Hieronymus in einem Briefe (49.) an Pauli=
   nus (nach Robinson 2, 285, Paulina nach Reland ad voc.
   Bethleehem), daß Bethlehem vom Haine des Thamus oder Ado=
   nis beschattet, und in der Höhle, wo Christus auf die Welt kam,
   die Liebe der Venus beklagt ward. Vgl. auch Surius.
3 Surius.
4 Vgl. Robinson.

rühmte Männer auf die Welt kamen, wie das sogenannte Lisighaus zu Wildhaus im Tockenburg, wo Huldreich Zwingli zuerst das Licht der Erde erblickte[1], zeigt. Das Erdreich hat in Bethlehem ein durchaus ausgezeichnetes Gepräge. Wußte man einmal die Stelle am nördlichen Abhange, gleich unter dem Rücken, und auf der Ostseite des eben begonnenen Wâʿdi el=Charûʿbeh, so konnte man nicht wohl hin= und herrücken, sei es über diesen Wâʿdi gegen Jerusalem, oder weiter gegen Morgen, oder auf die Wasserscheide hinauf, oder gar auf die Südseite des Hügelrückens. Würden nun alle Gebäude in Bethlehem dem Boden gleich gemacht, daß man keine Spur von einer Ortschaft oder auch einer Höhle erblickte, so könnte ich wegen der eigenthümlichen Konfigurazion des Terrains, wo die Kirche steht, ihre Stelle, nur nach Augenmaß, ohne Schwierigkeit zeigen, wobei aber eine weiter gehende Genauigkeit, durch einzelne Fuß und Zoll ausgedrückt, natürlich wegfiele, wie denn überhaupt bei topographischen Tradizionen, und auch bei der fraglichen, eine solche Genauigkeit vernünftigerweise zum voraus aufgegeben werden muß. Darf man annnehmen, daß bei den Christen das Anliegen an der Geburtsstadt und namentlich an der Geburtsstätte Jesus' groß und warm war, und daß eine chronologisch zusammenhängende Kette von Gläubigen mit eigenen Augen ihr Aufmerksamkeit schenkte, so müßte es eine Unmöglichkeit gewesen sein, die Stätte irrthümlicherweise zu verlegen. Warum ich nicht ähnliche Gründe in die Wagschale legte bei der Frage über die Echtheit Golgathas? Darum, weil die historischen und topographischen und politischen Verhältnisse anders gestaltet waren. Golgatha mußte außerhalb der Stadt liegen; gesetzt, es sei das

1 Es dürfte übrigens an der Zeit sein, einmal den Lauf der Tradizion oder die Beweise für die Echtheit genauer zu würdigen, als es vielleicht bisher geschah.

der Mönche das wahre, so hatte die Tradizion zwischen dem
Wâd westlich neben der Tempelarea einerseits und andererseits
dem Mittelthal Ben Hinnom, da, wo es neben dem
Thurme Hippikos gegen Mittag umbiegt, keinen so sichern
Haltpunkt; die Sicherheit gebot oder auch die Bequemlichkeit
empfahl, die heiligen zwei Stätten mit der Stadtmauer
zu umringen. Die älteste Urkunde setzt der Lage der Geburtsstätte
in Bethlehem keine Schranke; die angenommene ist
in Bethlehem nicht die sicherste vor feindlichen Ueberfällen,
und wenn Gründe einer größeren Sicherheit eine Verschiebung
angerathen hätten, so würde die Stätte auf die Höhe
des Westhügels oder des Dschebel Kî'lkel versetzt worden
sein. Was die Himmelfahrtsstelle betrifft, so war sie keine
so bleibende oder fixe Stätte, wie die der Geburt, der Kreuzigung
und des Begräbnisses, sie muß erst später für die
Tradizion firirt worden sein, und diese spätere gerieth mit
der Bibel in Widerspruch[1].

Nach dieser Vorbereitung will ich zu der, weit größere
Sicherheit darbietenden Tempelgeschichte übergehen. Um das
Jahr 330 wurde in[2] Bethlehem auf Befehl des Kaisers
Konstantin[3], noch vor der Vollendung des Grabtempelbaues

---

1 Die nähere Begründung an einem andern Orte.
2 Der Pilger von Bordeaux, der Bethlehem im J. 334 besuchte, schrieb
(154): Bethleem, ubi natus est Dominus noster Jesus Christus. Ibi
basilica facta jussu Constantini. Bei Bethlehem. Socrat. hist.
eccles. 1, 13. In Bethlehem. Sozomen. hist. eccl. 2, 2.
3 S. die letzte Anm. Euseb. de vita Constantini 3, 40. Der gewöhnliche
Troß der Schriftsteller, denen sich diesmal auch Robinson
(2, 380) anschloß, will, daß Helena den Bau stiftete. S.
Schwallart, della Valle, Surius, Ignaz v. Rheinfelden,
Geramb, den Herzog von Ragusa, Röser und Andere. Ich
bemerke ausdrücklich, daß die ältesten Schriftsteller Konstantin als
Urheber angaben, und erst spätere Schriftsteller, wie Sokrates und
Sozomenus, erweisen der Helena die Ehre der Stiftung.
Wo die Quellen sind, aus denen man die Berichte schöpfte, daß
Hieronymus (Alexander 74) oder Placidia, Schwester des
Theodosius d. j., und seine Gemahlin Eudocia (S. Raumer

in Jerusalem[1], an Christus' Geburtsstätte[2] eine Basilika
erbaut. Leider fehlt uns eine einläßliche Beschreibung des
schönen Tempels[3], der an Pracht von der Auferstehungskirche nicht übertroffen war[4]. Wo sind solche weite Vor-
hallen? könnte man fragen. Wo ist der vergoldete Plafond?
Wo sind durch Beiträge Einzelner erbaute Basiliken gleich
einem Palaste, daß das geringe Körperlein des Menschen
Köstlichers belustwandeln, und daß man, als könne es auf
der Welt etwas Prächtigers geben, das eigne Dach lieber
anschauen möge, als den Himmel[5]? Etwa siebenzig Jahre
nach der Erbauung nannte man die Kirche zu Bethlehem
die Kirche der Heilandshöhle (ecclesia speluncæ Salvatoris)[6], und man rühmte von Bethlehem: Da ist einmal die
heilige Kirche, da sind die Trophäen der Apostel und Mär-
tyrer, da ist das wahre Christusbekenntniß, da ist der vom

309, anscheinlich nach Kootwyk, und den Abschreiber Schubert
3, 19) die Kirche erbauten, weiß ich nicht.
1 Ich schließe dies besonders aus den verglichenen Worten des Bor-
deaurer-Pilgers. Bei der Auferstehungskirche gebraucht er die gleichen
Worte, nur mit der Vermehrung des modo: Ibidem modo jussu Constantini imperatoris basilica facta est (153). Eusebius stellt den
Kirchenbau in Bethlehem so ziemlich voraus. Sozomenus sagt:
Fast zur gleichen Zeit, als Helena die Auferstehungskirche baute,
und Sokrates: Sobald Helena den Bau des neuen Jerusalem
(Grabkirche) vollendet hatte, schritt sie zum Tempelbau in Bethlehem.
2 S. 2. Anm. auf S. 102. Primum illud (antrum), in quo primum
Servator noster divini numinis virtute in carne apparuit, honoribus
decenter ornavit (Konstantin). Euseb. l. c. In antro illo, ubi
Christus natus est secundum carnem . . . extruit (Helena). Socrat. Ad speluncam illam, in qua Christus natus est. Sozomen.
3 S. Eusebius in der letzten Anm.
4 Socrat.
5 Ubi sunt latæ porticus? Ubi aurata laquearia? Ubi domus misero-
rum poenis et damnatorum labore vestitæ? Ubi instar palatii opibus
privatorum exstructæ basilicæ, ut vile corpusculum hominis pre-
tiosius inambulet, et, quasi mundo quicquam possit esse ornatius,
tecta magis sua velint aspicere, quam coelum? Paula et Eustochium in epist. ad Marcellam. S. die opp. Hieronymi, und wohl
aus dessen Brief an Marcella abgeschrieben.
6 Hieronymi epitaph. Paulæ.

Apostel gepredigte und vom Heidenthume niedergetretene
Glaube, da ist das täglich gen Himmel sich erhebende christ=
liche Wort; allein dem Streben der Mönche und ihrer Ruhe
bleiben fremde die Eitelkeit, das Ansehen, die Größe einer
Stadt, die Auftritte von Sehen und Sichzeigen, von Grüßen
und Begrüßtwerden, von Loben und Schimpfen, von Hören
und Verkündigen, von Durchmustern einer so großen Menge
von Menschen, wenigstens ohne daß man sie sucht[1]. Die
Oberleitung der Kirche war dem Priester Hieronymus
anvertraut, indeß die Parochie unter dem Bischofe von
Jerusalem stand[2]. Fünf Priester im Kloster hatten das Recht,
zu taufen[3]. Der Tempel Konstantins hatte bloß eine
Dauer von etwa zwei Jahrhunderten. Der Kaiser Justinian
fand ihn nicht schön genug, ließ ihn niederreißen, und erbaute
auf dem gleichen Platze eine Kirche, welche an Schönheit
alle Gotteshäuser in Jerusalem übertraf, und da der kaiser=
liche Gesandte den Befehl nicht nach Wunsch ausführte, so
ließ der Kaiser ihm den Kopf abhauen[4]. Einen etwas ma=
gern Bericht über die neuere Kirche erhält man um das
Jahr 670. Sie lag an der östlichen und äußersten Ecke der
Stadt, über der Halbhöhle der Geburt, und erhob sich, zum
ersten Male unter dem Namen Kirche der h. Maria[5] be=
kannt, über das steinerne Eßzimmer[6] als ein großes Bau=
werk[7]. That ich als höchst wahrscheinlich dar, daß, soferne

---

1 *Paula* et *Eustochium* l. c.
2 *Sulpit. Severus* in dialog. §. 4. *Reland* ad voc. Bethlechem.
3 *Hieronymi* epist. ad *Pammachium*. In des erstern opp. epist.
LXI., Ausgabe von Erasmus.
4 Eutychius (Said Eben Batrik), zitirt von Rau (400). Dieser
sagt: Celle (Eglise) que nous voyons, est l'ouvrage de l'Empe=
reur Justinien.
5 S. Anm. 1 auf S. 78.
6 Wahrscheinlich ein Theil der Kirche gemeint, wo Maria mit den
III Königen aß. Vgl. oben S. 95.
7 In eiusdem ciuitatis orientali et extremo angulo ... cui (der
Höhle der Krippe) utique semiantro super lapideum cœnaculum

man nicht die Mythe vorschlagen lassen will, im vierten
Jahrhunderte die echte Geburtsstätte zum Bau auserkoren
wurde, so wäre es geradezu thöricht, wenn man in einem
Zeitraume, in dem bis zum J. 614 die Christen ausschließ=
lich die Herrschaft ausübten, und gar bis zum J. 670 ein
Verrücken der hoch verehrten Stätte zugäbe, nachdem sie durch
einen Tempel darüber so ausgezeichnet war, und daß die
heutige Marienkirche auf dem nämlichen Platze emporragt,
auf welchem der Kaiser Konstantin den Tempel der Ge=
burt unsers Herrn aufführen ließ, wird Niemand mit Grund
bestreiten können. Um das Jahr 728 stand über der Ge=
burtsstätte eine Kirche und ein Altar[1]. Etwa hundertund=
vierzig Jahre später war die Marienkirche sehr groß[2]. Vom
J. 1010 ward erzählt, daß den Sarazenen bei ihren Ver=
suchen, die Bethlehemer=Kirche der Geburt unsers Herrn zu
zerstören, plötzlich ein blitzendes Licht erschienen, worauf der
ganze Haufen Helden zusammengestürzt und gestorben, und
solcherweise die Kirche der Gottesgebärerin unversehrt ge=
blieben sei[3]. Als im J. 1099 die Franken in Bethlehem
einzogen, fanden sie die Kirche noch ganz[4]. In dieser Ba=
silika verrichteten die Eroberer beim Besuche der Geburts=
stätte Jesus' schnell ihr andächtiges Gebet zu Gott, gaben
den Syriern (syrischen Christen) den lieblichen Friedenskuß
und kehrten dann eilig in die heilige Stadt zurück[5]. Wir
haben ein sehr dürftiges Bild von der alten Kirche, welche

---

sanctæ mariæ æcclesia supra ipsum locum ubi dominus natus spe-
cialius traditur. grandi structura fabricata et fundata est. *Arculf.*
2, 2 (Cod. St. Gall. 267).
1 Et ibi supra nunc est ædificata ecclesia: et ubi Dominus natus est,
ibi stat supra nunc altare. *Willibald.* 20. (nach der Klosterfrau).
2 In cujus medio est scriptura sub uno lapide, cujus instroitus est a
meridie, exitus vero ad orientem. *Bernard.* 16.
3 *Ademar* in *Le Quien* Or. Christ. 3, 479.
4 *Saewulf.* 35.
5 *Fulcher. Carn.* 17 (397).

in die Hände der Kreuzfahrer überging; so viel ist jedoch
gewiß, daß sie groß und nicht ohne Zierde war[1]. Möglich,
daß noch der justinianische Tempel bestand, dem man nur
von Zeit zu Zeit verbessernd nachhalf. Im J. 1101 ward
am Weihnachtstage in der Basilika der h. Maria bei Bethlehem Balduin als König gekrönt[2]. 1110 erhob, auf An-
suchen Balduins II., Paschalis II. Bethlehem zu einem
Bisthume[3] und gab der Kathedrale das Dorf Bethlehem,
den Munizipalort Bedar (im Gebiete Akkon), Zeophir und
Kai Kapha (Kaifa?)[4]. Zur Zeit des Kaisers Emanuel
Komnenus[5], des Königs Almerik[6] und des Bischofs Raguel[7], nämlich im Jahre der Welt 6677 nach der Konstan-

---

1 Ecclesia satis decens et ampla miro opere fabricata (1110). Gesta
Francorum expugn. Hierusal. 26 (573).
2 *Fulcher. Carnot.*
3 Episcopalem ibidem obtinet (ecclesia) dignitatem. Gesta Francer.
exp. Hier. *Guil. Tyr.* 11, 2.
4 *Guil. Tyr.*
5 *Phocas* 27. Tempelinschrift bei Quaresmius 2, 672; Dositheus
(hist. patriarch. p. 1213) bei *Le Quien* 3, 643.
6 Almerik I. regirte vom J. 1163 bis 1173, während die Regirung
des Emanuel Komnenus in die JJ. 1143 bis 1180 fällt. Nach
der von Andern geltend gemachten Meinung besuchte Edrisi Bethlehem um das J. 1155; allein da er offenbar den neuern Bau sah,
so muß eine etwas neuere Jahreszahl angenommen werden. Auf
Almerik gestützt, erklärt sich Mariti für die JJ. 1162 bis 1173.
Quaresmius las nur $X\overline{O}Z$ und übersetzte es mit „A. 677",
ohne zu sagen, wie der Abbate ihm in den Mund legte, daß es das
Jahr der Welt sei. Mariti fehlte vielleicht noch mehr, daß er die
richtige, noch nach Quaresmius kopirte Leseart des Patriarchen
Dositheus in *Le Quien* Or. Christ. nicht kannte, und den gleichen Fehler beging Chateaubriand (1, 299 sq.), welcher sich über
Mariti ungehalten zeigte, weil er einem der irren und wirren Ko-
ryphäen der Ueberlieferungswelt auf die Finger klopfte. Noch viel
unsinniger ist freilich, was der Jesuit Nau vom J. 677 sagt (401):
Il parle là de l'année des Mahometans. Ich muß noch beifügen,
daß ich bei Quaresmius (2, 645) die Jahreszahl 676 (über der
porta S. Mariæ) = 1168 nach Chr. und 624 (an einem Thore)
= 1116 fand. Der Unterschied beträgt nicht weniger, als 52 Jahre,
und man darf kaum annehmen, daß der Bau so lange währte.
7 Tempelinschrift nach Dositheus l. c. Quaresmius las (2, 672)

tinopler-Zeitrechnung oder im Jahre Christus' 1169, war
die Kirche wieder hergestellt, höchst wahrscheinlich neu gebaut[1],
wobei vielleicht nur wenige konstantinische oder justinianische
Grundmauern blieben[2]; zum mindesten hatte eine durchgreifende Ausbesserung und Verschönerung statt, und der
Kaiser Emanuel Komnenus knüpfte daran seinen Ehren-
namen durch Wohlthätigkeit, daß er die Kirche ganz mit
vergoldeten Steinchen verzierte[3]. Den Bau überhaupt
und insbesondere die musivische Arbeit leitete Efrem[4]. Ich
glaube auch, daß bei diesem Neubau aus Pietät im Wesent-
lichen die alte Form der konstantinischen oder justinianischen
Kirche beibehalten wurde; wenigstens erhielt sich die Basilika-

---

Raulinet. Es ist der griechische Bischof gemeint; der lateinische
hieß Rabulph. Le Quien Or. Christ. 3, 1278 sq.

[1] Quantum enim possum conjicere, non video, quod tempore beati
Jeronymi sit ædificata illa ecclesia solemnis, quæ hodie ibi est,
quam tamen inexperti dicunt ab Helena erectam, quod et ego cre-
debam, sed dispositio moderna non admittit . . . Credo ecclesiam
illam ædificatam temporibus novissimis latinorum regum Jerusalem
et monasterium hoc similiter . . . et alia dispositio loco data, quod
et scripturæ, pictura et sculpturæ monstrant. *Fabri* 2, 339 sq.
Was Quaresmius und Dositheus aus den Inschriften mitthei-
len, kämpft nicht gegen die Fabrische Ansicht. Die Kirche von
Helena erbaut und von christlichen Fürsten erneuert. Profesch
117.

[2] Ich wundre mich keineswegs, wenn Chateaubriand schrieb, daß
die Kirche von hohem Alterthume sei und das Gepräge des griechischen Ursprunges trage, eher hingegen, wenn der nüchterne Robinson meint (2, 380), daß die heute vorhandene Kirche die von Helena gestiftete sei.

[3] Ψηφῖσι κεχρυσομήνοις ὅλον τὸν ναὸν κατεκόσμησεν.
Phocas.

[4] Tempelinschrift bei Quaresmius. Die griechische hat den Namen
Εφφαιμ und die lateinische Efrem. Letztere, etwas undeutlich,
lautet so: Comes nostis et Inretatis et Grecis imperitabat, hic ec-
clesiame (ecclesia me) docebat. S Efrem fertur fecisse travtem.
Selbst Rau las (400) noch auf seiner ersten Reise (1668) die griechische Inschrift; er gibt aber die lateinische Uebersetzung des Quaresmius. Opera Ephraim monachi et historiographi. *Dositheus*
l. c.

form. Dieſer über der Decke der Geburtshöhle[1] neu erbaute Tempel war ſehr groß[2], von länglicher und Kreuzform, mit nicht faulendem Holze bedeckt, und um den Altar erhob ſich eine gemauerte Kuppel[3]. Man pries die unvergleichliche Pracht[4], wozu die Goldmoſaik, ein Werk des genannten Kaiſers, viel beitragen mußte. Der erſte Biſchof der Franken hieß Aſchetinus oder Asguitinus. Um das J. 1136 verſah Anſelm das Bisthum; im J. 1147 Gerald oder Gerard; 1157 und 1167 Rabulph, welcher 1173 ſtarb; 1175 wurde Albert der Kirche vorgeſetzt. Der letztere wohnte 1179 der Kirchenverſammlung im Lateran bei[5]. Nachdem Askalon im

---

1 *Ναὸς ἐπὶ τοῖς τοῦ σπηλαίου νώτοις*. *Phocas.*
2 *Phocas.* Groß ſchrieben Edriſi (346) und der Mönch Epiphanius (52).
3 *Phocas.*
4 Solid und ſo zierlich, daß es unmöglich eine Vergleichung aushalten kann. *Edrisi.* Sehr ſchön. *Phocas.*
5 *Le Quien* Or. Christ. 3, 1277 sqq. Albert unterſchrieb ſich an der Kirchenverſammlung: Provinciæ Palæstinæ I. Albertus Bethleem episcopus, und erhielt 1186 die St. Martinskirche bei Piſa. Die ſpätern lateiniſchen Biſchöfe, mehr tituläre (in partibus), ſind folgende: Petrus I. (wenigſtens war unter den Wählern Balduins I., des lateiniſchen Kaiſers von Konſtantinopel, im J. 1204 ein Biſchof von Bethlehem), Regnerius, welcher im 1223 einer Beſprechung der Hilfe für das h. Land unter dem Papſt Honorius III. beiwohnte, Thomas Agni de Lentino von 1255 bis 1267, Gaillard d'Durſault, Hugo von 1285 bis etwa 1287, Petrus de Sancto Merentio, Zagard oder Gerard unter dem Papſt Bonifaz VIII., Wulfram d'Abbeville vom J. 1301, Gerard de Giſors, Johann Hegescliff, Petrus III. vom J. 1347, Durandus, Adimar de Rupe, Johann II., Wilhelm de Balen von 1383 bis etwa 1389, Johann de Genence und Hugo vor dem J. 1394. *Le Quien* 3, 1280 sqq. 1199 wurde die Wahl von Chorherren beſtritten. S. die einſchlägige Urkunde vom Papſte tom. 1. edit. *Balus.* epistolar. *Innocent.* III. tit. 27 de restitutione. Idem canonicis Bethleemitanis. Cum super electione Bethleemitensi etc. p. 585 col. 2. *Le Quien* 3, 1280. Einen größern Wirkungskreis hatten die griechiſchen Biſchöfe. Vor Raguel war Elias Biſchof (ſ. fg. Anm.). Der Patriarch Markus, welcher Jakob im J. 1482 folgte, führte ſonderbarerweiſe den Titel: Archiepiscopus Bethleem et patriarcha s. urbis Hierosolymitanæ

J. 1153 von den Christen bezwungen war, wurde es in den bischöflichen Sprengel von Bethlehem aufgenommen[1]. Das für die Christen verhängnißvolle Jahr 1187 entvölkerte wohl großentheils die Kirche, ohne daß diese jedoch eine namhafte Beschädigung erfuhr; höchstens die Altäre und einige Bilder wurden zerstört[2]. Wir können daher aus dem Jahre 1219 die Schilderung des Tempels bestätigen und ergänzen: Das mit Blei gedeckte Münster war sehr schön; der Säulen Fuß, Schaft und Knauf vom edelsten Marmor, so wie der Boden und das Vorgewölbe; die Wände mit Gold und Silber, mit verschiedenen Farben geschmückt, ja aufs zierlichste mit aller Kunst und Pracht der Malerei (Mosaik) verschönt. Freilich würden die Sarazenen das Münster schon oft zerstört haben, wenn nicht die Christen diesem Unglücke mit schweren Geldopfern vorgebeugt hätten[3]. Ich will nun die Kirche, wie sie sich vom J. 1219 bis zum J. 1449 darbot, in ein Bild zusammenfassen, weil es sehr wahrscheinlich ist, daß sie in diesem Zeitraume von zweihundertunddreißig Jahren keine Abänderung erlitt, und wenn es auch der Fall war, so mußte sie im hohem Grade unbedeutend sein.

---

et sanctæ Sion etc. *Le Quien* 3, 516. Anathasius war Metropolit von Bethlehem vor dem J. 1646 (*Le Quien* 3, 643); eines Bischofes gedachte man 1660 (*Le Quien* 3, 520 B); Neophytus war Bischof von 1661 bis wenigstens zum J. 1672, in welchem er sich an der Synode unterschrieb: Ὁ ταπεινὸς Μετροπολίτης ἁγίας Βηθλεὲμ Νεόφυτος; Malachias vor dem J. 1733; 1733 Ananias (archiepiscopus), lebte aber in einem Dorfe der Walachei. *Le Quien* 3, 643 sq.; 3, 777 sq.

1 S. ecclesiae Bethleem et Ascalonis unitae in *Le Quien* Or. Christ. 3, 1275 sqq. Nun aber heißt es hier 3, 602 B: Anno 6654. mundi juxta aeram Constantinopolitanam, i. e. Christi 1146, sedebat Bethleem, quo sedes Ascalonitana a quibusdam annis translata fuerat, Elias. *Dositheus* enim . . . lib. 7 de Patriarch. Hierosol., c. 22. §. 4., refert Eliam, episcopum Graecum Bethleem . .

2 *Fabri* 1, 474.

3 Thetmar in Maltens Weltk., Febr., 1844, 192.

Man soll nur bedauern, daß in dieser Zeit keine ins Einzelne genauer eingehende Schilderungen uns überliefert
wurden. Die einstige Kathedralkirche[1] lag am Ostende des
Hügels[2] und war groß[3], sechzig Mannschuh breit und bis
an den Chor hundert Schuh lang[4], und hatte eine längliche[5]
oder Kreuzform, wie die Stiftskirchen des Abendlandes[6].
Der herrliche[7] Bau suchte wegen der Schönheit Seinesgleichen in der Welt[8]. Das bleibedeckte Dach trugen Balken
und Sparren von köstlichem Holz[9]. Bunter Marmor deckte
den Boden[10]. Mit Marmor waren unten die Seitenwände
einen Stock hoch ausgelegt[11]; weiter oben[12], über den Säulen
bis zu den Dachbalken hinauf[13], die Wände des Schiffes
mit sehr schöner, ausgesuchter[14], zum Theile von Gold strah-
lender[15], die Geschichte vom Anfange der Welt bis zum

1 *Vitriac.* c. 59.
2 Brocardt 869. An einem ort, der gegen der Sonnen Auffgang.
   Monteuilla 773.
3 Rudolph von Suchen 842.
4 Gumpenberg 464. Er sagt zwar 6' weit; allein für den Schreib-
   oder Druckfehler setzte ich unbedenklich 60.
5 *Anonym.* bei *Allat.* 16.
6 Gumpenberg.
7 Rudolph von Suchen.
8 Brocardt 869. Ut vix hodie inveniri possit locus sacer illo pul-
   chrior. Es heißt die Kirche sacellum. *Marin. Sanut.* 3, 14, 11.
   Ecclesia autem illa de bethlaem . . . et pulcherrima et devotissima.
   Pipin. 72b. Monteuilla. Rudolph von Suchen.
9 *Marin. Sanut.* Oben auff ist sie nicht mit einem Gewelb, sondern mit köstlichem Cedernholtz vnnd Balcken beschlossen. Rudolph v. Suchen. *Anonym.* bei *Allat.* Die schönesten Balcken
   vnd Gesperr von Cypressen Holtz. Gumpenberg.
10 *Marin. Sanut.* Brocardt.
11 Innen eines Gadens hoch mit Marmelsteinen gefüttert. Gumpenberg 463.
12 Oben ist es alles . . . Gumpenberg. Dieser macht besonders
   den Unterschied, daß die untere Abtheilung der Wände mit Marmor und die obere mit Mosaik geziert war.
13 *Marin. Sanut.*
14 Derselbe.
15 Goldmosait. *Anonym.* bei *Allat.* Rudolph v. Suchen sagt an einer Stelle, daß das „gemusterte" Werk aus Jaspis, Marmor und

jüngsten Gerichte[1], insbesondere den Stammbaum Jesus'
vorstellender[2] Mosaik[3] vor allen andern Kirchen reich und
wie ein königlich Schloß[4] ausgeschmückt. Säulen von sehr
kostbarem Marmor[5], zum Erstaunen wegen ihrer Menge[6]
und Größe[7], bildeten vier Reihen[8]. Der Chor selbst, achtzig
Schuh lang und fünfunddreißig breit, war mit musivischer
Arbeit[9] gar schön verziert, und hatte sechs Marmorpfeiler;
die Eckpfeiler, von denen drei gehauene Seiten frei standen,
kamen an Größe drei andern gleich; jede der zwei Absiden,
die kreuzweise an den Chor stießen, maß in der Länge
vierzig Schuh und in der Breite fünfundzwanzig[10]. Außen
schützten den Tempel Bollwerke[11] und viel hohe Thürme[12].

Gold bestand, und an einer andern, daß die Wände mit Gold überzogen waren. S. Gumpenberg in folgenden Anm.
1 *Marin. Sanut.*
2 *Baldensel* 119.
3 Gumpenberg (464) drückt dies mit den Worten aus: schöne Bilder und Gemälde von Gold gemacht, „wie Sanct Marx Kirchen zu
Benedig."
4 Rudolph v. Suchen.
5 *Marin. Sanut.* Andere, wie Brocardt, Monteuilla, Rudolph
v. Suchen, Gumpenberg, sprachen einfach von Marmorsäulen.
6 *Marin. Sanut.* Die Zahl wurde verschieden angegeben, zu 40
von Monteuilla und Gumpenberg, zu beinahe 70 von Rudolph v. Suchen, zu 50 vom Anonymus bei Allatius.
7 *Marin. Sanut.* Jede 1½ Klafter dick (im Umfange) und 3 hoch.
Gumpenberg.
8 *Marin. Sanut.*
9 Gar hübsch versetzt mit gar schönen Stücken und Strichlein. Gumpenberg.
10 Gumpenberg. Er spricht zwar von Marmorsäulen, aber auch von
gehauenen Seiten, so daß ich Pfeiler schrieb.
11 Mit starcken Mauren vnd Bollwercken wie ein fest Schloß verwart.
Rudolph v. Suchen.
12 (Kirche) mit vielen hohen Thürmen, vnd mit starcken Pfeylern gar
wol erbawet. Monteuilla. Sehr oft erwähnten später die Pilger
eines S.O. beim Chore gelegenen Thurmes, welchen die Griechen als eine
Klostergebäulichkeit benutzten, und auf dem Grundriß von Bonifacio und Zuallart steht unter N eine Torre rovinata etwa zwei
Kirchenschifflängen vom jetzigen äußern Eingange in die Kirche.

Wenn die mit Wundern durchschossenen Erzählungen vom Verschleppen der Marmorsäulen wenig Glauben verdienen, so ist es hingegen eine glaubwürdig berichtete Sache, daß des J. 1449 in der Kirche schon viel Marmorsteine fehlten, womit die Seitenwände ausgekleidet waren, und welche die Sarazenen oder ihre christlichen Helfershelfer entwendet hatten [1]. Uebrigens wies auch die Zeit ihre nagenden Zähne. Nach dreihundertjähriger Dauer wurde das Dach baufällig, und man erwirkte endlich die Erlaubniß zur Ausbesserung, welche um das Jahr 1482 statthatte [2]. Der Herzog Philipp von Burgund gab dazu das Holz und Eduard, König von England, das Blei [3]. Die Franziskaner sorgten dafür, daß alles nothwendige Bauholz in Venedig durch Handwerker, welche von der Kirche das genaue Maß erhalten hatten, zugerüstet und auf Schiffen nach Joppe gebracht und von hier auf Kamelen nach Bethlehem geschafft wurde. So erbauten Benediger-Handwerker das ganze Kirchendach, und viel Mühe und Kosten forderte die Erstellung dessen, was an Holz und Blei mangelte. Das alte Zedern- und Zypressenholz vom Berge Libanon ersetzte man durch neues Fichtenholz von unseren Bergen. Durch die Ausbesse-

---

1 Gumpenberg 463. Vgl. oben S. 87 ff. u. 98.
2 *Fabri* 1, 477.
3 Alexander 74. Nach Jodokus von Meggen (119) bedeckte der Herzog von Burgund das Dach mit Bleiplatten. Alexander konnte wohl auch sagen, die Kirche sei neulich gedeckt worden. — Es war ohne Zweifel Eduard IV. (1461 bis 1483). Philipp, der Gütige, trat schon 1463 vom Schauplatze seiner Wirksamkeit ab; allein wer den langsamen Gang der Erlaubnisse im Morgenlande kennt, wird sich nicht wundern, daß die Verbesserung noch so lange hingehalten wurde. Mariti sagt (2, 377), daß die Kirche im J. 1492 durch Ferdinand und Isabella von Spanien neu ausgebessert wurde. Schwerlich; denn der Herzog Alexander, welcher nur drei Jahre nachher Bethlehem besuchte, würde dies doch zunächst angeführt haben. Beiläufig bemerke ich, daß auch auf dem Giusto, Kapitän Bubinich, mit dem ich 1835 nach Alexandrien fuhr, Holz für ein palästinisches Kloster geladen war.

rung wurde die Kirche auch reiner; denn vorher war sie voll von Tauben und Sperlingen und von Nestern verschiedener Vögel, welche beinahe überallhin, zumal auf den köstlichen Boden Unfläthereien machten; später aber wehrten dieser Unordnung auch zahlreiche Marder, welche keine Vögel und Unfläthereien duldeten[1]. Obschon man in der Mitte des sechszehnten Jahrhunderts über den jämmerlich baulichen Zustand klagte[2], obgleich schon 1542 das Dach wieder an sehr vielen Stellen dem Durchbringen des Regens nicht mehr widerstand[3]; so bewahrte der Tempel doch immer noch prächtige Schätze aus der Frankenzeit und man nannte ihn, wenigstens Theile desselben, bis gegen Ende jenes Jahrhunderts schön[4]. Schaute man eine Marmortafel der Wand an, so sah man, wie in einem Spiegel, Alles, was in der Kirche hinterrücks vorging[5]. Besonders fand man die Mosaik rühmenswerth[6], zumal an den Seitenwänden oben im Mittel-

---

[1] *Fabri* 1, 477 sq. Das *martrices* übersetzte ich mit Marder (martes).

[2] Helffrich 718. *Jod. a Meggen.* Letzterer bemerkt, der Grund, warum der Tempel baufällig oder dem Zerfalle an vielen Stellen nahe sei, läge darin, weil die christlichen Fürsten in früheren Zeiten für diese Gebäude mehr zu verwenden pflegten.

[3] *Jod. a Meggen.*

[4] Das ist gar ein schöne grosse Kirchen. Tucher 667. Ich hab noch nit gesehen oder gehört eynigen mann, der do sagt er hette der kirchen gleich gesehen oder als andächtig vnd kostlich als die kirch zuo Bethleem. Breydenbach 131. Alexander. *Medschired-din* 135. Prachtvoll, wohl ohne Gleichen auf der Welt. *Georg.* 523. Sehr schön. *Anshelm.* 1290. Gar prächtig, eine der schönsten Kirchen der Welt. Tschudi 274. Ein gar schöne grosse Kirchen. Wormbser 409. Wunderschön. Billinger 93. Die schönste Kirche in Judäa. *Fürer* 65. So herrlich vnd schön zu sehen ist, daß nicht bald dergleichen zu finden. Rauchwolff 644. Sonderlich ist allda ein schöne Kirch. Schweigger 122. Helffrich drückte sich bedingungsweise aus (718): Vor alten zeiten eine schöne vnd grawsame weite Kirchen muß gewesen seyn. Aehnlich (ziemlich ganz) Schwallart 306. Vgl. S. 83, Anm. 4.

[5] Fabri 260. Tschudi 274.

[6] Von schönem adelichen mustertem Werck .. von Marmelstein mit

ſchiffe[1]. Noch 1586 waren die Figuren wohl zu erkennen[2]. Hingegen im vorverwichenen Jahrhunderte zerfiel das herrliche Kunſtwerk auf ſehr bedauerliche Weiſe[3], obgleich noch 1673 oben viele große und gut erhaltene Gemälde in Moſaik geſehen wurden[4], und 1719 bemerkte man nur noch wenig mehr[5]. Mir iſt nicht klar, wie man 1778 große Fi= guren von roher Moſaik, welche die vornehmſten altteſta= mentlichen Geſchichten vorſtellten, erkennen konnte[6], und auch, wie man 1818 zu beurtheilen vermochte, daß die Mu=

---

mancherley farben beſetzt, das ſchön Gemähld gar wohl zieret, alles alſo köſtlich, daß vil meinen, es möge nit geſchetzt werden. Breydenbach 131 ſg. Gemahlet mit feinem muſtertem Gold, ſehr reichlich. Alexander. Etliche ſchöne Gemälde zu ſehen, die von gemuſterter Arbeit mit jren Farben wol vnd künſtlich eyngelegt. Schwallart. Mit eingelegter Arbeit vnd köſtlichen Steinen von Moſaiſch Arbeit geziehrt. Jgnaz v. Rheinfelden 130.

1 An den Seiten, vnnd oben in Gewölben. Schwallart. Es müſſen die Gewölbe über den Doppelreihen der Säulen verſtanden ſein, und ſo deute ich ſelbſt die Worte im Viagg. al S. Sepolcro (F 6a): Di ſopra, e di ſotto è lavorata (die Kirche), ed ornata di belle pietre (Moſaik). Man vgl. auch die etwas dunkele Stelle bei Brey= denbach. Räthſelhafter erſcheint Alexander, wenn er ſagt: „Sind auch die Mauren derſelben Kirchen von der Erden biß in die höhe gemahlet“ (Moſaik). Ich kann dies nicht zugeben, weil man aus der früheren Zeit genau weiß, daß die untere Wandung der Kirche ein marmorenes Täfelwerk hatte.

2 Schwallart.

3 So Alters halben an vilen Orthen abreißt. Jgnaz von Rhein= felden.

4 Non oſtante il giro di tanti ſecoli. *Legrenzi* 1, 182. Il en reſte encore quelque choſe, mais il en eſt bien tombé depuis la premiere fois que je les vis l'année 1668 . . . il n'en reſte plus que l'Ap= parition de N. S. à S. Thomas . . . , quelque choſe de ſon Aſcen= ſion au Ciel, de l'Aſſomption de la Vierge . . . *Nau* 399.

5 *Ladoire* 193. Von den Gemälden an den Mauern ſah Neret nur noch einige faſt ausgelöſchte Stücke (112).

6 Binos 207. Noch ſchlimmer iſt man mit ihm daran, wenn man hört, daß an den Säulen lateiniſche und griechiſche Jnſchriften, und in Laſur und gelb gemalte Figuren ſtanden. Damit vgl. man, was Mariti (2, 375) ſagt, daß nichts merkwürdiger ſei, als die in Moſaik gearbeiteten Gläſer, d. i., die Zuſammenſetzung von kleinen bunten Glastheilen auf Goldgrund.

sivarbeiten das Gepräge des Mittelalters trugen[1], wenn
gleich das Urtheil vor dem Richterstuhle der Geschichte als
wahr erscheint. Von den verstümmelten Ueberresten von
Figuren, deren man 1817 erwähnte[2], kehren wir wieder in
eine frühere Zeit zurück, um dieselben näher ins Auge zu
faffen. Wir erfahren nicht nur, was wir schon wissen, daß
die Geschichten vom Anbeginne der Welt bis an den jüngsten Tag künstlerisch dargestellt waren[3], sonbern aus dem
ersten Viertel des sechszehnten Jahrhunderts auch noch Näheres: An einem Bogen fand sich die ganze Geschlechtsliste,
wie sie im ersten Kapitel des Matthäus verzeichnet ist;
links davon das ganze Geschlechtsregister aus dem Evangelium, das also lautet: Es geschah, als sie alle Völker tauften
u. s. f., und so gab es noch viele Geschlechtsfolgen. Ueber
dem Hauptthore, das gegen Osten (?) angebracht war und
sich niemals öffnete, stand der Baum, welcher der Rippe
Abams entsproß, und der erste Ast trug Ezechiel, der
andere Jakob und so Aeste auf Aeste die Propheten, welche
die Geburt Jesus' weissagten, einen jeglichen mit der
Prophezeihung in der Hand[4]. Im vorletzten Jahrhunderte
erkannte man die Bilder schon nicht mehr ganz deutlich,
weil man sagte, daß die mosaische Arbeit unterschiebene
Bildnisse der Heiligen andeutete[5], abgesehen davon, daß ein

---

1 De Forbin 123. Zwar erkannte D. F. Richter (38) kurz vorher
die noch übrigen Bruchstücke von Mosaik als byzantinisch.

2 Joliffe 118. Vgl. Anm. 3, S. 84.

3 Breydenbach 132.

4 Viagg. al S. Sepolcro. Etliche schöne Historien, auß dem alten Te-
stament genommen, zusehen. Rauchwolff.

5 Trotlo 393. Sarius sagte (525), daß über den Säulen, um die
Fenster herum bis zu dem Holzgerüste, seine Mosaikstücke represen-
tent au Naturel Nostre Sauveur et la S. Vierge avec les mysteres
de son Incarnation adorable, et autres belles histoires de la S.
Escriture.

großer Theil schon abgefallen oder verdorben war[1], was
unmöglich machte, das Ganze zu schauen und zu beurtheilen.
Die Mosaik begleiteten auch Inschriften, wie bereits so eben
und früher[2] ein Wink gegeben wurde. Im ersten Viertel
des sechszehnten Jahrhunderts sah man über dem genannten Hauptthore eine griechische und lateinische Inschrift[3],
und 1542 solche von Gold als eine Zierde[4].

Im ersten Viertel des siebenzehnten Jahrhunderts las
man lateinische, griechische und andere Inschriften, die man
auf dem Wege des Druckes der Nachwelt überlieferte[5], und
die ich zum Theile hier aufnehmen werde. An den Thüren
des großen Einganges (gegen West) las man eine arabische
und eine armenische Inschrift. Die letztere lautet in Uebersetzung: „Im J. 676 wurde das Thor der h. Maria durch
Mitwirkung des Paters Abraham und des Paters Arachel,
unter der Regirung Erman, des Sohnes Etum Konstantin, hergestellt. Christus, der Gott, helfe ihren Seelen. Amen."
War man in den Tempel getreten, so bemerkte man über
der Pforte die Abbildung eines Baumes, an dessen Aesten
die Propheten mit ihren Prophezeihungen über Christus
dargestellt waren. So Joel: An jenem Tage werden u. s. f.
(3, 18), Amos: An gewissen Tagen wird die Sonne Mittags
untergehen u. s. f. (8, 9), Michas: Aus dem Lande Bethlehem Ephrata u. s. f. (5, 2). Unter den Fenstern, unmittelbar

---

1 Desquelles une grande partie et gastée, soit par veillesse, soit
 par manquement de reparation. *Surius.* Zwinner 371. Vgl. Anm.
 3, S. 114.
2 Anm. 6 und 7 zu S. 106, Anm. 1 zu S.107.
3 Viaggio al S. Sepolcro.
4 *Jod. a Meggen.*
5 *Quaresm.* 2, 645 sqq. Späteren Erwähnungen der Inschriften, wie
 von Binos (s. Anm. 6 zu S. 114), Chateaubriand (an den
 Wänden des Schiffes noch Spuren von griechischen und lateinischen
 Buchstaben) und Joliffe (halb erloschene griechische Inschriften aus
 den Evangelisten), traue ich nicht recht.

über den Säulen sah man an der Seitenwand vom Anfange
der Kirche bis zum Ende des Schiffes die Brustbilder der
jüdischen Könige und der berühmten Männer, von denen
unser Heiland, nach den Evangelisten Matthäus und Lukas, abstammte. Ueber diesen Figuren bis zu den Fenstern
hinauf waren auf der Nordseite in viereckigen Räumen
Bögen oder Faldistorien eingetragen, unter deren jedem
man ein Gestelle mit einem Buche, mit einem Weihrauch-
fasse auf der einen Seite und mit Leuchter und Kreuz auf
der andern Seite, abgebildet sah. Darüber und zum Theile
in zwei Kolumnen daneben standen griechische Inschriften,
welche auf einige Konzilien und auf die Zahl der bethei-
ligten Bischöfe Bezug hatten. Z. B. las man: „Die h.
Synode von zwölf Bischöfen, versammelt in Ankyra, einer
Stadt in Galatia, wurde, vor der allgemeinen Kirchenversammlung zu Nicäa, gehalten wegen der Priester" u. s. w.
„Antiochia. Die h. Synode von dreiundbreißig Bischöfen,
gehalten in Antiochia, einer Stadt in Syrien, wurde, vor
der allgemeinen Kirchenversammlung zu Nicäa, gegen Paulus von Samos einberufen, welcher behauptete, daß Christus ein bloßer Mensch war. Die h. Synode verurtheilte
ihn als einen Schlechtgesinnten." „Die h. Synode, einberufen in die Stadt Sardika, wurde gehalten, um die Heiligen Athanasius zu Alexandrien, Meletius zu Antiochien
und Paulus, Antistes zu Konstantinopel, in ihre Sprengel
wieder einzusetzen, aus denen sie von den Arianern vertrieben waren." „Die h. Synode von fünfzehn Bischöfen,
einberufen in die Metropolis Gangra, wurde gehalten gegen
den Ketzer Eustathius, der da lehrte, daß diejenigen, welche
an der Hochzeit Fleisch essen, nicht selig werden können.
Die h. Synode belegte ihn als einen Schlechtgesinnten mit
dem Banne." „Karthago. Die heilige Synode von fünfzig
Bischöfen, unter dem h. Kyprian nach Karthago in Afrika

einberufen, wurde gehalten gegen Novatus, welcher das
Tugendmittel der Buße den Sündern entzog. Diesen stieß
die h. Versammlung als einen Ketzer aus der Gemeinschaft."
So waren auch die Sprüche der in Nicäa, Konstantinopel,
Ephesus, Chalcedon gehaltenen Kirchenversammlungen angeschrieben. Diese Inschriften liefern den Beweis, wie sehr
man im Mittelalter bemüht war, menschlichen Satzungen
das Ansehen göttlicher zu verleihen, um dadurch den Irr-
lehren oder der freien Prüfung einen um so stärkeren Damm
entgegenzusetzen.

Im Chore, am Gewölbe der großen Kapelle war der
Engel, welcher die Jungfrau grüßte; am Bogen selbst die
Bilder Davids und Abrahams mit einer darauf bezüglichen
lateinischen Inschrift. Auf der rechten oder nördlichen Seite
sah man die Apostel in sitzender Stellung und gegenüber
links oder auf der Mittagsseite dieselben, wie sie auf der
Todtenbahre Marien trugen, über welcher Darstellung eine
lateinische und unter dieser eine griechische Inschrift, beide
auf den Bau der Kirche bezüglich, sich fand. Im rechten
oder nördlichen Arme des Tempelkreuzes erhob sich ein ungeheurer Palast oder ein auf Säulen gestützter Thron: da
eine Thüre, wo Christus und seine Jünger, mit Thomas,
waren, und man die Worte las: Ianuis clausis. Infer
digitam huc[1]. Dann folgte die Himmelfahrt des Herrn,
und es standen die Worte: Ascensio. † Viri Galilei, quid
statis aspiciente (s) in celum? Hic Iesus qui assumtus
est sic veniet quemadmodum vidistis eum[2]. Im linken

----

1 Lege deinen Finger hieher (2, 672). Strauß (Sinai und Golgatha. Berlin 1847. S. 287) mag die Worte: „Die Wände sind
geziert mit farbigen Mosaiken auf Goldgrund; Thomas, wie er die
Hand in die Seite des Heilandes legt, oder die Jünger, wie sie
ihrem gen Himmel fahrenden Herrn nachsehen," selber verantworten.
2 Aus der Apostelgesch. 1, 11.

ober südlichen Arme waren einige nicht zu verachtende Bruchstücke vorhanden. Am Gewölbe gegen Mittag sah man die
Anbetung der Weisen und den Engel, der sie auf einen
andern Weg führte. Da enthielt eine Tafel die Inschrift:
Ecce virgo concipiet et pariet filium et vocabitur nomen ejus Emoannuel[1]. In diesem Arme sah man auf der
Ostseite das samaritische Weib, welches mit Christus sprach,
und die Inschrift: Loquitur cum Samaritana Iocachim[2].
Weiter oben war das beinahe zerfallene Bild eines an
einem Tische Sitzenden mit einem Buche darauf. Am Bilde
stand: S. Ioh. Evvangelista, und auf dem Buche: In prin-
cipio[3]. Unterhalb war gemalt die Verklärung Christus' in
Gegenwart von Moses, Elias, Petrus, Jakobus und Johannes, mit dem feierlichen Einzuge des Herrn in Jerusalem
am Palmsonntage, und man sah folgende Schrift: Trans-
figuratio Domini. Heliah. IHC CHS (Jesus Christus).
Moises. Ramis palmarum. IHS XPS (Christus). Auf
der entgegengesetzten Westseite war die Gefangennehmung
Christus' dargestellt, bloß mit den Worten: Petrus und
Iudœorum. Alle diese Darstellungen und Inschriften bestanden in musivischer Arbeit; allein zwischen den Fenstern des
Schiffes war allemal ein Engel groß, aber ziemlich einfach
gemalt. Aehnlich hatte man an den Säulen[4] einige Heiligenbilder mit Inschriften gemalt.

Nach der Mitte des vorletzten Jahrhunderts wurde der
Tempel als theilweise baufällig geschildert; das Blei fiel
herab[5]. Er schien ganz zu Grunde zu gehen, weil die Griechen das Blei meistentheils vom Dache abnahmen und es

---

1 Aus Jesaias 7, 14.
2 Mit der Samariterin spricht Joachim.
3 Die ersten paar Worte des Evangeliums Johannes'.
4 In columnis. *Quaresm.* 2, 673.
5 Zwinner.

an die Türken, als sie vor Kandia gezogen waren, zum Kugelgießen verkauften. Die griechischen Mönche griffen sogar die Holzbalken an, rissen sie herunter, und schnitten daraus mit ihren langen Holzsägen Breter. Kein Wunder, daß das Gotteshaus ganz durchsichtig wurde, daß es stark hineinregnete, daß es sich zu einem Vogelneste gestaltete, daß besonderlich die Dohlen, Staare und Sperlinge hineinnisteten, und daß diese einen jämmerlichen Lärm verführten, der Einen des Andern Wort kaum hören ließ[1]. So durfte es in die Länge nicht gehen, wenn nicht die Tradizion oder der mehr äußere Christ mit ihr ersterben sollte. Und es geschah auch, daß die Kirche ausgebessert und im J. 1672 unter dem griechischen Patriarchen Dositheus eingeweiht ward, und zwar bei Anlaß einer Synode, welche die griechischen Orthodoxen gegen die Lehre Calvins und ihren Anhänger Kyrillus Lukaris, aus Konstantinopel, hielten[1]. Man schätzte die Baukosten auf 25,000 Zechinen, wovon 5000 als Gebühren abgingen[3]. Wenn die Summe richtig ist, so muß diese Ausbesserung eine ziemlich durchgreifende gewesen sein; Form aber und Seitenwände des Schiffes, wenigstens des mittlern und Obertheiles, blieben; Dachstuhl

---

1 Trollo 393 fg. Vgl. die zweitfolgende Anm.

2 Die Beschlüsse dieser Synode wurden am 16. Merz 1672 unterschrieben. *Harduini* concil. tom. 11. col. 267, bei *Le Quien* Or. Christ. 3, 522 sq. Vgl. *Mariti* 2, 378.

3 *Mariti*. Cet édifice tomboit tout en ruine, il n'y a que trois ou quatre ans. Le plomb qui le couvroit, ayant été derobé en plusieurs endroits . . ., la pluye avoit corrompu le bois, et gastoit tout. Les Grecs on fait une dépense d'approchant 100,000. écus, [pour reparer ce sanctuaire, et obtenir de l'Empereur des Turcs la permission de le faire. On dit que cette permission seule a coûté 20,000. écus. C'est un Boucher de Constantinople, qui a fourni toute cette somme; et l'on m'a raconté, que se voyant riche de 50,000. écus et sans enfans, il s'en est reservé mille seulement, et a sacrifié le reste cette œuvre de pitié; Dieu veüille (fügt der Jesuit bei) que le schisme ne la luy rende pas inutile. *Nau* 401 sq.

und Dach mußten jedenfalls ganz neu gebaut werden. Hätte man zu allen Zeiten für die Ganzheit des Bleidaches gehörig gesorgt, daß der Regen nicht durchgedrungen wäre und den hölzernen Dachstuhl angegriffen hätte, so würde man ohne Zweifel heute noch das Zypressen= und Zedernholz sehen, welches man zur Zeit der lateinischen Könige verwendet hatte. Uebrigens rühmte man das neue Zimmerwerk von fränkischer und kundiger Seite als das schönste, das man nur sehen könne[1]. Es ist mir nicht bekannt, daß seit dieser Zeit bis auf das laufende Jahrzehn namhafte Aus= besserungen der Kirche statthatten. Mit Recht klagten nun aber meine Zeitgenossen, daß die Kirche verwahrloset wurde[2]. Man schickte sich daher an, Hand ans Werk zu legen, um den Tempel vor dem gänzlichen Zerfalle zu retten. Im J. 1842 verschafften sich die Griechen vorläufig einen Firman zu Ausbesserung des Tempels. Sie ward bewerkstelligt mit beträchtlichen Kosten und mit so viel Rücksicht auf den alten Bauplan, als die Umstände erlaubten. Unter Anderem besserte man auch den nördlichen Flügel (transept) des Kirchen= kreuzes aus, welcher den Armeniern zugetheilt war[3].

Werfen wir einen Ueberblick über die Tempelgeschichte, so ergibt sich, daß nach dem ersten Aufbau hauptsächlich vier= mal ein Nachbau vorgenommen wurde, nämlich im sechsten Jahrhunderte, in der Mitte des zwölften, im J. 1672 und im

---

1 Sa nef est couverte de la plus belle charpente qu'il soit possible de voir, toute de bois de cedre, cette charpente qui est faite en dos d'âne. . . *Ladoire.*

2 Vernachlässigt im Ruin. Mayr v. A. 330. In Verfall, und wenn nicht Hülfe kömmt, bald in Ruinen. Prokesch 113. Alles Schmuckes beraubt und zerfallen (übertrieben). Röser 446. The magni= ficent Church at Bethlehem, which had fallen into a state of mise= rable decay. *Williams,* the Holy City, 438.

3 *Williams.* Zu seiner Zeit schien die christliche Liebe der Armenier einen Firman auswirken zu wollen to undo what the Greeks had done. Zu meiner Zeit war nichts wieder abgeändert.

gegenwärtigen Jahrzehn, indem das erste Mal ein völliger Neubau stattfand, das zweite und dritte Mal ein neuer Dachstuhl
sich erhob und das zweite Mal auch andere wichtige Bauarbeiten
ausgeführt wurden. Diese Kenntniß der Geschichte thut nunmehr dar, wie unhaltbar die Meinung selbst neuerer Schriftsteller ist, daß man ein Bauwerk Helenens vor Augen
habe, oder doch die Zedern- und Zypressenbalken, welche die
Kreuzfahrer zu Stützung des Daches hinzimmerten. Wohl
ist das Schiff, welches wir heute erblicken, ein Werk dieser
Franken, wenn auch der Chor im Innern bedeutend um-
geändert oder selbst die äußere Umwandung frisch aufge-
mauert wurde. Niemand bedauert mehr, als ich, daß die
geschichtlichen Ergebnisse für das Alterthum nicht günstiger
lauten, daß nichts Augenscheinliches aus der Zeit Konstantins des Großen erhalten ist. Gerne würde ich die Kirch-
weihe im Geiste gefeiert haben, wenn mir das Glück den
Tempel des ersten christlichen Kaisers gezeigt hätte. Man
möchte beinahe für den Augenblick den nüchternen Forschungen entsagen und ein Schwärmer werden, um sich die süße
Wonne des christlichen Alterthümlers herbeizuträumen.

Ich kann die Geschichte des Besitzes an keinem fort-
laufenden Faden zusammenhalten[1]. Nach der Vertreibung
der Franken im J. 1187 waren die syrischen Christen sonder
Zweifel im Besitze der Kirche. Nachdem eine Familie Franziskaner sich in Bethlehem niedergelassen hatte, schien sie
ohne viel Schwierigkeit einen Theil derselben sich angeeignet
zu haben. Der Bau, welchen die abendländischen Mönche
ausführten, beweiset hinreichend, daß sie in der Mitte des
fünfzehnten Jahrhunderts in der Kirche den Meister spielten. Noch im Laufe des folgenden Jahrhunderts glänzte ihr

---

1 Radzivil greift ganz zurück (169): Haben sie Münche des Ordens
S. Hieronymi eingehabt.

Glücksstern[1]; allein im Anfange des siebenzehnten Jahrhunderts fing er an zu erblassen, und 1616 hieß es, daß die Kirche allen Nazionen, unter denen man die armenische und griechische hervorhob, gemein war[2]. Die Griechen brüteten dann über dem Plane, die römischen Katholiken zu verdrängen, und in der That gehörte nach der Mitte des vorletzten Jahrhundertes die Kirche ausschließlich jenen Usurpatoren[3]. Der Bau, welchen die Griechen im J. 1672 unternahmen, war wohl ein Triumph ihres Besitzrechtes und diente offenbar zu dessen Befestigung. Es dauerte ziemlich lange, bis die Lateiner wieder zum Besitze des Verlorenen gelangten. Bei der Geburt des im J. 1738 lebenden Dauphins erwirkte der französische Gesandte bei dem Großsultân für dieselben den Besitz des Hochaltares, und die Griechen genoßen in jenem Jahre nicht mehr die Freiheit, an den Altären aller Seiten die Messe zu lesen[4]. Um das J. 1758 wurde den Lateinern von den orthodoxen Griechen das Allerheiligste wieder entzogen, die auch angeblich eine Mauer aufführten, um es von dem Schiffe zu trennen[5]. Gehörte die Kirche 1813 den Griechen[6], so besaßen das Schiff zwei Jahre später die Armenier[7]. 1829 hatten diese die Ober-

---

1 Kirchen, welche der Catholischen ist. Radzivil.
2 Della Valle 1, 157.
3 Troilo 392. Etwas anders drückt er S. 394 sich aus: Besagte Griechische Mönche, die auch eines Seits der Kirchen gegen ihrem Closter die Jurisdiction haben. Legrenzi bemerkt (1, 183): Nel tempo, che li Greci havevano usurpato con il Presepio l'antedescritta Chiesa (Marienkirche) alli nostri Padri, und de Bruyn, wenn möglich, noch unbestimmter (2, 224), daß die Kirche den Lateinern von den Griechen genommen wurde.
4 Pococke 2 §. 51. Die Notiz leitete er mit den Worten ein: Die Kirche in Bethlehem gehörte vormals den Griechen. Binos meinte (207), daß das Allerheiligste seit undenklichen Zeiten im Besitze der Franziskaner war.
5 Vgl. oben S. 81 und die Anm. 3.
6 Mayr 330.
7 Richter 36.

hand im Gotteshause, das von der römisch-katholischen Gemeinde verlassen werden mußte, weil sie eine Geldforderung
des Pascha nicht befriedigen konnte oder wollte: ein Beweis,
daß sie seit der Verdrängung durch die Griechen im vorigen
Jahrhunderte den Besitz oder Mitbesitz neuerdings behauptete. Damals, nämlich im vorletzten Jahrzehn, gehörte eigentlich der Mittelaltar und der eine Flügel den Armeniern
und der andere den Griechen[1]. Im letztverflossenen Jahrzehn hielt die Griechen und Armenier das Geld, das sie an
den Pascha von Damaskus und an die ottomanische Pforte
sendeten, im unbestrittenen Besitze[2]. Zu meiner Zeit machten
sich die Griechen wenigstens im Schiffe am meisten geltend.

Die Kapelle der Geburt.

Wir besitzen zwei Grundrisse:

1586 von Zuallart (215), der ihn wahrscheinlich von Bonifacio
kopirte. Auch Pococke nahm diesen Grundriß auf (2, 25); nur
versetzte er die Gräber der Paula und Eustochium auf die Südseite der Gruft, statt daß sie der alte Plan auf die Nordseite ver-
zeichnete, der übrigens noch sehr mangelhaft aussieht.

1596 von Bernardino Amico (Tav. 3). Quaresmius (2, 632)
und Zwinner (364) vermehrten seinen oder ihren Grundriß mit
der Gruft, welche den Altar der unschuldigen Kinder enthält.
Dieser Plan ist heute noch verläßlich, nur daß das enge Felsenloch östlich von jenem Altare fehlt. Uebrigens sind auch auf den
Grundrissen der Marienkirche die verschiedenen Kapellen oder Höhlen und Gänge untergezeichnet (punktirt), und auf diesem punktir-
ten Plane erscheint gerade jenes Felsenloch.

Ansichten lieferten z. B. Zuallart (208), Amico (Tav. 3),
Quaresmius (l. c.), Pococke (2, 25 und 59), Roberts
(Part. VIII. Shrine of the Nativity). Beim Anblicke des letzteren
Bildes muß man wissen, daß der Betrachtende auf der Westseite
der Kapelle steht und die Geburtsstelle, die Treppe, die zu starke
Vertiefung südlich, wo die Krippe liegt, das nördlich in der Tiefe
angebrachte ⊓ - förmige Gitter und einen Baldachin darüber
vor sich hat; und nicht zu vergessen, der Kolorist trug die Farben
falsch auf.

---

1 Prokesch 113 fg.
2 Geramb 1, 150. Vgl. Schubert 3, 19.

Ehe ich die Eingänge beschreibe, muß ich, damit der
Leser mir in der Darstellung leichter folgen kann, vorläufig
bemerken, daß die Kapelle unmittelbar unter dem großen
Chore[1] der Kirche und mit diesen in gleicher Richtung liegt.
Es gibt nunmehr drei Eingänge[2], zwei neben und gegen
einander vom Chore aus, und einen entferntern von West
her aus der Katharinakirche, die zum Theile mit ihrer Südseite an die Nordseite des Chores stößt. Das erste Paar
schließen nöthigenfalls Thüren, eine südliche und nördliche[3];
allein meist sind diese offen[4], wenigstens zur Zeit des Got-
tesdienstes, und der Eintritt ist frei. Jede Stiege führt vom
Zwischenraume zwischen dem Hochaltare und der östlichen
Flügelecke westwärts konvergirend in die Kapelle, wie in
einen Keller[5], hinab. Es befremdet, daß die Stiegen, die
sich eben nicht auszeichnen[6], eine ungleiche Zahl von Stufen
haben; nämlich die Südtreppe zählt nur dreizehn, hingegen

---

1 Gumpenberg 464. *Albert. Sax.* 2110. *Fabri* 1, 469. *Georg.*
523. (Unter dem Hochaltar) Viagg. al S. Sepolcro F 6a. Schwallart 303. Ὑποκάτωθεν ταύτης τῆς ἁγίας τραπέζης,
εἶναι τὸ ἁγιώτατον σπήλαιον. Ἡ Ἁγία Γῆ 81. Juste-
ment dessous le grand Chœur. *Surius* 526. Troilo 395, und
viele Andere; besonders aber orientire man sich auf den Grundrissen,
z. B. dem meinigen.

2 On entre dans cette sacrée Grotte par trois differens endroits. *Ladoire* 197, u. A.

3 Specus est portis ferreis clausus. *Fürer* 66. Ebenso Schwallart.
Μὲ δύο προύντζιναις πόρταις, τὴν μίαν πρὸς με-
σημβρίαν, καὶ τὴν ἄλλην πρὸς βορρᾶν. Ἡ Ἁγία Γῆ.
Nach 6 runden Stufen on vient à la porte qui est de bronze large
de 2. pieds et ½, haute de 8. *Surius.* Eiserne Thüren. Troilo
395. Deux portes de bronze ornées de tres belles figures en bas
relief. *Ladoire.* Dies beweiset das freilich sehr Unwesentliche, daß
die Thüren wechselten.

4 Nach Rauchwolff war der Eingang mehrentheils verschlossen (644),
und nach Legrenzi nur der nördliche (1, 180: la porta à mano
manco nel corno dell' Evangelio).

5 *Anshelm.* 1290.

6 Marches de jaspe et de porphire. *Ladoire.*

die Nordtreppe sechszehn, was mit der Zahl, die wir aus dem J. 1449 kennen[1], genau übereintrifft, obschon im J. 1842 die Stiegen ausgebessert wurden[2]. Man sollte meinen, daß eine so einfache Sache keine Irrthümer erzeugen würde; allein dem war nicht so. Wir finden schon bei der Zahl der Stufen der Nordtreppe[3], noch mehr bei derjenigen der Süd= treppe[4] Differenzen, und Pilger, die nicht ahnten, daß die Stufenzahl beider Treppen verschieden sei, zählten nur die Stufen der einen oder andern Treppe und übersetzten sofort die Summe auf beide[5], und überdies fügte man meist noch Rechnungsfehler bei[6]; denn die Zahlen entsprechen einander in der Zeit so wenig, daß man keine Vermehrung oder Verminderung der Stufen durch stattgehabten Bau vom J. 1449 an annehmen dürfte. Die erste Erwähnung einer Treppe fällt ins zwölfte Jahrhundert. Links (wohl nördlich) neben dem Hochaltare war der Eingang, und sie hatte sechs=

---

1 Wenn man an der seitten hineyn gehet, als die h. drei Könige ihr Opffer brachten, da gehet man 16. Träppen hinab, vnnd wenn man an der andern seiten hineyn gehet, da vnser HERR beschnitten ward, so gehet man 13. Träppen hinab. Gumpenberg 464. Eine Klarheit und Bestimmtheit im Ausdrucke, die unserm Schubert zum Muster dienen könnten. Gumpenberg gleich auch Quaresmius (2, 644).

2 Among other repairs they (die Griechen) restored . . the steps which lead down from their altar to the Holy Cave of the Nativity. *Williams* 438.

3 Fabri (1, 469), Zwinner (373; allein 363 nur 13) haben 16, Surius dagegen (526) 15 Stufen.

4 Bei Tucher (667, linker Hand vom Hochaltar weg), Tschudi (276; er sagt zwar unrichtig: vom Altar der drei Könige) 11 Stufen, bei Scheidt (70) 10, bei Zwinner 12, bei Surius 13.

5 So zählten Albrecht von Sachsen 11 Stufen, Anshelm (1290), Fürer (66), Prokesch (114, für jede) 16.

6 Breydenbach (131) und Tschudi (271) haben 10 Stufen, Laboire 12, die *Ayla Γῆ*, Chateaubriand (1, 301) und Geramb (1, 156: jede) 15, und Binos (207: wohl eine Verwechselung für die Treppe der Katharinenkirche) gar 25.

zehn Stufen[1]. Man möchte versucht werden, dafür zu halten, daß nur die Nordtreppe damals bestand, was auch sehr
natürlich gewesen wäre, weil die in den nördlichen Abhang
greifende Höhle eigentlich bloß von der Nordseite zugänglich
sein mußte, und wenn man später, nach meinem Verstande,
schon im vierzehnten[2] Jahrhunderte auch die Südtreppe
kannte, so wurde wahrscheinlicherweise durch das Felsenbach
oben oder mehr südlich, insoferne es noch bestand, ein Schacht
abgeteuft, welcher zu einem Eingange diente, eine Meinung
übrigens, die man schon längst laut werden ließ[3]. Es wal-
tete natürlich dabei die Absicht, den Ein= und Austritt der
großen Menschenmenge zu erleichtern, und der Architekt
mußte sich aus dem Grunde der Symmetrie zur Ausführung
des Werkes gerne bereit zeigen.

Der dritte Eingang findet sich, wie gesagt, nicht in der
großen Kirche oder in ihrem Chore, sondern in der Katharinenkirche und zwar in deren Südwestwinkel[4]. In drei Ab=
theilungen der etwas engen[5] und schwach mit Lampen beleuch=

---

1 Περὶ τὸ ἐνώνυμον μέρος τοῦ βήματος ἐστὶ τοῦ ἀγίου
σπηλαίου στόμιον. *Phocas* 27.
2 Baldenfel sagt (119), daß man neben dem Chore zur Rechten
per paucos gradus, und der Anonymus bei Allatius (15), daß
man zur Linken des Hochaltars (τοῦ βήματος) auf 14 Stufen
in die Höhle hinabsteige. 10 Stufen erwähnte Marinus Sanutus
(3, 14, 11) und der Cod. Vienn. 4578 (202d): Von derselben statt
get man ab in ain Cappeln zehen staffel; 16, wie in früherer, späterer
und der spätesten Zeit, Monteuilla (773: bei dem Kirchenthurm
hinab); von etlichen Stufen sprach Rudolph von Suchen (842).
3 Et videtur una fuisse spelunca continua, quam solum dividit factum
ostium, et ascensus, quo de capella ad chorum ascenditur. *Marin.
Sanut.* Breydenbach (oder Kia). Das Uebrige ist weg wegen
der Thüre, die man daneben (Geburtsstelle) durchbrach. Tschudi
270.
4 Man sehe die Grundrisse. Au bas de l'Eglise de s. Catherine. *Ladoire* 197. Vis à vis de l'entrée de cette chapelle vers le Midy.
Surius 529.
5 Wo sich kaum (ich sage: mit einiger Mühe) 2 Personen einander
ausweichen können. Geramb 1, 152.

teten[1] Treppe führen zehn, vier und neun Stufen, zusammen dreiundzwanzig[2], in der Hauptrichtung gegen Süd hinab in die Kapelle der unschuldigen Kinder, einestheils durch den Felsen[3]. Dieser Eingang oder diese Stiege gehört der neuern Zeit an und ist ein Werk der Minoriten, die, in ihrem steten Streben nach Unabhängigkeit, noch freiern Zutritt zur Geburtshöhle haben wollten. Die unterirdische Kommunikazion der Katharinakirche mit dieser Höhle wurde um das J. 1479 bewerkstelligt[4] und zwar insgeheim, wie denn auch der Gang, selbst vor den lateinischen Pilgern, geheim gehalten wurde, damit nicht er gleich wieder versperrt würde, und die Franziskaner den Ort verlören, wenn die Sarazenen und orientalischen Christen von jenem etwas erfahren sollten. So konnten die Minoriten aus der Niklauskapelle, die man früher schon und auch später Katharinakirche nannte, in die Geburtskapelle gelangen, ohne daß sie

----

1 Il (escalier) est tres obscur, et ce n'est qu'à la faveur des lampes qui y brûlent continuellement qu'on y descend. *Ladoire.* Durch 2 Lampen erleuchtet, von denen die eine vor einem Bilde unserer l. Frau, die andere vor einem Bilde des h. Franziskus brennt. Geramb. Vgl. *Legrenzi* 1, 184.

2 Richtig zählte so auch Prokesch (116). 22 Stufen haben Fürer und Surius. Es wäre möglich, daß später bei einer Ausbesserung eine Stufe mehr gelegt wurde. Ganz unzuverlässig sind Legrenzi mit 35 Stufen und Ladoire mit 14 oder 15. Nach Amicos Grundriß, dem ich hier nicht hätte folgen sollen, wäre früher die Stufenzahl größer gewesen. S. Binos in der Anm. 6 zu S. 126.

3 Maximam partem e rupe excisi. *Fürer.* Scala tagliata nel sasso. *Legrenzi. Ladoire.* Surius sagt, daß die Stufen von Steinen (pierres) seien.

4 Tuchers Worte (667): „Studen in derselben Capell (der Geburt) gehet man auch in ein Grufft einen verborgenen Gang," sind zwar nicht sehr bestimmt, erhalten aber die erwünschte Erklärung durch Fabri, der sagt (Reyßb. 259), daß man weiter kommt „auß der Capellen (der unschuldigen Kinder) in einen engen heimlichen Gang, der ist durch die Felsen newlich gehawen." Nach Tschudi (278) war der geheime Eingang vor langen Jahren gemacht.

mehr nöthig hatten, durch die große Kirche zu gehen[1]. Noch im J. 1507 war der Gang nicht offenkundig, durch welchen die lateinischen Vereinsbrüder, wenn sie den Gottesdienst feiern wollten, den Ornat, die Kelche und was sie Kostbares hatten, hin- und hertrugen, und jener um so erwünschter, als sie dies in der oberen Kirche nicht öffentlich thun durften[2]; ja 1519 noch nicht[3]. Nach der Mitte des sechszehnten Jahrhunderts erst scheint der Gang, dem Geheimnisse entzogen, von den lateinischen Mönchen, wie von den Pilgrimen ohne Hinderniß benutzt worden zu sein[4]. Die einstigen Besorgnisse des Barfüßervereins gingen in der Mitte des vorletzten Jahrhunderts wirklich in Erfüllung. Im J. 1652 hieß es, daß die Griechen am Westende der Geburtskapelle die Thüre zugemauert haben, wodurch man sonst aus derselben zu der Kapelle Josephs und der unschuldigen Kinder und zu der Katharinenkirche kommen konnte[5]. Diese unchristliche Sperre bestand noch 1674[6]; wie viel länger aber, weiß ich nicht. In unserem Zeitalter trug man gleichsam klageweise vor, daß der den römischen Katholiken erlaubte Eingang westwärts sich richte und unterirdisch sei[7].

---

1 *Fabri* 1, 452; 2, 182; auch Reyßb.: „Durch den heimlichen Gang bin ich dick vnnd offt in die h. Klufft gegangen, vnd 4. oder 5. stundt Mutter allein da gewesen, nach dem als die Bilgri auß Jerusalem von vns scheiden."
2 Est etiam exinde cuniculus abditus, est usque in claustri penetralia protensus. *Georg.* 524.
3 Tschudi.
4 Seydlitz 474 (etwas dunkel). *Fürer* (descenditur).
5 Vne porte qui estoit au bout de cette allée, et que les Grecs usurpateurs . . ont murée. *Dovbdan* 142, 144.
6 Ignaz von Rheinfelden 128. Troilo 402. *Nau* 417. Dieser sagte, daß man in der Nähe der vermauerten Thüre einen Altar errichtete, um der Geburtskapelle so nahe, als möglich zu sein, weil die Griechen den Franziskanern nicht gestatteten, in derselben Messe zu lesen.
7 Protesch 115.

Ein vierter Eingang führte aus dem Kreuzgange[1] des
Kapuzinerklofters in die sogenannte Zelle des Hieronymus,
wo er die Bibel übersetzt haben soll, von West nach Oft[2]
auf achtzehn Stufen[3] hinab. Den alten zugemauerten Ein=
gang bemerkt man jetzt noch in der Zelle gegen Abend, wo
drei Stufen und die Spuren einer Thüre sich vorfinden.
Die Zumauerung des nutzlos gewordenen Einganges geschah
um das J. 1590 auf Anordnung der Franziskaner[4]. Man
darf nicht außer Acht lassen, daß die Zelle Hieronymus' in
früherer Zeit mit der Geburtskapelle in keiner Verbindung
stand, und daß sie daher einen besondern Eingang vom
Kreuzgange aus hatte. Sobald aber die Franziskaner von
ihrer Kirche zur Kapelle der unschuldigen Kinder einen Stollen
trieben, mußte es ihnen einfallen, daß zwischen dieser Kapelle und
jener Zelle durch einen Querstollen von etwa einem Dutzend
Fuß Länge leicht eine Verbindung zu erzielen und die ganze
Gruppe von Grüften in Zusammenhang zu bringen wäre,
wodurch dann der westliche besondere Eingang in die Hiero=
nymuszelle überflüssig würde. Von diesem Querstollen er=
halte ich übrigens nicht vor dem J. 1556 Kenntniß[5]. War

---

1 Vnd wie man in Creutzgang kompt, so gehet ein Stiegen hinab vn=
ter der Erden. Gumpenberg 464. Albrecht v. S. 2109 fg.
Tucher 667. De ecclesia exivimus in ambitu et ad latus sinistrum,
et in ambitu per quoddam ostium ingressi . . descendimus. *Fabri*
1, 438.
2 S. vorzüglich die Grundrisse, auf dem meinigen Buchstaben a.
3 Gumpenberg, Tucher, Tschudi. Fabri hat 19 Stufen und
Albrecht v. S. gar 24.
4 Ad occidentale ejusdem sacelli latus scala est lapidea, per quam
olim ad superius delubrum (schwerlich) ascendebatur; ostium (ostio)
tamen a Minoritis postmodum obstructo, ab aliquot hinc annis nul=
lius usus esse coepit. *Cotov.* 236.
5 Giengen wir auß der Geburtskapelle . . hinden zu einem andern
Thürlein auß, vnd kamen in ein Gewölbe, darinnen man ein theil
der Vnschuldigen Kindlin getödtet vnnd begraben hat. Auß diesem
giengen wir auff die lincke hand, in eine finster Capellen
(mit dem Grab des Hieronymus). Seydlitz 476. Tucher ging

zu dieser Zeit und einige Jahrzehn später der Eingang von der Zelle Hieronymus' offen, so konnte man mithin damals vom Kreuzgange des Kapuzinerklosters zur Geburtskapelle gelangen.

Nahe der Kapelle der unschuldigen Kinder, auf der Süd= oder Westseite des Ganges, zwischen dem westlichen Ausgange der Geburtskapelle und jenem Quergange, der in das Paar Grüfte des Hieronymus und der Paula führt, zeigt sich ein verschlossener Eingang der Armenier, der zwar ihrem Kloster nicht entspricht, etwa senkrecht unter dem Be= rührungspunkte des von Nord gegen Süd gerechneten ersten und zweiten Viertels der Linie, welche man von der West= ecke des nördlichen Chorflügels zur Westecke des südlichen zieht. Es konnte unschwer von hier aus bis zu der südlichen Klosterwohnung ein Stollen getrieben werden, und zwar um so leichter, als man weiß, daß in der Nähe sich Gewölbe vorfinden. Von diesem Eingange, als einem unter der Erde verborgenen, fand ich in dem anderletzten Jahrhunderte nur ein paar Male Erwähnung[1].

Wir müssen uns nun über die Lage der Geburtskapelle[2]

---

(667) mit der Prozession zuerst zum Chor der Marienkirche u. s. f., dann erst in die Zelle des Hieronymus. Man vgl. später die Ge= schichte der Prozession. Weil damals der Mittelgang fehlte, mußte der Bittzug einen großen Umweg machen. Das anscheinend Wider= sprechende, als hätte Albert Herzog von Sachsen von der Zelle Hieronymus' direkte die Gräber der unschuldigen Kinder besucht, kann hier keinen Ausschlag geben. Man vgl. auch das, was Kootwyk über den Eingang der Katharinakirche her S. 273 sagt. Wenn ich Tschudi recht verstand, gab es auch von der großen Kirche einen Eingang in die Gruft mit dem Altare Eusebius' (Südkammer neben der Hieronymuszelle).

1 Auf den bekannten Grundrissen. Der ältere von Zuallart hat noch nichts dergleichen.

2 Sacellum Nativitatis. *Fürer* 66. Bei Quaresmius öfter (z. B. 2, 640) Basilica Nativitatis Domini. Grotte der Geburt. Pro= lesch 114. Roberts.

die man auch die Krippekapelle[1] und die heilige Höhle (ό άγιον σπήλαιον)[2] nannte, etwas genauer erkundigen. Sie richtet sich in ihrer Länge, wie die darüber und gegen Süd und Nord weiter hinausstehende Basilika, von Ost 15° Süd nach West 15° Nord, während der östliche Hügel, an dessen ziemlich gähen Nordabhange[3], nur eine geringe Zahl Schritte unter seinem Scheitel, jedoch so weit unten, daß man nicht in den südlichen Wâdi er=Rahi'b hinabsieht, sie sich ausdehnt, von Ost 10° Süd nach West 10° Nord hinläuft. Die Kapelle, an und für sich dunkel[4], aber durch viele Leuchter, von denen manche herunterhängen an der Decke des Schiffes oder Ganges zu andern Kapellen, auch silberne und Geschenke von Venedig, Frankreich, Oesterreich[5] (mit dem Doppeladler), Spanien, erhellt[6], ist nicht sehr

---

1 Die Grundrisse. Doch muß in strengem Sinne unter Krippe-
 = kapelle nur der Nebenraum verstanden werden, welcher die Krippe
 enthält. Zu diesem Namen führte wohl die Hypothese Quaresmius' (2, 627 sqq.), daß die Krippe ein vom Chân („Cham") in
 der Stadt ganz geschiedener Ort (Höhle) für solche war, qui in diversorio civitatis hospitari non poterant (628a).
2 *Phocas* 27. Τò άγιώτατον σπήλαιον. Ή Άγία Γή 81.
3 In declivio ad partem aquilonarem oppidi. *Fabri* 1, 465. Außerhalb
 nördlich und unter der Stadt. Tschudi 270. Ligt gegen Auffgang,
 da vorzeiten die alten Stadtmawren gestanden. Schwallart 303.
 Dessous les murailles de la Ville, taillée dans la pierre vive du costé
 d'Orient. *Surius* 527. Meine beigegebene Ansicht von Ost aus zeigt
 besonders deutlich, wie stark der Boden an der Stelle der Kirche nach
 Mitternacht abfällt.
4 Ohne Fenster. Ignaz v. Rh. 129. Troilo 395. Nur durch Lampenlicht erhellt. *Surius* 527. Geramb 1, 156. Röser 447.
5 *Light* 167. Schubert 3, 20.
6 Nie erlischt das Lampenlicht. Troilo. *Ladoire* 201. Geramb.
 Der Rauch schwärzt die Kapelle. Kootwyk (232), Ladoire u. A.
 Im siebenzehnten Jahrhunderte brannten 15 Lampen (Scheidt 70),
 10 vor der Geburtsstätte und 5 vor der Krippe, im letzten Jahrhunderte ebenso viel goldene und silberne (Binos 209), nach einer
 andern Angabe jedoch etwa 30 (Ladoire); 1829 hielten die Christen 19 Lampen, nämlich die Lateiner 9 und die Armenier 10 (Prokesch 115), im letzten Jahrzehn insgesammt 32 (Geramb, Röser,
 Schubert) und zwar von Silber (Röser).

groß[1], indem sie in der Länge (von Ost nach West) 37′ 6″[2], in der Breite 11′ 9″[3] und in der Höhe gegen 9″[4] mißt, und die Tiefe oben vom Boden des Chors 9′ 4″ beträgt[5]. Diese Kapelle ist mithin viel kürzer und schmäler, als der Kirchenchor; denn das Ostende derselben entspricht dem Anfange (Westende) des Chorbogens und das Westende der, aber noch einige Fuß in den Chor fallenden, Linie, in welcher dieser und das Schiff sich berühren; die Seitenwände dieser Kapelle sind noch enger gezogen, als der Chorbogen, so daß von der Südwand derselben bis zum senkrecht unter dem Südende des Südflügels liegenden Punkte gegen 50′ gemessen würden. Im Ganzen wäre die Form eine länglich viereckige, wenn sie sich nicht durch ein weiteres Eingreifen gegen Mittag dem unregelmäßigen Dreiecke näherte[6]. Der Boden der Kapelle ist mit weißen, schwarz- und rothaderigen Marmorplatten belegt[7], die man, wie mich ein Franziskaner

---

1 Nicht fast groß. Tucher 667.
2 So *Chateaubriand* 1, 301. Prokesch 114. 40′ haben Schwallart (303), Kootwyk (232), Boucher (279), Surius (526), Binos (208); 35 Schuh Gumpenberg; 30 Schuh Tschudi (276); 20′ Anshelm (1290); 40 Spannen Troilo (395); 64 Ellen Fürer (66); 18 Ellen Radzivil (170); 12 Schritte Röser (447), etwa 15 Schubert (3, 20), 16 Scheidt (71).
3 So Prokesch; dagegen hat 11′ 3″ Chateaubriand, 12′ Schwallart, Kootwyk, Boucher, Surius, Binos, 10 Schuh Gumpenberg und Tschudi, 24 Ellen Fürer, 9 bis 10 Radzivil, 4 Schritte Röser und etwa 5 Schubert.
4 9′ Chateaubriand und Prokesch; die unmögliche Höhe von 15′ findet man bei Schwallart, Boucher, Surius, von 14′ bei Binos, von höchstens 13 Spannen 11 Zoll bei Troilo, von 2 Mannslängen bei Schubert.
5 10 bis 12′ tief unter der Erde. Joliffe 120. 7 — 8′ plus bas que le terrain environnant. *Duc de Raguse* 3, 47. Etwa 12′ tief unter der Ebene des Kirchenbodens. Schubert.
6 Ein Oblongum, mit der Krippe ein Dreieck. Cotov.
7 Mit marmelsteyn das pauiment besetzet. Breydenbach Kia. Buden der Boden ist durauß von allerley Marmelsteinen, auff die Türckische art, gar schön eyngelegt vnd gearbeytet. Helffrich 718. Aschgraue Marmorplatten. *Quaresm.* 2, 629b. Le pavé est cou-

verſicherte, gefliſſentlich zerſpaltete, auf daß es die Moham=
mebaner nicht gelüſten ſollte, dieſelben zu rauben[1]. Die Wände
beſtehen theilweiſe aus Marmortafeln[2], hinter denen nörd=
lich, wo wegen Baufälligkeit ein Theil ſich ablöste, die
Mauer zum Vorſcheine kommt, theilweiſe ſind ſie angeblich
mit Seidenſtoffen behängt[3]; allein ich fand, wenigſtens an
der Nordwand, ſehr alternde Leinwand, an der antike Ge=
mälde ein eben anweſender Franziskaner hoch ſchätzte. Wie
dem auch immer ſei, die Wände waren vor dem J. 1719
gar nicht mit ſolchem Zeuge behängt, ſondern gänzlich mit
Marmor[4] gefüttert, einmal mit weißem, den ſchwarze Adern
durchzogen[5], dann mit grauen, blaugeſprengten, langen Mar=
mortafeln[6], ſpäter mit weißem[7] und 1719 mit grauem,
wellenartig geſtreiftem Marmor[8]. Beſonders rühmte man
im J. 1646 die Marmorbekleidung; 6′ hoch waren die
Wände mit etwa vierzig der ſchönſten weißen und halb
ſchwarz=, halb grauaberichten Marmortafeln ſo überzogen,

---

vert de grandes pierres de marbre, le plus beau qui se puisse jamais voir. *Surius* 527. Weißer Marmor. Troilo 398. Schöne
Marmorſteine. Röſer. Wenn man heute den unſcheinbaren Mar=
morboden ſieht, und ſchon dieſe hiſtoriſchen Notizen mit dem Aus=
ſpruche Chateaubriands (1, 301) zuſammenhält, daß dieſe und
andere Verzierungen von der Helena herrühren, ſo weiß man nicht,
ob man mehr über die Unwiſſenheit oder über die Frechheit dieſes
Gewährsmannes erſtaunen ſoll. Es iſt doch wenig von sens noth=
wendig, um ſchon a priori zu begreifen, daß ein ſo oft betretener Bo=
den nach und nach ausgetreten wird (höhlt doch der Waſſertropfen
den Stein), und daß er hin und wieder neu belegt werden mußte.
1 Das Gleiche erfuhr der Chorherr Salzbacher (2, 169), der meh=
rere Marmorſteine am Boden zerbrochen ſah, vom Pfarrer Pater
Mariano.
2 Bedeckt de dables de marbre blanc et cipolin. *D'Estourmel* 2, 116.
Schwallart 2, 493.
3 Proteſch 115.
4 *Albert. Sax.* 2110. Marmore contabulatum. *Fürer.* Billinger 93.
5 Helffrich 718.
6 Rauchwolff 644.
7 *Quaresm.* (weiß mit ſchwarzen Adern). Troilo 396.
8 Tables de marbre gris ondoyé. *Ladoire.*

daß sie wie ein Spiegel einen Glanz warfen[1]. Die Decke
ist unansehnlich[2], so wie überhaupt die Kapelle nicht den
Eindruck eigentlicher Schönheit zurückläßt, bie man, z. B.
im fünfzehnten[3] und sechszehnten Jahrhunderte[4], wie ich
nicht zweifle, mit Recht pries. Ich begreife nicht, wie man
vor Zeiten sagen konnte, daß in dieser Kapelle ein besonders
guter Geruch verbreitet war[5], gar wohl aber, daß man biesen
Ort für einen vorzüglichen vor allen andern in Palästina
hielt[6], den Ort, wo man die Menschwerdung der Gottheit
glaubte. Jerusalem erinnert den Pilger meist an die Leiden
und den Tod Jesus', Bethlehem aber an ein so freuden=
reiches Ereigniß, welches ihn süß begeistert. Welchen Schau=
platz der Verehrung, so verschiedener Stimmungen bot die
Kapelle schon dar, wenn auch ihre baulichen Künsteleien,
ihre Entfremdung von dem ursprünglichen Zustande in dem
gebildeten, genügsamen Pilger zum Theile peinliche Gefühle
erregen[7]. Aus Ehrfurcht zog man im Chor die Schuhe

---

1 *Surius* 527.
2 Bei Bernardino Amico (Tav. VI) ist die Kapelle bis zur West=
thüre gewölbt. Man konnte, schrieb Kootwyk, nicht erkennen, was
an dem Gewölbe war, so rußig und alternd sah es aus. Quares=
mius sagt: Camera olim tota opere musaico operiebatur: sed in
praesentia totum fere antiquitate corruit, et ad ejus ornatum et de=
corem, secundum tempus, alia superinducuntur ornamenta. Nachher
will Troilo (399) mit Gold künstlich gezierte, freilich durch den
Ruß der Lampen geschwärzte Arbeit am Gewölbe gefunden haben.
D'Estourmel sah das Gewölbe mit Tuch ausgeschlagen und Hail=
bronner (2, 301) das Felsenbach, wozu besondere Augen von
Cartons gehören, vom Lampenrauche geschwärzt.
3 Gar in ein schöne Capellen. Tucher.
4 Schön gebawet. Seydlitz 474. Wunderschön. Billinger 93.
5 Redolet enim ex hoc loco, qui tamen vacuus cernitur, omni materia
odorifera, adeo intensus odor, ac si esset apotheca aromatum, su=
perat tamen omnem vim pigmentorum. Das sei nicht parabolisch ge=
meint, sondern in veritate. *Fabri* 1, 442.
6 *Fabri* 1, 445.
7 Die Geburtskapelle scheint wenig übereinstimmend mit dem Geiste
des Geheimnisses, daß man einen Ort so ausgeschmückt und berei=
chert hat, welchen die Meisten der Welt nur beswegen einem andern

aus¹ und stieg in den künstlich erleuchteten Raum hinab. Da konnte man tief bewegt und aus lauter religiöser Wonne die Thränen nicht zurückhalten², oder auch es mischte sich in die Freude ein Schauer, der durch alle Glieder fuhr, beim Gedanken, daß man unwürdig sei, diesen irdischen Himmel zu betreten, in welchen, gleichwie in die Wohnung der Seligen, nichts Unreines oder Beflecktes eingehen sollte³. Als die gottbegeisterte Paula in Bethlehem einzog und in die Höhle des Heilandes trat und die heilige Herberge der Jungfrau sah, so betheuerte sie vor den Ohren ihres geist= lichen Lenkers Hieronymus, daß sie mit den Augen des Glaubens das in Tüchern eingewickelte und wimmernde Kind, die anbetenden Weisen, den Stern über der jungfräu= lichen Mutter, den muntern Säugling, die Hirten, als sie herbeikamen, die getödteten Kleinen, Herodes in seiner Wuth, Joseph und Maria auf der Flucht nach Egypten erblickte, und sie sprach mit Freudenthränen: Sei gegrüßt,

---

vorzogen, weil er armselig und verlassen war. Da sieht man, wie man der Religion überall schadet, wenn man ihr dienen will. *Mariti* 2, 382. Je regrettais la nudité du rocher, la rusticité de l'étable; ces tentures, qui lui donnent l'aspect d'un salon, sont-elles bonnes à autre chose qu'a recéler la peste. *D'Estourmel* 2, 118. Um diese Stelle ganz zu verstehen, muß man wissen, daß der Graf die Ge= burtskapelle während einer Pestepidemie besuchte.

1 Rauchwolff 644. Schwallart 304. *Surius* 523. Ignaz von Rheinfelden, s. Anm. 1 zu S. 98. Die römischen Katholiken, wenigstens die fremden, thun dies heute nicht mehr.

2 L'ame devote y gouste, je ne sçay quelles delices spirituelles, si douces, et si fort attirantes qu'on y demeureroit jour et nuit sans ennuy. On a du mal assez de contenir les larmes qui coulent sans cesse des yeux plus douces que les eaux d'Hesebon. *Surius.* Es gibt wahrhaft keinen Ort auf der Welt, wo das Herz eine süßere Rüh= rung empfinden könnte, als in dieser Grotte ... Diese Gedanken (an Jesus, Maria und Joseph) erfüllen meine Seele mit un= aussprechlichen Empfindungen, welche meine Feder vergebens nieder= zuschreiben versucht. Ich bete, ich seufze, ich erhebe meine mit Thrä= nen gefüllten Augen zum Himmel. Seramb 1, 160.

3 *Ladoire* 196.

Bethlehem, du Haus des Brotes[1]. Um die Marcella zur
Verlegung ihres Wohnsitzes nach Bethlehem zu bewegen,
verliehen dem beredten Briefe der Paula und Eustochium
besonderes Gewicht die Worte: Hier in diesem kleinen Er=
denloche ist der Erbauer des Himmelreiches geboren worden,
hier war er in Tüchern eingewickelt, hier gesehen von den
Hirten, hier gezeigt von dem Sterne, hier angebetet von
den Weisen[2]. Auch mancher Protestant, welcher sich sonst
gerne auf das Feld der freien Prüfung hinstellt, blieb an
dieser Stätte nicht kalten Herzens, auch er versank in reli=
giöse Betrachtungen, und ein protestantischer Pilger aus dem
sechszehnten Jahrhunderte flehte in seiner alten derben Weise
die Gottheit an, daß sie ihn dieser seligen Geburt wider
seine verdammte Geburt ohne Unterlaß trösten wolle, daß
er an jener in Lieb' und Leid, in Glück und Unglück, in
Verfolgung und Trübsal während dieses vergänglichen Le=
bens eine herzliche Freude und ein stätes Wohlgefallen
habe[3].

Die Natur will neben dem Lichte den Schatten, duldet
neben der Tugend das Laster, neben der Gottseligkeit die
Ruchlosigkeit, neben der Gesundheit die Krankheit. Neben
dem süßen Thränentropfen, welcher den Wimpern entquoll,
neben der gepreßten Brust, der fromme Seufzer entstiegen,
neben dem Menschen, welcher mit heißem Willen den alten
ablegte, befleckte die Stätte auch hin und wieder ein von
einem bösen Geiste besessener Mensch; denn es gibt Sterb=

---

1 *Hieronym.* in epitaphio *Paulæ*. Ganz ähnlich schrieb Rauchwolff
und Schwallart, letzterer: Wem sol das Hertz nicht von Frewden
auffspringen, wann er im Geist anschauwet diß zarte Kindlein, dann
in dem Krippelein, dann auff den Armen seiner keuschen vnnd vnbe=
fleckten Mutter ligen? u. s. f.
2 *Paulæ* et *Eustochii* epist. ad *Marcellam*. In den opp. *Hieronymi*, und wohl kopirt aus dessen Sendschreiben an letztere Frau.
3 Rauchwolff.

liche, die keine Gesetze zu besserer Aufrechthaltung der Ord=
nung in der menschlichen Gesellschaft anerkennen, viel weniger
ehrwürdigen; Indentaghineinlebende, denen keine andere
Schranke gilt, als die der eisernen Nothwendigkeit, als die
des Todes, der erst ihren verderblichen Gedanken und Hand=
lungen ein Ziel setzt. Es ist eigentlich nicht Freigeisterei,
die solche Menschen leitet, sondern Bösgeisterei, weil diese
nicht frei ist und macht. Welcher Leser erwartet, daß ich
von Raub und Unzucht erzählen werde? Im fünfzehnten
Jahrhunderte war es Brauch, daß jeder Pilger, zu Verwen=
dung für die Gebäulichkeiten, etwas auf den Altar der Ge=
burtskapelle legte. So kam es, daß, als Pilgrime Gold, Sil=
ber, goldene Ringe darbrachten, ein Ritter hinzutrat und
einen Dukaten auf den Stein hinwarf. Ihm folgte ein
orientalischer Pilger, der sich zum Küssen des Ortes neigte
und unterdessen zwei nähere Dukaten abstreifte. Man ergriff
den Dieb und fand das Geld in der Hand[1]. Im J. 1847
wurde der große silberne Stern, der, wie wir später verneh=
men werden, über der muthmaßlichen Stelle der Geburt[2]
angebracht war, gestohlen; die römisch=katholischen Christen
in Jerusalem beschuldigten des Diebstahls die Griechen, und
der französische Konsul gab sich Mühe, die Schuldigen zu
entdecken, dem türkischen Statthalter aber war die Sache
gleichgiltig. Aus dem fünfzehnten Jahrhunderte erfährt man
die merkwürdige Geschichte, daß ein Christ eine unreine Liebe
zu einer Sarazenin hatte. Diese widerstand lange den star=
ken Zumuthungen, bis sie endlich sich nachgibig erklärte, un=
ter der Bedingung, daß sie nur in der Kirche der Geburt
Jesus' und zwar in der Geburtskapelle den unkeuschen
Willen erfüllen wolle. Allein hier angelangt, entrann sie,

1 *Fabri* 1, 460 sq.
2 Allg. Augsb. Ztg., 1848, 168ª. Ich setzte Geburt für Krippe.

schlug unter den Sarazenen Lärm, wie schlecht die Christen
wären, und durch diesen Vorfall seien jene besonders an=
gefeuert worden, die Christen aus Palästina zu verdrängen[1].
Ein Spanier beschuldigte öffentlich die Griechen, daß sie in
der Geburtskapelle Unzucht treiben, weil sie von der Mei=
nung ausgehen, daß eine dort erzeugte Frucht ein Kind des
Lichtes sei[2]. Was Wahres oder Falsches an dieser Behaup=
tung sei, kann ich nicht auf eigene Erkundigung hin aus=
einandersetzen, muß im Uebrigen bekennen, daß der fast
unendliche Aberglaube der Griechen das Unerhörte nicht
unglaubwürdig macht. Viele, welche inne werden, daß selbst
Moslemin mit Ehrfurcht der gefeierten Stätte nahten, wer=
den über eine solche Entweihung um so tiefer entrüstet sein.
Gegen diese ist es fürwahr ein gewaltiger Abstand, wenn
man erfährt, wie der Mohammedaner in dem Christen=
tempelchen, gleich als wäre er in einer Moschee, betend auf
das Antlitz sich niederwarf und den Boden küßte[3], wie er
beim Ankommen und Weggehen dem Altare niemals den
Rücken kehrte, wie er nicht bloß von Jerusalem oder an=
derswoher nach Bethlehem wallfahrtete, sondern auch der
Hâdschi auf dem Wege nach Hebron oder Mekka diesen Ort
besuchte[4]. In der Ueberlieferung von der nächtlichen Him=
melfahrt des Propheten Mohammed lautet es, daß Gabriel
zu ihm sprach: „Steig herab und verrichte das Gebet", und
nach Verrichtung des Gebetes sagte er zu ihm: „Weißt du,

---

1 *Fabri* 1, 473 sq.
2 Emanuel Garcia in seiner Schrift: Derechos legales y estado
de Tierra Santa. Palma, Felipe Guasp, 1814. P. 140.
3 Ich habe offt vnd vict gesehen, daß die Heyden da auff die Stett
niderfielen auff ihr Angesicht, vnd die Statt mit Seufftzen vnd wey=
nen geküsset. Fabri 259. Les Turcs, je ne sçay par quelle devotion, viennent de toutes parts faire leurs prieres en ce lieu avec
une si grande humilité, baisans et lechans son pavé avec mille
exclamations. *Surius* 528 sq. Vgl. oben S. 98, Anm. 1.
4 Schwallart 304. *Surius* 529.

wo du gebetet haſt? Du haſt gebetet in Bethlehem." Ab=
dallah, der Sohn des Amru Alaß, ſchickte Oel, um Beth=
lehems Lampen an Jeſus' Geburtsſtelle anzuzünden[1], was
zum Beweiſe mitdient, daß ſeiner Zeit von den Mohamme=
danern der Ort in Ehren gehalten warb. Heutzutage ſcheint
für Bethlehems Heiligthum die Liebe bei den Moslemin
bedeutend erkaltet zu ſein; ich ſah wenigſtens nie einen in
der Kirche oder Kapelle, und erfuhr auch niemals, daß das
Städtchen für ſie ein Wallfahrtsort mehr ſei. Es war übri=
gens ein günſtiges Zuſammentreffen der Verehrung von
Seiten der Chriſten und Mohammedaner; denn ohne das=
ſelbe wäre der Ort weit mehr der Beraubung, Verwüſtung,
Entheiligung durch die letztern preisgegeben geweſen.

Was den Beſitz der Kapelle betrifft, ſo vermag ich eine
nur ſehr lückenhafte Geſchichte zu liefern. Im J. 1616
trugen die Franziskaner als Beſitzer die angelegentlichſte
Sorge für die Kapelle[2]. Kurz vor dem J. 1656 wurde
ihnen der Beſitz entriſſen[3], bis er ihnen wieder im J. 1698
von der ottomaniſchen Pforte förmlich zuerklärt wurde[4], und
es iſt gewiß, daß die Kapelle in der erſten Hälfte des vori=
gen Jahrhunderts den Lateinern gehörte[5].

Diejenigen, welche bei Beſtimmung der Geburtsſtätte
nicht mit Fuß und Zoll ſo genaue Abrechnung halten, wer=
den mir nicht verübeln, daß ich dieſe Stätte noch nicht mit

---

1 *Medschired-din* 134 sq.
2 Della Valle 1, 157.
3 Ignaz von Rheinfelden 131. Dagegen ſchrieb Monconys
(1, 315): Les Grecs tiennent ce Sanctuaire depuis huict années
(alſo von 1639 bis 1647) qu'ils l'ont osté aux Peres Cordeliers.
4 Hammers Geſch. des osman. Reiches. 6, 758.
5 Korte 118. Die Lateiner ſind die einzigen Eigenthümer der h.
Oerter zu Bethlehem, und weder die Griechen, die hier doch ein
Konvent haben, noch andere Sekten dürfen ſolche ohne Erlaubniß
der Lateiner beſuchen. Haſſelquiſt 167. Man ſehe auch S. 122 ff.
über den Beſitz der Marienkirche.

dem Finger zeigte. Ich kann mir aber vorstellen, daß An=
dere genauer rechnen, und mit Gespanntheit eine nähere
Auskunft erwarten. Ich werde nun diese sofort ertheilen,
aber, ich soll es gestehen, mit weniger Begeisterung, als ich
überhaupt für Bethlehem fühle. Der Ort, wo nach der
Tradizion Jesus Christus von Maria geboren ward,
liegt mitten am Ostende der Kapelle[1], zwischen dem Treppen=
paare[2]. Hier ist eine gerundete Nische[3], von etwa 8′ Höhe,
4′ Breite und etwas weniger gegen Ost eingreifend[4], nicht
ganz in der Mitte, sondern etwas tiefer durch eine unten
vom Lampenrauche rußschwarze Marmorplatte unterschlagen[5].
Der ebenfalls rußschwarze Boden der untern mit Marmor[6]
ausgelegten Abtheilung der Nische steht etwa $\frac{1}{4}$′ über dem
Boden der Kapelle[7] und besteht aus einer Marmorplatte in
der Mitte mit einem Strahlenkreise von Silber (der, wie
erwähnt, vorletztes Jahr gestohlen wurde[8]). Hier, in der Nische
unter dem Altar, war es denn, wo, laut der Sage, Jesus,
nachdem er den Schooß seiner Mutter verlassen hatte, zu=
erst die Welt berührte. Diese Stelle sah man selbst in den.

---

1 *Anshelm.* 1290. **Regarde l'Orient, et tient le chef à toute la**
grotte. *Surius* 527. Ἐν τῷ μέσῳ τῆς χώρας εἶναι τὸ ἁγιώτατον σπήλαιον, ἔνθα ἐγεννήθη τὸ κατὰ σάρκα ὁ κύ-
ριος ἡμῶν Ἰησοῦς Χριστὸς. ʽΗ ʽΑγία Γῆ 81.
2 Gumpenberg. Röser (447) spricht nur von der rechten Treppe.
Man sehe die bekannten Grundrisse.
3 Ein Loch wie ein Fenster. Gumpenberg. Eine Aushöhlung. *Ans-*
helm. 1290. Ein im Halbzirkel ausgehöhlte Stelle. Schwallart
303. Troilo 396. Prokesch 115.
4 11 Spannen 6″ hoch, 6 Spannen 5″ breit, von O. nach W. 5 Sp.
lang. Troilo. Etwa 9′ hoch, 4′ lang, 5′ breit. Binos 208.
5 Troilo.
6 Weißer Marmor. Schwallart.
7 2½″. Troilo.
8 Ende Mais 1847 sah man eine funkelnde Sonne mit 14 Strahlen,
eingelegten Steinen und der neuen Inschrift: **Hic de virgine** etc.
Wolff 134. S. oben S. 138.

letzten vier Jahrhunderten nicht immer gleich geziert. Im
fünfzehnten Jahrhunderte war ein Stern in einen Stein
gehauen[1], und noch im ersten Viertel des sechszehnten
Jahrhunderts nur ein Stern einfach eingehauen[2]. Im J.
1586 erfahren wir zuerst, daß in der Mitte des Bodens
ein grün gesprenkelter Stein von ½' Durchmesser eingelegt
und mit bunten Marmorstrahlen, wie denen eines Sternes,
umgeben war[3]. Diese Verzierung war maßgebend bis auf
die neuere Zeit, in der man auch den grünen Stein[4] oder
den Jaspis anführte[5]; nur einmal war, statt einer Scheibe
in der Mitte, ein Loch von etwa 8″ Durchmesser[6] offen
gelassen, was aber nicht lange währte, weil man endlich
wahrscheinlich das Unanständige einsah; auch vertauschte
man die Marmorstrahlen des Sternes, schon 1646, an sil-

---

1 Gumpenberg 464. Da ist ein Stern gemachet, An dem selbigen
   Ende hat unser liebe Fraw Gott ihren Sohn geboren. Tucher 667.
   Ein weisser glatter Stein mit einem Stern. Fabri 259.
2 Viagg. al S. Sepolcro F6b. Selbst Radzivil sagt noch (170), daß
   die Stätte nur mit einer Marmortafel bezeichnet war. Auch Quaresmius fand den Stern eingehauen (2, 629).
3 Schwallart. Man sehe auf seiner Ansicht der Kapelle diesen Stern.
4 Kreisplatte grünlichen Marmors zu etwa 4″ Durchmesser. Prokesch.
5 Un Jaspe verd d'une palme de diametre. Surius 527. Porphyr von
   2½″ (?) im Umfang. Troilo. Une pierre de jaspe, un peu enfoncée,
   ronde, de la grandeur d'une assiette. Ladoire 198. Binos 208.
   Chateaubriand 1, 302. D. F. Richter 39. Jolliffe 121. Achat
   und Jaspis. Palæst. 1831, 52. (Serpentinstein. Röser.)
6 Sopra il pavimento si vede un cavo rotondo in marmo finissimo,
   cinto con corona d'argento à modo di raggi . . . Questo buco
   è largo per diametro 8 ditta; e poco disgiunte da esso si vedono
   due meze Lune pure d'argento con picola stella nel mezo, quali
   dinotano il capo del bambino sostenuto nelle braccia della Vergine,
   ambidue figurati nel marmo. Legrenzi 1, 180 sq. Gerade vor dem
   Besuche Legrenzis bauten die Griechen die große Kirche, und es
   ist wahrscheinlich, daß sie bei diesem Anlasse auch die Geburtsstätte
   ausbesserten und abänderten, z. B. die beiden Halbmonde mit dem
   Loche in der Mitte beifügten. Nau scheint (403) noch etwas Aehnliches, wie Legrenzi, wahrgenommen zu haben. Il est pavé d'une
   (pierre) qui est encore plus riche, et qui est percée d'un petit rond

berne[1], selbst an goldene[2] oder doch vergoldete[3]. Im vorletz=
ten Jahrhunderte enthielten die Strahlen sogar Diamanten,
Granaten, Rubinen und andere Edelsteine[4], und auch im
Anfang des letztverflossenen sah man mehrere Diamanten
und anderes edles Gestein[5], jedoch schon 1778 nur noch
zwei, da die übrigen eine Beute der Habsucht oder übertrie=
benen Andacht wurden[6]. Die weiße, marmorene Bodenplatte[7],
in welche die Jaspisscheibe und der Silberstern umher ein=
gelegt war, erschien im ersten Viertel des siebenzehnten
Jahrhunderts gespalten, und zwar verderbten die Minoriten
selbst den Stein, in der Besorgniß, daß es sonst die Türken
nach dem schönen Marmor gelüsten könnte[8]. Aus Verehrung
deckte man die Geburtsstelle mit einem Goldtuche, das man
einzig weghob, wenn die Pilger da ihr Gebet verrichteten[9].
Die von den Pilgrimen oft erwähnte Inschrift: Hic de

à son milieu, où l'on a enchassé une autre de jaspe, ou de porphyre à deux pouces de profondeur. Auch Quaresmius sprach (2,
629) von einem Sterne, in cujus centro cavum est.

1 Au tour dudit jaspe est un cercle d'argent en forme de Soleil, em-
belly de 14. rayons de diverses couleurs. *Surius.* L'Autel sous
lequel il y a vn jaspe de serpentin entouré d'vn Soleil d'argent.
Monconys 1, 314. Samt einem silbernen Blech, oben ringsum als
wie ein Stern eingefaßet, welcher 14. Strahlen hat, per Diame-
trum ist er 2. Spannen breit. Troilo. Une bordure d'argent,
avec des rayons de même métail qui forment une belle étoile. *Ladoire. Binos. Chateaubriand. Richter. Joliffe. Prokesch.*
2 Ein sechseckiger, goldener Stern. Sieber 49.
3 Röser.
4 *Surius.* Les rayons sont ornés de grosses pierreries et diamans.
J'en ai compté jusqu'à six-vingt, entre lesquels il y en a de gros
comme le pouce. Voyage 1699. 82.
5 *Ladoire.*
6 Binos 208 fg. Röser. Vgl. S. 138.
7 Der schönste, polirte, weiße Marmor. Troilo. Binos. *Chateaubriand.* Richter.
8 *Quaresm.* 2, 630. Troilo.
9 *Surius.* Capellula hæc sericis tapetis et pannis ornatur. *Quaresm.*
2, 630.

virgine Maria Iesus Christus natus est[1], die ich nicht
sah und schwerlich übersah, fand ich erst im zweiten oder
dritten Jahrzehn des vorletzten Jahrhunderts[2]; denn etwa
dreißig Jahre vorher las man die Worte etwas anders:
Hic de virgine Maria Iesus Christus nasci dignatus
est[3]. Im J. 1821 fand man bei der Inschrift die Jahreszahl MDCCXXIX; vermuthlich wurde in diesem Jahre
das Kleinod geschenkt oder erneuert[4]. In der Nische brennen
mehrere Lampen unter dem Altare, von dem sie herabhän-
gen[5]. Eben als ich anwesend war, wollte ein Armenier eine
Lampe speisen und zerbrach das Glas; beim ganzen Vorfalle zeigte sich eine Andachtlosigkeit und Kaltblütigkeit, wie
man sie aus allen Tempeln verwünschen würde. Jene Platte,
welche unmittelbar über der Geburtsstelle angebracht ist,
dient heute[6] als Altar, wie schon längst[7]. Oben hinter dem
Altare rühmte man ein Gemälde, welches die Geburt Jesus'

---

1 Hier wurde von der Jungfrau Maria Jesus Christus geboren.
S. auch *Bartlett* 209 und Anm. 8 zu S. 141.
2 *Quaresm. Surius.* Troilo 395. (Jesus Dominus) *Legrenzi* 1,
180: Die Buchstaben waren kreisförmig eingehauen und vom Strah-
lenkranz bedeckt. *Ladoire:* Inschrift in den Silberring gravirt. *Chateaubriand.* Richter, Geramb 1, 157, u. A.
3 Diese Stätte würdigte Jesus Christus, daß er von der Jungfrau
Maria geboren ward. Radzivil 170. Auch hier schrieb Igna
von Rheinfelden (129) diesen Gewährsmann ab.
4 Berggren 3, 142. Die Edelsteine scheinen zwischen dem J. 1719
und 1729 verschwunden oder gestohlen worden zu sein.
5 5. lampadi d'argento pendenti sotto il detto Altare. *Legrenzi* 1,
181. 6 Lampen unter dem Autel, et devant l'on en voit une grosse
couverte de fleurs de lys, qui marquent le Monarque qui a fait un
si riche present. *Ladoire* 198 sq. Das Gleiche schon im Voyage
1699. 82. 14 Lampen. Prokesch. 16 Lampen. Geramb 1, 157.
6 Von 2 Säulen getragen. Geramb.
7 Gumpenberg. In eodem loco illius cavaturæ est altare. *Anshelm.*
1291. Viagg. al S. Sepolcro. Schwallart. Καὶ ἄνωθεν ἔχει
ἁγίαν τράπεζαν τῶν ὀρθοδόξων. Ἡ Ἁγία Γῆ 81. Eine
große Marmortafel von 4' Höhe (?) und Länge, 2½' Breite. *Surius* 528. Weißer Marmor. Troilo. Un petit autel. *Ladoire* 197.
Binos.

darstellte[1]. Es scheint dieses Altargemälde von Jakob Palma herzurühren, der zu seiner Zeit auch andere Gemälde verfertigte, und der berühmteste Künstler des Orients war[2]. Einst prunkte auf jeder Seite über dem Altare ein Engel[3], von dem man freilich jetzt nichts mehr sieht, und unter demselben will man in der seitlichen Marmorverkleidung das Bild der Jungfrau, als ein Spiel der Natur, erkannt haben[4]. Oben an der Stelle der Engel scheint jetzt der nackte Fels dazustehen; es ist aber abgekratztes Mauerwerk.

Um das J. 1620 waren im Besitze des Altares die Griechen[5]. Im dritten Viertel des vorigen Jahrhunderts durften die römischen Katholiken hier die Messe nicht lesen[6]; auch im verwichenen Jahrzehn gehörte das Heiligthum der Geburt den Griechen[7], und diese theilen nunmehr den Besitz mit den Armeniern.

Ich habe jetzt vor, mich in die Geschichte der Geburtsstätte tiefer einzulassen. Die urälteste Meldung von der Geburt des Herrn gibt uns das Evangelium. Ich zeigte oben[8] schon, daß dieselbe, nach den Urkunden, in Bethlehem vorfiel, ohne daß der Ort näher bestimmt worden wäre. Wir wissen nicht einmal sicher nach dem Terte der Bibel, ob die Geburtsstätte in der Stadt selbst lag; doch ist es sehr wahr-

---

1 Eine alte Tafel. Radzivil. Schwallart. Die Geburt Jesus'. Quaresm. Gar schön. Ignaz von Rheinfelden 129. 1674 hatten die Griechen ein schlechtes Gemälde hingestellt. Nau 403. Prokesch 115.
2 Vgl. *Mariti* 2, 381.
3 Man sehe die Abbildungen bei Zuallart und Pocock.
4 A laquelle (Image) il manque peu de chose pour être un portrait achevé. *Ladoire* 198.
5 S. die fünftletzte Anm.
6 Binos 208.
7 Geramb 1, 159. Röser 447. Vgl. oben S. 140.
8 S. 32.

ſcheinlich[1], und dieſe Meinung könnte etwa eine mehr, denn tauſendjährige Tradizion unterſtützen, nach welcher das erſte Badwaſſer des neugeborenen Kindleins über die Stadtmauer hinausgeleert wurde[2]. Nach der Geburt erhielt die Familie zwei Beſuche, gleich einen von den Hirten in einem Chân (Herberge), wo auch eine als Wiege dienende Krippe mit dem Kindlein Jeſus war; denn ſeine Aeltern fanden ſonſt keinen Ort oder keinen geeignetern Platz für das Söhnchen[3]. Es iſt im Morgenlande nichts Seltſames, Menſchen und

---

1 *Τοῦ δὲ Ἰησοῦ γεννηθέντος ἐν Βηθλεὲμ.* Matth. 2, 1. So wenigſtens ſtrenge genommen, obſchon auch die Rede gleich iſt, wenn ein Haus nahe an einer Ortſchaft ſteht. Im wörtlichen Sinne jedoch kann man hier nicht in, ſondern man muß bei ſagen. Dieſe Meinung erhält neues Gewicht durch eine andere Bibelſtelle, wonach die Geburt in einem Chân oder einer Herberge (*κατάλυμα.* Lukas 2, 7) vorfiel, und ferner durch die Betrachtung, daß heutzutage im Lande des Aufganges, wo ein Dorf in der Nähe iſt, immer in dieſem ſelbſt, meines Wiſſens, der Chân liegt, ja ſchon der Sicherheit wegen. Quaresmius ſetzt (2, 625 sq.) ſehr weitläufig das pro und contra aus einander, und entſcheidet ſich dahin, daß der Chân außerhalb der Stadt Bethlehem lag.

2 De illa petra extra murum poſita ſuper quam aquæ primæ poſt nativitatem dominici allutionis corpuſculi de muri ſummitate inclinato in quo effuſa eſt vaſculo . commemorandum eſtimo . quæ ſacri lavacri aqua de muro effuſa in petra inferius iacente . quaſi quamdam natura cauatam inuenit foſſam quæ eadem ndula in primo dominico repleta natalicio. ex eadem die ad noſtra uſque tempora per multos ſæculorum circuitus puriſſima plena monſtratur limpha. ſine ulla defectione uel diminutione . noſtro Saluatore hoc miraculum a die natiuitatis ſuæ peragente. *Arculf.* 2, 3 (Cod. St. Gall. p. 267). Von dem damals ſechshundertjährigen Badwaſſer ſieht man heutzutage freilich keinen Tropfen mehr. Uebrigens macht ein Aberglaube dem andern Platz, und unſer Zeitalter darf ſich keineswegs brüſten. Brocardt ſagt (869), daß der Felſen der Geburt bei der Stadt geſtanden habe. Vgl. Schwallart und Surius in Anm. 3 zu S. 132.

3 *Καὶ ἀνέκλινεν αὐτὸν (υἱὸν, Jeſus) ἐν τῇ φάτνῃ · διότι οὐκ ἦν αὐτοῖς τόπος ἐν τῷ καταλύματι.* Lukas 2, 7. Da die Hirten, nach der Anzeige des Engels (12), das Kind in der Krippe fanden (16), ſo nahm ich an, daß bei dieſem Beſuche die Familie im Chân noch ſich aufhielt. Vgl. *Brocard.* c. 9 (kein locus alius commodior).

Thiere in einem Chân, d. h., unter einem Obbache, zu treffen, und war nicht genug oder kein gehöriger Platz vorhanden, so muß nichts natürlicher erscheinen, als daß man das Kind in eine der Krippen legte, dergleichen man wohl auch in den Chân findet. Ich übernachtete selbst in einem Chân, in dem unter einem Dache neben mir Vieh eingestellt, in welchem Menschenwohnung und Viehstall ohne hohe Scheidewand vereinigt war. Einen andern Besuch erhielt die fromme Familie später von den Weisen des Ostens, und zwar heißt es nicht mehr in einem Chân, sondern: in einem Hause[1]. Es gewinnt demnach allen Anschein, als sei der öffentliche Chân nur bei der Ankunft benutzt worden, was sich mit dem Begriffe vom Reisen sonderlich gut reimt, und als sei später eine Privatwohnung bezogen worden. Ich möchte mithin den Chân und das Haus, worin die Familie besucht wurde, noch keineswegs für einerlei erklären[2], und abgesehen von dem Terte der Bibel, nicht uns schon die Vernunft zu, daß der Aufenthalt, selbst wenn er nur ein paar Wochen gedauert hätte, gar leicht unter mehr, als einem Obbache gewählt werden konnte. In der Mitte des zweiten Jahrhunderts ward erwähnt, daß, als Joseph in dem Dorfe Bethlehem keinen Platz zum Unterkommen fand, er in einer Höhle ganz nahe an dem Dorfe einkehrte, und als sie dann dort waren, gebar Maria Christus und legte ihn in eine Krippe[3]. Ich will nicht entscheiden, ob es

---

1 *Καὶ ἐλθόντες εἰς τὴν οἰκίαν, εὗρον τὸ παιδίον μετὰ Μαρίας τῆς μητρὸς αὐτοῦ.* Matth. 2, 11.
2 Der h. Epiphanius (hæres. 51.), Theophylaktus (Matth. 2.), Jansenius (c. 8. concord. Evang.) nehmen ebenfalls zwei Besuchsstätten an. Zitirt von Quaresmius (2, 633), der sich Mühe gibt, sie zu widerlegen. Vgl. Nau 413.
3 *Γεννηθέντος δὲ τότε τοῦ παιδίου ἐν Βηθλεὲμ, ἐπειδὴ Ἰωσὴφ οὐκ εἶχεν ἐν τῇ κώμῃ ἐκείνῃ ποῦ καταλῦσαι, ἐν δὲ σπηλαίῳ τινὶ σύνεγγυς τῆς κώμης κατέ-*

ein Widerspruch mit der Bibel sei, daß es hier auf einmal
heißt, Joseph habe in dem Dorfe Bethlehem, vor der
Entbindung seiner Frau, für sich keinen Platz gefunden,
während die h. Schrift Mangel an Platz für das Kind in
dem Chân hervorhob, sondern ich will vor Allem darauf
aufmerksam machen, daß die Geburtsstätte als eine Höhle
bezeichnet ist, welche damals ganz nahe beim Dorfe Beth=
lehem lag. Es war nichts Ungewöhnliches, daß die Begräb=
nißstätte eines hervorragenden Mannes für die Nachwelt
durch irgend ein Zeichen oder Denkmal kenntlich gemacht
wurde; hingegen gilt es als etwas Außerordentliches, daß
man im Alterthume nicht etwa bloß, wie gemeiniglich, die
Geburtsstadt, sondern den Geburtschân, ja die noch engere
Geburtsstelle wissen sollte. Freilich war eine Höhle ein vor=
trefflicher Haltpunkt für die Tradizion[1], ein viel besserer,
als ein hinfälliger Chân selber oder ein leerer Platz[2], über
welchen die Verwüstung hingegangen war, und es ist daher
kein Wunder, daß die Tradizion an der Höhle festhielt.
Schon etwa siebenzig Jahre nach der ersten Erwähnung der
Geburtshöhle ward gemeldet, daß man in Bethlehem als
Geburtsstätte eines gewissen Jesus, welchen die Christen
anbeteten und bewunderten, eine Höhle zeigte, derenwegen
Bethlehem damals in jenen Orten sehr berühmt war, und
selbst bei Andersgläubigen ringsum Ruf und Namen hatte[3].

λυσε· καὶ τότε αὐτῶν ὄντων ἐκεῖ, ἐτετόκει ἡ Μαρία
τὸν Χριστὸν, καὶ ἐν φάτνῃ αὐτὸν ἐτεθείκει. **Justin.
Martyr.** Dialog. cum Tryphone 78. p. 175. Hag. Com. 1742. Zi=
tirt von Robinson 2, 284 fg.
1 Herschell 155.
2 Meine Bemerkungen über die Glaubwürdigkeit der Tradizion f. oben
   S. 100 ff.
3 In Bethlehem speluncam ostendi, ubi ille sit natus; quod utique et
   in illis locis percelebre est, ut apud eos quidem, qui a fide sunt
   alieni, fama et nomine circumfertur, eadem in spelunca, Jesum
   quendam, quem Christiani adorent et demirentur, genitum esse.

Etwa hundert Jahre später, nämlich im ersten Viertel des vierten Jahrhunderts, gedachte man wiederum der Höhle[1]. Um das J. 400 erwähnte man der Höhle ebenfalls[2] und zwar einer mit einem engen Eingange[3], so wie um das J. 600 einer Höhle mit einer engen Oeffnung[4], um das J. 670 einer Halbhöhle[5] und später einer Höhle öfter[6] bis auf diesen Tag; man gab auch vor, daß die Geburtshöhle eigentlich aus mehr, als einer Höhle bestehe[7]. Wir dürfen nun aber die Frage nicht unerörtert lassen, ob sich eine Felsenhöhle mit dem Grundtexte der Bibel vertrage. Wie-

---

Origines contra Celsum, lib. 1. Angeführt von Berggren 3, 136 fg.

1 Nach Robinson (2, 285) erwähnte Eusebius mehrere Jahre vor Helenas Pilgerfahrt die Höhle. *Euseb.* demonstr. Evang. 7, 2, 343. Col. 1688. Obscurum illud antrum nativitatis. *Euseb.* de vita *Constantini* 3, 42. Vgl. Anm. 2 zu S. 103. Man wird mir erlassen, auf den Adonistempel (S. 100) zurückzukommen, und ich bemerke nur, daß Hieronymus (epist. ad *Paulinum*) den Liebhaber der Venus in die Höhle selbst verlegte (in specu, ubi quondam Christus parvulus vagiit, Veneris amasius plangebatur).

2 Hieronymus in der letzten Anm. In specum Salvatoris introiens. *Hieronym.* epitaph. *Paulæ.* Sokrates und Sozomenus f. in der Anm. 2 zu S. 103.

3 Os enim speluncæ ad ingrediendum omnino angustum est. *Anonym.* vita *Hieronymi*, angehängt in dessen opera von Erasmus.

4 Ibi est spelunca, ubi natus est Dominus.. . . os vere speluncæ angustum. Antonin Plac. XXIX.

5 Quasi quædam naturalis dimidia inest spelunca . . . cui utique semiantro . . *Arculf.* 2, 2.

6 (1099) Speluncam admirabilem vident, ubi pia Dei genitrix, salutis porta, mundi reparatorem pannis involvit et lacte pavit vagientem. *Guil. Tyr.* 9, 14. Crypta. *Sæwulf.* 35. Die Gruft, worin der Herr Messias geboren. *Edrisi* 346. Σπήλαιον. *Phocas* 27. Höhle. Thetmar in Maltens Weltkd., 1842, Febr., 192. *Perdicas* 77. Rudolph von Suchen 773. Felshöhle. *Frescobaldi* 193 sq. *Fabri* 1, 496. Helffrich 718. Rauchwolff 644. *Cotov.* 232. *Boucher* 279. Ἡ Ἁγία Γῆ 81. *Della Valle* 1, 157. *Surius* 526 sq. Trollo 395. *Caccia* 24. *Ladoire* 197. Binos 208. Schubert 3, 20; 2, 493. Und Andere.

7 Auch aus der der Krippe. Trollo 397. Est alia capacior (spelunca), a prima . . *Marin. Sanut* 3, 14, 11.

wohl diese von einer Höhle nichts meldet, so konnte dennoch
der Chân mit einer solchen in Verbindung gestanden haben,
und auch ich erinnere mich, Wohnungen gesehen zu haben,
die an oder über Höhlen erbaut waren[1]. Indessen ist die
Höhle, welche im zweiten Jahrhunderte zum Vorscheine kam,
doch etwas Mißliches[2], ein städtischer Chân[3] in Form einer
Felsenhöhle etwas höchst Seltenes; er thut den gewöhnlichen
Vorstellungen etwas Zwang an, und erscheint gleichsam als
nothwendiges Rettungsmittel, damit das Kriterium der Geburtsstätte auch für die Zukunft nicht verloren würde. Eine
andere Frage, die entsteht, ist die, ob sich denn wirklich heute
noch, wie die Menge behauptet, eine Höhle vorfinde, ob der
Naturforscher, der Geognost[4] heute noch von einem Felsen-
dache sprechen dürfe. Ich widmete dieser Sache die sorgfäl-
tigste Aufmerksamkeit, und meine Worte dürften, wie ich

---

1 In diesem Lande der vielen und großen Höhlen, dies sahen wir
namentlich in dem alten Galiläa, sind nicht bloß die Wohnungen der
Menschen, die an die Felsen sich anlehnen . . . öfters mit einer nach-
barlichen Grotte verbunden, in deren natürliches, durch die Hand des
Menschen nur erweitertes Gewölbe ein Theil der Zimmer sich fort-
setzt. Schubert 3, 17.

2 Monconys sagt (1, 317), daß der Ort der Heimsuchung Elisabe-
thens estoit dans la terre sous le roc; ce qui est à observer, car
tous les lieux que l'on voit sont tous sous le roc. So weit Monconys. Ich kann nicht umhin, hier einer Beobachtung zu erwähnen, die sich jedem das h. Land Besuchenden aufdringen muß, nämlich, daß beinahe alle Vorgänge und Erzählungen des Evangeliums
von den Wegweisern so vorgestellt werden, als hätten sie sich in
Höhlen ereignet . . und das selbst in Fällen, wo die Umstände und
die Natur der Handlung selbst ein Lokal anderer Art verlangen. So
der Ort, wo St. Anna von Maria entbunden ward, der Ort der
Verkündigung, der, wo Elisabeth Marien grüßte, der Geburtsort
des Täufers und des Heilandes, der Ort seines Todeskampfes, der
der Reue Petrus', der, wo die Apostel ihr Glaubensbekenntniß ab-
legten, oder der der Verklärung, — so sind alle diese Oerter Grotten. Maundrell 143 (Paulus' Samml.). Robinson 2, 286.

3 Robinson.

4 Schubert 3, 20.

hoffe, mehr Gewicht erhalten, als diejenigen flüchtiger Rei-
fender, denen es mehr darum zu thun war, ihren Gefühlen
Luft zu machen, und die in ihrer religiösen Schwüle ein
genaueres Erforschen gleichsam fürchteten, womit sie wohl
zugleich die vollgläubigen, freiere Prüfung schon, geschweige
denn Zweifel an der Tradizion als Ketzerei verdammenden
Wegweiser, nämlich die Franziskaner, zu beleidigen besorgten.
Wo ich mich in der Kapelle, an der Geburtsstätte, hinter
der Krippe[1], an den Wänden, an der Decke, auf dem Boden umschaute, nirgends entdeckte ich Felsen[2], sondern nur
Werke der Kunst, Mauerwerk. Eine merkwürdige Mauer-
wölbung südwestlich von der Geburtskapelle, weiter oben am
Bergabhange, als dieselbe, trifft man im Anfange (Ostende)
des großen Kirchenschiffes, wohin man von Mittag oder
vom griechischen Kloster her kommt, und es liegt der Boden
dieses Gewölbes 13' tiefer, als der des Schiffes, welches
hinwieder einige Stufen unter der Ebene des Chorbodens
liegt, so daß offenbar der Boden jenes Gewölbes in größe-
rer Tiefe sich befindet, als der Boden der Geburtskapelle.
Dem füge ich bei, daß Messungen, welche die Höhe der
Geburtskapelle und den perpendikularen Abstand ihres und
des Chorbodens betreffen, die Annahme eines Felsendaches

---

1 Am Weihnachtstage wird es (das Gemälde hinter der Krippe) weggenommen, und der bloße Felsen bleibt einige Zeit der Verehrung der Gläubigen ausgesetzt. Zu dieser Zeit reinigt ihn der..
Pater Guardian und sammelt ehrfurchtsvoll die kleinen Stücke, die
sich von ihm getrennt haben. Geramb 1, 158. Ich hörte und sah
nichts davon, und gesetzt, man würde ein Felsstück sehen, so konnte
es gar wohl hingestellt werden; denn wenn man dem Beschauer keinen freien Totalüberblick gestattet, so kann er nicht beurtheilen, ob
das Auge mit der unentwegten Natur, oder mit einem untergescho-
benen Stücke verkehre.
2 Aber kurz vor mir erkannte Strauß' Phantasie (Sinai und Golgatha. Berlin 1847. S. 287) hier und da den natürlichen Fels,
früher jedoch Bartlett (209 sq.), so wie Marmier (2, 293) in
dem rauchschwarzen Gewölbe.

bei gesunden Sinnen kaum zu einer Möglichkeit machen. Ich
bin aber nicht gewillt, die Sache einseitig darzustellen; meine
Unparteilichkeit verlangt die Herbeischaffung aller Hilfsmittel,
wodurch man in den Stand gesetzt werden möge, ein klares
oder doch ein immer klarers Licht auf den Gegenstand zu
werfen. Westlich von der Geburtsstätte und etwas nördlicher,
als diese, also nordwestlich und zugleich nicht weit davon,
nämlich auf der andern (N.=) Seite unter dem Schiffe jener
Marmorwölbung von Nord gegen Süd entsprechend, sah ich
durchaus Felsen, und zwar schon in der Josephuskapelle, die
um ein Unbedeutendes tiefer liegt, als die Geburtskapelle,
und noch lauterer in dem freilich tiefern Loche hinter dem Al=
tare der unschuldigen Kinder. Höchst wahrscheinlich findet
man jetzt gar keinen Felsen in der Geburtskapelle, wenn
man auch Alles abdeckt; ich behaupte aber darum nicht, daß es
dort nie eine Felsenhöhle gab, da ja meine Untersuchungen
beinahe als eine Nothwendigkeit herausstellten, daß es an
der heute noch felsennahen Geburtsstätte Felsen gegeben
haben müsse, sondern ich lasse willig der geschichtlichen An=
gabe einer Felsenhöhle, als einer Abtheilung des Chân, sei
sie nun gerade hier, oder etwas mehr südwestlich, wo man
jetzt ein verlassenes Gewölbe trifft, gewesen, ihren Werth.
Ich stelle mir vor, daß das Mißgeschick der Zerstörung ein=
mal durch glaubensfeindliche Hand, ein anderes Mal durch
des Pilgers übel angebrachte Frömmigkeit, indem er Felsen=
bröckchen abschlug und sie zum Andenken heimnahm, die Geburts=
kapelle ereilt habe. Es ist eine geschichtliche Erfahrenheit, daß
vor und um das J. 600 die Höhle einen engen Eingang
hatte, daß sie aber etwa siebenzig Jahre später zu einer
Halbhöhle, d. h., zu einer auf einer Seite ganz offenen
Höhle umgestaltet war, in welchem Zwischenraume der Zeit,
was nicht vergessen werden darf, Palästina unter die Bot=
mäßigkeit der von Omar Ben Chattab befehligten, Manches

verwüstenden Mohammedaner gerieth. Mit einem Worte, Felſen ſieht man in der Geburtskapelle nicht, vor den leib= lichen Augen gibt es keine Felſenhöhle, es fehlt, ſelbſt wenn der erſt ſpätere, ich möchte ſagen, naturwidrige, wenigſtens eine naturgemäße Anſchauung ſo ſehr ſtörende ſüdliche Ein= gang vom Chore aus zugefüllt wäre, ſo durchaus der Ka= rakter einer Felſenhöhle, daß man Mühe hat, mit Hilfe der Einbildungskraft wieder eine zuſammenzuſetzen[1], indem man auch die Nordtreppe wegdenkt, und unten, wo ſie auf dem Boden der Kapelle ruht, frei vom Lande, meinetwegen von Oſt und Weſt her eben[2] und von Norden her am Hügel= abhange aufſteigend zum Eingangsloche jener Höhle gelangt.

War die Felſenhöhle als Geburtszimmer ein Viehſtall? Viele behaupten es. Die Bibel nennt eigentlich keinen Vieh= ſtall, ſie wählt den mildern Ausdruck Chân, bemerkt aber auch, daß hier eine Krippe ſtand, woraus man den Schluß zog, daß da eigentlich keine Menſchenwohnung, ſondern nur ein Viehſtall war; allein dieſe erkluſive Anſicht iſt, meines Dafürhaltens, völlig irrig. Ich wiederhole nicht mehr, daß der morgenländiſche Chân für Reiſende und ihre Thiere ein Dach hat, und wenn es, wie einige Pilger anführten[3], ganz

---

1 Eine ſehr intereſſante Zeichnung vom möglichen urſprünglichen Aus=
ſehen der Höhle gibt Doubban.
2 Schubert träumt (3, 17 fg.): Der eigentliche, natürliche Eingang
führt, wie man dies jetzt noch ſehen kann, ebenen Fußes von der
Fläche des Hügels in die hohen, weiten Räume der Grotte.
3 Unter einem Felſen . . iſt nach gewohnheit deß Landes ein Ort zu
einem Stall geweſen. Brocardt 869. Breydenbach. Kja. Im
Land herum gibt es viel Höhlen, und es iſt Brauch, Ställe daraus
zu machen. Tſchudi 271. Auf die nämliche Art ſind heute noch die
Ställe in Jeruſalem gebaut. Joliffe 120. Nous descendîmes dans
l'étable, creusé sous un rocher, comme elles le sont encore habi-
tuellement de nos jours en ces pays. D'Estourmel 2, 116. Schu=
bert 3, 17. Hailbronner 2, 300 fg. Without dwelling on our
own observation of the frequent and almost universal appropriation,
where practicable, of caverns and recesses in the rocks for shel-
tering man and beast from the heat and inclemency of the weather

richtig ist, daß die Morgenländer die Höhlen zu Ställen zu verwenden pflegen, was jene denn zu ihrem Hauptargumente zustutzten, um die Geburtshöhle als Stall zu rechtfertigen, so begingen sie immerhin den großen Unterlassungsfehler, daß sie nur die Stallabtheilung des Chân hervorhoben, und in ihrer Humanität die Abtheilung, welche zur Unterbringung der Menschen diente, mit Stillschweigen übersprangen. Ich finde das Wort Stall erst um das J. 400, nicht aber allein für sich, sondern neben den Worten: Herberge der Jungfrau[1], in einer Art Leichenrede, in einer schwunghaftern, an das Poetische streifenden Sprache. Das Wort Stall klang auch lange selten wieder in der gewöhnlichen ungebundenen Rede, und erst dem verdorbenen Geschmacke der spätern Zeit des Mittelalters[2] und der folgenden bis auf die jetzige[3] verdankt man das beinahe gänzliche Herrschendwerden des Ausdruckes Stall.

Es wäre wohl, schon um verschiedenen Zweifeln zu begegnen, das Beßte gewesen, wenn man die einmal für die Geburtsstätte Jesus' angenommene Felsenhöhle in ihrer

---

etc. *Lynch*, expedition to the River Jordan and the Dead Sea. Philadelphia 1849. 424.

1 Sacrum virginis diversorium, et stabulum, in quo agnovit bos possessorem suum. *Hieronym.* epitaph. *Paulæ.*

2 Der feurige Bernhard, der H., fragt: Quæ tibi civitas, si audiat, non invideat pretiosissimum illud stabulum, et illius præsepii gloriam? Angeführt von *Quaresm.* 2, 622. Dieser selbst sagt (2, 625a): Stabulum animalium, at qualunque aula regia dignius et illustrius. Brocardt 869. Zweifelhafter bei Marinus Sanutus (3, 14, 11: es scheint). Der eigene Ausdruck tugurium kommt bei Pipinus (72 sq.) vor: Item fui in bethlehem in loco illo venerando seu diversorio, ubi dominus meus Jesus Christus pro salute mundi nasci dignatus est, et vidi et tetigi venerandum presope in ipso lapide illius tugurii seu diversorii excisum.

3 Die ersten Christen hatten an dieser Stelle eine Kapelle erbaut, in welche der Stall eingeschlossen war. Geramb 1, 149. Man vgl. Nau 405, Voyage 1699, 81 (la sainte Etable).

natürlichen Form und Einfachheit belaſſen hätte[1]. Was könnte
denn, muß der gläubige Pilgrim fragen, für das Auge hei=
liger ſein, als die Felſenwände und das Felſenbach, auf die
ſelbſt auch das Auge der ehrwürdigen Familie gerichtet
war? Allein im hohen chriſtlichen Alterthume dachte man
anders, zu fromm, zu wenig ſchlicht. Als auf Befehl des
Kaiſers Konſtantin des Großen die mächtige Baſilika
ſich erhob, war ſeine Mutter Helena darauf bedacht, jene
dunkle Geburtshöhle, wegen der Geburt Jeſus', mit vor=
züglichen Kunſtwerken auszuſchmücken, mit verſchiedenen
Kleinodien aller Art zu verherrlichen, und noch mehr that
kurz darauf der Kaiſer ſelbſt, welcher dieſe Stätte mit könig=
lichem Gepränge zierte, und das durch die Bemühung der
Kaiſerin ſchon in Pracht Daſtehende durch Kunſtarbeiten
von Gold und Silber und durch verſchiedene andere, gleich
einem kaiſerlichen Palaſte, noch glänzender machte[2]. Im J.
637 hatte die Geburtskapelle auch unter den Mohammeda=
nern einen ſolchen Ruf, daß Omar Ben Chattab, als
er Bethlehem beſuchte, in den Tempel trat, und am Bogen
betete, wo der Herr Chriſtus geboren wurde; er fertigte
auch einen Freibrief aus, daß die Moslemin dort nur ein=
zeln und nicht in einer förmlichen, öffentlichen Verſamm=
lung beten dürfen[3]. Um das J. 670 war die Geburts=
ſtätte näher beim Eingange, als die Krippe, und innen die
Höhle zu Verherrlichung des Heilandes ganz mit köſtlichem
Marmor verziert[4]. Ein ſtarkes halbes Jahrhundert ſpäter fand

---

1 Malheureusement les murs intérieurs ont été revêtus de plaques de
  marbre. Il est à regretter qu'une piété mal entendue ait ainsi tra-
  vesti la nature première de ce lieu sacré. *Marmier.* Vgl. oben S.
  135, Anm. 7.
2 *Euseb.* de vita *Constantini* 3, 42.
3 El=Makin (Elmacinus) 1, 3, 28. In *Bollandi* acta sanctor.,
  Maji 3, 146. Le Quien Or. Christ. 3, 277 sq. Vgl. oben S. 139 f.
4 Alius uero supradicto contiguus præsepio introeuntibus propior lo-

man keine unterirdische Felsenhöhle mehr, worin Christus geboren ward, sondern ein viereckiges, im Felsen ausgehaue= nes Haus, um welches die Erde ausgegraben und weg= geworfen war. In dieses Felsenhaus trug man einen klei= nen Altar, wenn man Messe lesen wollte, und wieder hinaus, wenn diese vorbei war[1]. Durch diese merkwürdige geschichtliche Mittheilung erfährt man genau, daß die ur= sprüngliche Form der Höhle abgeändert und im Felsen ein viereckiger Raum ausgehauen wurde, wodurch die Zweifel gelöst sind, ob die Kapelle in ihrer äußern Form ein Werk Gottes oder der Menschen sei[2]. Ob ebenfalls die ursprüng= liche Höhle eine künstliche war[3], läßt sich nicht ausmitteln, und ebenso wenig, ob man damals schon das Haus oder die Kapelle bis zum heutigen Westende derselben vergrößert hatte[4]; letzteres scheint jedoch wahr, obgleich das Fortschaffen eines kleinern, tragbaren Altars den Schluß auf einen klei= nen Raum (Kapelle) beim ersten Anblicke gestatten könnte. Im Anfange des fränkischen Königreiches lag die Geburts= stätte beinahe mitten unter dem Chor der Kirche, gleichsam

---

cus (der St. Galler=Kodex hat S. 267 irrig loco) proprie nativi= tatis dominicæ traditur fuisse. Illa ergo bethleemitica spelunca præ= sepis dominici . tota intrinsecus ob ipsius saluatorem honorificen= tiam marmore adornata est pretioso. *Arculf.* 2, 2.

1 Ille locus, ubi Christus natus est, quondam fuit spelunca sub terra: et nunc est quadrangula domus in petra excisa, et est terra circumquaque exfossa et inde projecta .. *Willibald* (nach der Klosterfrau) 20.

2 Menschenwerk oder Gottes Geheimniß: *Caccia* 24. Es stand Nie= manden besser, als einem Naturforscher, wie Schubert (2, 493), an, zu erklären, daß die Kapelle eine große, natürliche Höhle des Gebirges sei. Verzeihlicher ist, wenn vor ihm Rudolph von Su= chen (842) von einer Naturhöhle sprach.

3 Die ganze Höhle hält für künstlich Kootwyk (speeus subterraneus, in rupe excisus, cujusmodi etiamnum plurima iis in locis visuntur antra. 232), Boucher (279), Surius (526), Binos (208) u. A.

4 Auch Schwallart schreibt (303), daß die Geburtskapelle ursprüng=

zur Linken und die Krippe ein wenig tiefer zur Rechten[1]. Aus letztern Worten erhellt, daß zu dieser Zeit bloß der nördliche Eingang bestand[2], in welchem Falle sie heute noch ihre Richtigkeit haben. Man darf keinen Zweifel hegen, daß die Kapelle später von oder unter den Kreuzfahrern aufs angelegentlichste ausgebessert ward, und ich werde jetzt ein Bild des damaligen Tempelchens entwerfen. Die „Höhle" oder die Doppelhöhle[3] lag unter dem Chor oder dem Hoch=altar[4] auf der Ostseite[5], und an der Geburtsstätte standen in mustvischer Goldarbeit folgende Verse angeschrieben:

Angelicœ Lumen
Virtutis, et ejus acumen,
Hic natus vere
Deus est de Virgine Maria[6].

Die Höhle war mit Goldmosaik gemalt[7]. Die Bilder stell=ten die Geheimnisse, welche in derselben geschehen sind, in einem Kreise vor, eine Jungfrau, die in einem Bette lag und das Kindlein anschaute, ein Eselein, einen Ochsen, die

---

lich klein war, daß aber die Christen sie hernach aus Andacht erweiterten. Lorsque S. Helene voulut embellir cette estable, elle la fit agran-dir du coste de l'Occident. *Surius* 527.

[1] *Sæwulf.* 35.
[2] Vgl. oben. S. 127.
[3] Τὸ σπήλαιον τὸ διπλοῦν, und später τὰ δύο σπήλαια ὁμοῦ. *Epiphan.* M. 52. Die übrigen Schriftsteller aus der Zeit der lateinischen Könige sprechen aber nur von einer Höhle. S. Anm. 7 zu S. 149.
[4] Ὑποκάτω τῆς τραπέζης. *Epiphan.* M. In einer Ecke des Tempels, welcher gegen Mitternacht schaut, und unter der Kirche. *Edrisi* 346.
[5] *Epiphan.* M. Phokas sagt (27): Περὶ τὸ ἀρκτῷον μέρος.
[6] Hier ist Gott, das Licht und die höchste Erhabenheit engelsamer Tu-gend, wahrhaftig von der Jungfrau Maria geboren worden. *Johann. Wirzb.* c. 2. (490 und 534). Man vgl. damit oben S. 143 fg. spätere Inschriften.
[7] *Epiphan.* M.

Krippe, den Besuch der Hirten u. s. f.[1]. In dem Zeit=
raume vom J. 1187 bis 1400 war die vorn[2] unter
der Kirche am Eingange gelegene Kapelle sehr kostbar, mit
einem Marmorboden versehen[3] und im Uebrigen innen ganz
mit Mosaik reich und sehr schön verziert[4], die sich, wenig=
stens an der Decke, bis zum J. 1719 erhielt[5]. Von der
Geburtsstätte, gegen Morgen[6], konnte man ein Stück vom
Steine sehen[7], und es herrschte der Aberglaube, daß Je=
mand, wenn er davon, so wie von der Krippe eine Parti=
kel oder auch nur Staub nehme, Heil für seine Drangsale
finde[8]. Ueber dieser Stätte las man auf einer Marmor=
tafel die Messe[9]. Zehn Lampen leuchteten[10]. Man zeigte
auch nicht weit von der Krippe einen Altar, wo Maria
ihr Kind einwickelte[11], und auf der rechten Seite der Höhle

---

1 *Phocas* 27. Er beschreibt die Gemälde umständlich.
2 In capite illius ecclesiæ. Thetmar 192. Unter dem Hochaltar der
   Kirche. *Frescobaldi* 139 sq.
3 *Marin. Sanut.*
4 *Marin. Sanut.* Die Worte Monteuilla's (773): „Ist die statt,
   da Gott geboren ward, vnd ist köstlich von Gold vnd Marmelstein,"
   können auch auf die ganze Kapelle Bezug haben. Artis ministerio
   marmoribus et opere Mosaico pulcherrime decoratus. *Baldensel*
   119. Vnd die selb Cappeln ist innen alle gemacht von dem wirch
   Mustuo v. ist alle gestrewt mit Merbel vnd ist gar chosper gezirt v.
   beraptt. Cod. Vienn. 4578. S. 202d. Ὅλον τὸ σπήλαιον εἶναι
   ἐνδυμένον. *Anonym. bei Allat.* 15.
5 Breydenbach. Auro florizata. *Anshelm.* 1290. Superius verò opere
   Musivo splendescit. *Fürer* 66. Rauchwolff 644. Decke oder Ge=
   wölbe mit vergoldeter, musivischer Arbeit verziert. Schwallart 303.
   Pour ce qui est de sa voûte, elle est toute embellie de peintures à
   la mosaïque, dont la beauté ne cede en rien à celles de la grande
   Eglise; mais . . . la fumée a tellement noirci cette belle peinture,
   qu'elle ne paroit presque pas. *Ladoire* 201. Aber schon Kootwyk
   (232) konnte es nicht mehr erkennen.
6 *Anonym. bei Allat.*
7 *Marin. Sanut.*
8 *Perdicas* 77.
9 *Marin. Sanut.* Rudolph von Suchen 842.
10 *Anonym. bei Allat.*
11 Rudolph von Suchen.

den Ort, wo Salome das Wasser verbarg, womit sie Chri=
stus abwusch, und woraus eine Salbe wie Alabaster wurde.
Es war dies die Salbe, womit die Dirne in der großen
vierten Fastenzeit den Herrn salbte[1].

Um auf das Ganze zurückzublicken, so ergibt sich, daß,
sobald man einen historischen Christus zugibt, die Echtheit
der Geburtsstätte[2] bei nicht viel Schritten Unterschied füg=
lich nicht angefochten werden kann, daß wahrscheinlich schon
Helena und Konstantin die Höhle verunstalteten, daß
im siebenten Jahrhunderte kein enger Eingang, sondern
eine auf einer Seite ganz offene Höhle sich vorfand, daß
diese im achten Jahrhunderte zu einem hausartigen, vier=
eckigen Raume ausgehauen war, daß die Kapelle mit Altar
und Verzierung, wie sie die Kreuzfahrer und ihre Gönner
zurüsteten, sich Jahrhunderte lang erhielt, und jetzt noch der
Form und Anlage nach durchaus dieselbe ist.

Gleich westlich neben der Südtreppe, eine Klafter[3]
westlich vom Geburtsaltare steht frei eine das Gewölbe

---

1 **Anonym.** bei *Allat.*
2 Auch der skeptische Clarke (125) will, daß das Kloster wirklich auf
der Stelle stehe, wo unser Heiland geboren ist. Sieber, ein guter
römischer Katholike, behauptet eben nicht streng (51), daß die Ge=
burtsstelle beim Zoll am rechten Orte sei. Buckingham (Palæst.
1831, 58) hält den Glauben, daß die Kapelle wirklich der Ort sei,
für abgeschmackt, besonders da sie unterirdisch liege. Robinson legt
(2, 286) auf die Tradizion wenig Werth, ohne daß er etwas Bes=
seres an ihre Stelle setzt, das die Ortsbestimmung betrifft.
3 10½' d'icy vers le Ponent, il y a une colomne de Jaspe fort joly=
ment taschtée, qui supporte la voute de la Grotte. *Surius* 528.
Nach Gumpenberg (464) beträgt die Entfernung vom Geburts=
altar bis zur Krippe 12 Schuh, nach Lussy (37) 2 Klaftern, nach
Radzivil (170) 6 Ellen, nach Legrenzi (1, 181) 4. cubiti
poco più, nach Prokesch (115) wenige, nach Röser (447) einige
Schritte. Die Ἁγία Γῆ sagt (81): Πλησίον τούτου (Ge=
burtsstelle), εἶναι καὶ ἡ ἁγία φάτνη, εἰς τὴν ὁποίαν,
μετὰ τὸ σπαργανωθῆναι τὸν Κύριον ὡς βρέφος ἀνε=
κλήθη. Man sehe die Grundrisse.

stützende, nicht hohe Marmorsäule[1] in der Nordostecke eines
besondern, über zwei Klaftern von der Südwand der Kapelle weiter südwärts hinein sich erstreckenden, von Ost nach
West etwas minder langen[2], drei Treppenstufen[3] tieferen
Raumes, den man auch als die Kapelle[4] oder die Höhle
der Krippe[5] bezeichnete, oder als den eigentlichen Stall betrachtete[6]. An der Westwand dieses etwa 7' hohen[7], mit

---

1 Auff einer Eck, oder gegen dem Altar der Geburt Christi . . vorbei
dem Südeingang . . . stehen 3. schöne Marmelsteinern Seulen, welche
dem Felsen, so ober den Stall herfür gehet, vnd das Gewölb ist,
vnterstützen: deren die in mitten stehet zu beyden Seiten drey Trap-
pen hat, auff welchen man zu dem h. Kripplein hinab gehet. Schwallart 303. Die Ecksäule von grünem Jaspis. *Boucher* 281. Surius f. in der letzten Anm. Vn beau Pilier de jaspe serpentin. *Monconys* 1, 314. Eine halb rothe, weiß gesprengte Marmorsäule von 7'
2'' Länge, 3' 10'' im Umfange (zu Stützung des Gewölbes); überdies zwei angeschlossene Ecksäulen. Troilo 397. Eine Marmorsäule.
Hailbronner 2, 301. Ich fand westwärts keine anschließende Ecksäule, wie man sie auch auf der Ansicht des Kripperaumes bei Pococke (2, S. 25) sieht. Vgl. das Bild bei Zuallart.
2 8 Schuh lang, 6 weit. Gumpenberg 464. 8 Schuh 10'' lang, 6
Schuh 9'' breit. Troilo.
3 Ebenso bei Gumpenberg, Albrecht (3 Stufen „abpas." 2110),
Helffrich, Surius, Troilo, de Bruyn, Ladoire (199),
Thompson; die falsche Zahl 2 haben Rauchwolff (454), Chateaubriand (1, 302), Richter (40).
4 Eine kleine Capell darneben (Geburtsstätte), da die Krippen ist.
Wormbser 409. Il semble que ce ne soit qu'vne mesme Chapelle auec le lieu de la naissance; mais nèanmoins s'en sont 2. con-
iointes, et reduites ensemble, pour la commodité du service. *Boucher* 279. *D'Estourmel* 2, 117.
5 Auf der rechten Seite dieser Höhle, 3 bis 4 Tritt vom Geburtsplatze
des Heylandes, ist eine andere kleine Höhle, welche gemeiniglich die
Krippe oder der Stall genannt wird. Mislik 101 fg. Früher schon
sagte Helffrich: Eine kleine Hölen, dareyn muß man 3. Staffeln
vnder sich steigen, ist wie ein kleines Ställein, darinnen etwa zween
Esel stehen mögen. Anshelm bezeichnet (1291) ähnlich: Est cava-
tura seu præsepe cavatum, in quo bos et asinus duntaxat poterant
locari.
6 z. B. Rauchwolff. S. die letzte Anm.
7 8'. *Boucher* 279. Im Anfang 9. Schuch, 6. Zoll, und am Ende 7.
Schuch, 9. Zoll hoch. Troilo 397.

einem Marmorboden[1] und einem unansehnlichen Gewölbe[2]
versehenen, ohne künstliche Beleuchtung dunkeln Raumes
liegt[3] die Krippe (ἡ ἁγία φάτνη)[4], oder ihre Stelle,
wohin, nach der Sage, das Kindlein Jesus gelegt wurde.
Die heutige Krippe ist untergeschoben[5], von Marmor[6], ihr
Boden von weißem[7], die vordere (östliche) Wand von grau-
braunem Marmor, und im Hintergrunde ein unschuldiges
Kind von Wachs. Die Form gleicht der einer länglichen
Kiste[8], deren Längenseiten sich von Süd nach Nord richten[9].
Dieses ziemlich schöne[10] Unterschiebsel steht einen guten Fuß

---

1 Tabulæ pavimenti . . valde pretiosæ, magnæ et omnino candidæ.
Fabri 1, 468. Mirike 103.

2 Die Krippe unter einem großen Fels. Billinger 93. Fornix antri
e viva ac nuda constat rupe lampadum ardentium fumo omnino
obfuscatus. *Cotov.* 232. Ebenso *Quaresm.* 2, 630. Das Gewölb . .
besteht aus bloßen rauhen Felsen, ohne einigen Zierrath oder Decke.
Mirike 103 fg. Das Capellein (Kripperaum), in einen Fels ge-
hauwen. Gumpenberg 464.

3 Von der Geburtsstätte gegen S.W. *Anshelm.* In der südlichen Ein-
tiefung, auf der einen Seite. Prokesch 115. Gegenüber der Geburtsstätte. Hailbronner 2, 301.

4 *Epiph.* M. 52. Ἡ Ἁγία Γῆ. Τῇ φάτνῃ ἁγία. *Perdic.* 77.

5 Nachbildung der Krippe. Hailbronner (Wegelin 2, 122).

6 Mit ganz schönem Marmor eingefaßt. Billinger 93. Marmorblock.
Reret 112.

7 Mit weißem, fein poliritem Marmor war seit Jahrhunderten die
Krippe angeblich bekleidet (*Georg.* 524. Helffrich 718), gefüttert
(Tucher 667. Thompson §. 91), überzogen (Schwallart) oder
bedeckt (Geramb 1, 158). Diese Ausdrucksweise muß befremden;
sie setzt voraus, daß die echte Krippe da, aber mit Marmor überzogen war. Angemessener ist der Ausdruck Fabri's (1, 446), daß
die Krippe tabulis albis expolitissimis factum in loco vero præ-
sepis Domini, et subtili schemate ornatum, so wie Ehrenbergs
(512), daß sie hübsch mit weißem Marmelstein gemacht sei.

8 Locus quadratus, candido marmore vestitus: et hoc est præsepe
Domini. *Georg.* Vas lapideum seu linter . . . lectulus quandran-
gularis. *Anshelm.* Gestalt einer langen, viereckigen Kiste. Schwallart 303. *Boucher* 281. En façon d'une caisse quarrée, dont les
deux bouts et le derrière sont un peu plus élevés que le devant.
Ladoire 199 sq.

9 Trollo 397.

10 Gar schön. Seydlitz.

11

hoch[1] über dem Boden des Kripperaumes, ist innen etwa 2½' lang, über 1' breit[2] und etwa ½' tief[3]. 1829 zeigte man in einer Nische als den Stein der Krippe eine Porphyrplatte, welche einen Stern aus weißem Marmor umschloß[4]. Ich sah die Krippe stets unverhüllt; sonst wurde sie auch mit prachtvollen Tüchern bedeckt[5]. Im Hintergrunde hing ein Gemälde, die Anbetung der Hirten vorstellend. Wie mancher Pilger schon heftete seinen andachtsvollen Blick auf die Krippe oder diese Stelle und bedeckte sie mit Küssen[6]. Der römische Katholik erhält hier vollkommenen Ablaß der Sünden[7]. Im sechszehnten Jahrhunderte gehörte die Krippe den Lateinern[8]. 1637 wurde sie von den nicht-römisch-katholischen Christen besetzt, 1690 aber wiederum zurückgegeben[9]; auch im gegenwärtigen Jahrhunderte gehört sie den Lateinern[10].

Das Bibelgeschichtliche der Krippe ist in Früherem mitgetheilt worden. Nach der heutigen Sage stellt man sich

---

1 Schwallart, Laboire. 1'. Neret, Geramb. 1½'. *Boucher.* Ungefähr 2'. Thompson.
2 Nach Gumpenberg 4 Spannen lang, 2½ Spannen breit; nach Fabri (1, 446 sq.) 4 Spannen lang, 3 Spannen breit; Boucher 2½' lang, ½' breit; Zwinner (365) 4' (Schuh) lang, 2' 5'' breit; Troilo 2' (Schuh) 4½'' lang, 2' 8'' breit; Laboire 3' lang, beinahe 2' breit; Binos (209) 5' lang, 3' breit. Bei Troilo muß ein Druckfehler sein, da die Breite beträchtlicher wäre, als die Länge. Obschon die Messungen vielfältig und etwas unsicher von einander abweichen, so scheint die Krippe gleichwohl vom J. 1449 an nicht immer die gleiche Länge und Breite gehabt zu haben.
3 ½' nach Schwallart und Boucher, 4'' nach Zwinner.
4 Prokesch 115. Zu dieser Zeit scheint hier gar keine Krippe gestanden zu haben.
5 Die von dieser Woche waren von weißer Seide, mit goldenen Rosen, mit goldenen Stickereien übersäet. Geramb 1, 158.
6 Breydenbach 131.
7 Tucher, Anshelm, Radzivil (170).
8 Anshelm, Radzivil.
9 *Caccia* 35.
10 Geramb 1, 159. Röser 448.

vor, daß der Stall von der Geburtsstätte eine Klafter, die
Krippe selbst etwas über zwei Klaftern westlich entfernt war,
und jener näher oder tiefer, d. h., wagerecht weiter innen
im Bergabhange lag. Diese Vorerinnerung ist noch nöthig,
um die nachbiblische Geschichte der Krippe in den Haupt=
momenten besser zu würdigen. Die Geburt des Heilandes
war das hervorstechende große Ereigniß. Es ist von mehr
untergeordnetem Werthe, zu wissen, daß er gerade in Beth=
lehem Juda das Licht der Welt erblickte, und etwas Außer=
wesentliches der Umstand, daß das Kind in eine Krippe
gelegt ward. Daher ist es begreiflich, daß die ältesten
Nachrichten, welche sich auf den Kern beschränkten, die
Krippe völlig mit Stillschweigen übergingen. Erst aus dem
mönche= und phantasiereichen vierten Jahrhunderte taucht
die Krippe und zwar als eine vorhandene auf. Ich kann
mich in die Legende nicht einlassen, daß die Konstantinople=
rin Helena im Schutte die ganze Krippe, in der Krippe
einen Stein, auf welchem der Kopf Jesus' lag, und Heu
und Josephs Stiefel und ein langes Hembde fand[1], son=
dern ich bemerke, daß die erste Meldung von der wirklichen
Krippe auf die Paula Bezug hat, die, wie sie bei ihrer
Ankunft in Bethlehem ausrief, als eine Elende und Sünderin
würdig erkannt ward, die Krippe zu küssen, in welcher der
Herr, als Kind, wimmerte[2]. Diese Krippe war mit Gold

---

1 *Fabri* 1, 468. Aus welcher Quelle er schöpfte, weiß ich nicht.
2 Et ego misera atque peccatrix, digna sum judicata deosculari præsepe, in quo Dominus parvulus vagiit. *Hieronym.* epitaph. *Paulæ.*
Paula und Eustochium schrieben an Marcella (Brief in den opp.
Hieronymi): Et illud præsepe, in quo infantulus vagiit, silentio
magis, quam infimo sermone honorandum est, und der Ungenannte,
welcher das Leben des Hieronymus (in dessen opera, welche
Erasmus herausgab) beschrieb, drückte sich also aus: Bethlehem
vero locus splendidus fuit civitas David . . ubi quondam Dominus
et Salvator . . . in præsepio, intra speluncam, ex Virgine nasci
dignatus est, et parvulus vagiit. Es fällt auf, daß der Heiland in

und Silber verziert, und Leuchter brannten ohne Unterlaß[1]. Solche Gold- und Silberzierathen und eine solche Beleuchtung der Krippe, zu der auch der h. Theodor hinwallte[2], fand man um das J. 600[3]. Etwa siebenzig Jahre später unterschied man zum ersten Male in örtlicher Beziehung die Geburtsstätte von der Krippe; der innere und hinterste Theil der Höhle war des Herrn Krippe[4]. Ein Mönch von St. Saba, Namens Johannes, brachte es durch seine Verketzerung der fränkischen Mönche des Oelberges, weil diese glaubten, daß der h. Geist vom Vater und Sohne ausgehe, so weit, daß man sie, als sie an Weihnachten 808 bei der h. Krippe waren, wo unser Herr, der Erlöser des Menschengeschlechtes, zum Heile der Welt geboren ward, hinauswerfen wollte, unter dem Rufe, daß sie Ketzer und ihre Bücher ketzerisch seien; allein die Franken blieben standhaft und sprachen: „Hier wollen wir sterben; denn hinauswerfen könnet ihr uns nicht," und so konnten die gehetzten, angestellten Laien das unchristliche Werk nicht ausführen[5]. Um das J. 865 zeigte sich in der Mitte der Kirche eine Schrift oder Inschrift unter einem Steine, wozu der Eingang von Mittag, der Ausgang aber gegen Morgen war.

---

der Krippe geboren worden sein soll, und die Worte nasci dignatus est erinnern an eine frühere Inschrift der Geburtsstätte (S. 144).

1 Der so eben angeführte ungenannte Biograph des Hieronymus, theilweise nach der Erzählung des h. Antonius. Pourquoi cette crèche si sainte (die b'Estourmel sah) n'a-t-elle pas conservé son simple caractère? 2, 118.

2 Pervenit ad almum præsepe. S. Theodori vita auctore Eleusio (Schüler Theodors), in Bollandi acta sanctor., 22. April, p. 38a.

3 In der Höhle præsepium ex auro et argento ornatum, et jugiter ibi (dort und an der Geburtsstätte) fiunt luminaria. Antonin. Plac. XXIX.

4 Spelunca. cujus interior ultima pars. presepe domini est (nominatur nach der Mabillonschen Ausgabe). Arculf. 2, 1 (Cod. St. Gall. 267). Vgl. oben S. 155.

5 Ubi . . nasci dignatus est. Klagebrief der Mönche vom Oelberge an Papst Leo III. Le Quien Or. Christ. 3, 348.

Hier, auf der Westseite der Schrift selber, wies man die Krippe des Herrn, die Stätte hingegen, wo er wimmerte, auf der Ostseite. Da wurde auf einem Altare die Messe gefeiert[1]. Näheren Bericht erhält man aus den achtundachtzig Jahren des fränkischen Königreiches. Als die Kreuzfahrer in Bethlehem siegreich einzogen, sahen sie dort die Krippe[2]. Sie lag rechts[3] oder westlich[4] neben[5] der Geburtsstätte, und etwas tiefer, als diese[6], war in Form eines gleichseitigen Viereckes, welches die Alten mit weißem Marmor so verkleideten, daß sie nur in der Mitte eine nabelförmige Oeffnung ließen, durch welche man einen Theil der Krippe gewahr wurde[7]. Im Anfange des zwölften Jahrhunderts sah man in der Krippe öfter den Stein, welcher angeblich im Grabe unter dem Haupte des Heilandes lag, und welchen der h. Hieronymus von Jerusalem dorthin brachte[8]. Auch hier stellt sich vor Augen dar, daß wir die

---

1 Est scriptura sub uno lapide, cujus introitus est a meridie, exitus vero ad orientem, in quo ostenditur præsepium Domini ad occidentem ipsius scripturæ. Locus autem, in quo Dominus vagiit, est ad orientem. Habet ibi altare . . *Bernard.* 16. Der Stein war wahrscheinlich die Altarplatte, worauf Messe gelesen wurde, und unter welcher auf der Westseite der von Osten nach Westen laufenden Inschrift die Krippe lag, und zwar in einer Kapelle mit dem Eingange von Mittag her und mit dem Ausgange gegen Morgen.

2 Gesta Francor. expugn. Hierus. 26 (573). *Guil. Tyr.* 9, 14. Um das J. 1160 sah sie auch der h. Raymund du Paumier. *S. Raymundi Palmarii* vita auctore *Rufino,* in *Bollandi* acta sanctor., 28. Julii, p. 647a.

3 Quasi zur Rechten. *Sæwulf.* 35. Das Rechtsliegen setzt voraus, daß es (nur) einen Eingang von der Nordseite her gab.

4 (Auf der Ostseite die Geburtsstätte, hingegen) εἰς . . . τὸ δυτικὸν (μέρος) ἐστὶν ἡ ἁγία φάτνη. *Epiphan.* M. 52.

5 Saewulf, der Mönch Epiphanius. In Bethleem juxta locum nativitatis præsepe est, in quo ipse infans Jesus latitavit. *Johann. Wirzb.* cap. 2.

6 Paulo inferius. *Sæwulf.* Εἶτα μιᾶς κάτωθεν βαθμίδος (von der Geburtsstätte) ἡ τῶν ἀλόγων φάτνη. *Phocas* 27.

7 *Phocas.*

8 *Sæwulf.* 35 sq. Vgl. die Legende auf S. 163.

Erben deſſen ſind, was vorzüglich die Kreuzbrüder geſchaffen; durch ihre Zeitgenoſſen werden wir mit der tieferen Lage des Kripperaumes, der viereckigen Form und der weißen Marmorverkleidung der Krippe theils zuerſt, theils genauer bekannt. Im Zeitraume von 1187 bis 1400 ward die echte Krippe[1] oder doch ein Theil derſelben[2] als vorhanden er= wähnt: gegenüber der Geburtsſtätte[3], etwa vier Ellen da= von[4], vier Spannen lang[5], drei Stufen unter dem Boden der Geburtskapelle[6]. Die Tradizion wußte auch durch Er= ſchaffung von Neuem der Sache friſchen Reiz zu verleihen; auf einmal fanden ſich bei der Krippe noch eiſerne, in Blei eingelaſſene Ringe, woran die Bauern ihr Vieh ban= den, wenn ſie zu Markte kamen[7]; da ſtund der Eſel und das Rind[8]. Die eine plumpe Zugabe verſchwand aber wieder nach kurzer Lebensfriſt; hingegen konnte ſich die echte Krippe ſelbſt noch bis 1483 erhalten. In dieſem Jahre nämlich war ein Theil der Krippe, darein Chriſtus ge=

---

1 *Brocard.* c. 9 (Brocardt 869). S. Anm. 2 zu S. 154 (Pipi= nus). *Frescobaldi* 140.
2 *Marin. Sanut.* 3, 14, 11; er ſagt aber auch: sub qua (der Krippe= höhle) erat praesepe.
3 *Frescobaldi.*
4 *Frescobaldi.* Die geräumigere Höhle der Krippe, als die Geburts= ſtätte iſt a prima quatuor tantum pedibus distans. *Marin. Sanut.* Nicht weit vom Geburtsaltare. Rudolph von Suchen 842.
5 Petrus von Suchen r c. Im Reysb. (842) dagegen: 4 Zwerch= bände.
6 *Monteuilla* 773. *Frescobaldi.*
7 Rudolph von Suchen. By diſer kripp ſicht man noch pfenring mit blp jn die ſtain verrant Jn wölchen ringen die puren jr ſich gebunden haben wan ſy zuo marckt furent. Cod. Vienn. CCCXLII, 172a.
8 *Monteuilla.* Appresso si è il luogo chiamato presepio, dove la Vergine Maria pose il Figliuolo . . . in un poco di fieno tra il buo e l'asino, involto in vilissimi pannicelli. *Sigoll* 166. Vgl. Anm. 5 zu S. 160. Bonaventura und Vincentius behaupteten, daß Joſeph einen Ochſen und einen Eſel nach Bethlehem brachte. S. *Quaresm.* 2, 629a. Von der Krippe, wobei Ochs und Eſel geſtan= den, meldete ſchon Saewulf (35).

legt worden ist, bloß gelassen[1]; allein von dieser Zeit an,
wenn man auch schon der Helena die Erstellung einer sehr
reichen Krippe von Marmor und Porphyr für die alte von
Holz zuschrieb[2], durfte man nicht mehr füglich die Echtheit der
Krippe behaupten[3], zumal weil 1486 der Papst Sixtus V. für
die von Bethlehem nach Rom gebrachte Krippe in der Kirche
Maria Major eine schöne Kapelle erbauen und sehr reich
ausstatten ließ[4]. Indessen gab es doch solche, welche die
Sache noch nicht für gänzlich verloren hielten. Die echte
Krippe, behaupteten sie, sei von Holz gewesen und nach
Rom gekommen, und man sehe der in Bethlehem vorfind-
lichen wegen ihrer Weite an, daß in derselben eine hölzerne
gestanden haben müsse[5]. Die Meinung von einer hölzernen
Krippe gehört zu den unbegreiflichern Abgeschmacktheiten.
In einem Lande, wie Judäa, ist Stammholz, welches in
Breter zersägt werden könnte, eine Seltenheit, und man muß
mit demselben viel zu sparsam umgehen, als daß man es
zu Krippen verwenden oder, um besser mich auszudrücken,
verschwenden dürfte. In Palästina sah ich nie eine hölzerne Krippe, und kein Pilger, kein Reisender wird sich er-

---

1 Breydenbach 131.
2 *Ladoire* 199. Schätzbarer, sagte Chrysostomus, ist mir die Krippe,
die auf die Seite kam. *Fabri* 1, 446.
3 Der Jesuit Neret kämpft keineswegs für die Echtheit; er sagt vielmehr, daß die durch einen Marmorblock vorgestellte Krippe an demselben Orte stehe, wo, wie man glaube, die Krippe des Heilandes
gestanden habe. Wundern muß man sich hingegen, wie Thompson
später schreiben konnte (§. 91), daß die von den Vätern gezeigte
Krippe nur eine nachgemachte zu sein scheine.
4 *Surius* 528. Vgl. Schwallart. Uebrigens sagt noch Kapfman
(10): Item uff der rechten hand by II oder III schritt thut man
(von der Geburtsstätte) II tritt hinab baß do ist die cripp. Ist die
cripp luter wyß marmelsteyne.
5 „Weil aber diese Kripp" (die in den Felsen gehauen) „gar groß
vnd weit ist, kan man wol erachten, dz ein Hültzene darinn gestanden, nach Brauch vnd gewonheit dieser Landschafft." Radziwil 170. Vgl. *Ladoire* 199.

innern, eine solche im alten Lande des Stammes Juda
gesehen zu haben[1]. Offenbar mengten sich unbefugterweise
in diese Sache abendländische Begriffe, so wie die Auffri-
schung des von Helena gefundenen, und nach Rom hinüber-
gebrachten Heues[2] ebenfalls ein Spiegel abendländischer An-
schauung ist, weil man kein Gras trocknet, das grüne, so
viel ich sah und weiß, in Judäa nicht oder doch sehr selten
in die Krippe trägt, sondern zu dem Ende das Vieh auf
die Weide treibt, zumal an den Weihnachten, da eben nach
dem heißen Sommerschlafe Alles grünet, wenn der Himmel
durch den Regen das Gedeihen gibt. Allerdings trifft man
in Bethlehem heutzutage noch Krippen, aber für anderes
Futter, als Heu. Man legt z. B. mehrere Steine zusammen
und bildet daraus eine sehr natürliche Krippe; auch bedient
man sich eines etwa 1½′ hohen Steines mit einer runden, niemals eckigen, Vertiefung[3]. Meist hängt man dem Kamel, dem
Hornvieh, dem Esel am Halse einen Sack, mit dem Futter
darin, an. Es hat mithin seine volle Richtigkeit, daß es in diesem Lande Brauch ist, Krippen von Stein auszuhauen[4], aber
schwerlich im Felsen unbewegliche, wie man als etwas Ka-
rakteristisches der Gegend bemerklich machte[5]. Wohl weiß
ich zwar, daß an einsamern Gegenden künstliche Löcher in
den Felsen dem Wanderer begegnen, nicht aber um das
Futter, sondern um das Regenwasser zur Erlabung von
Menschen und Thieren aufzufassen, und überdies dürfte

---

1 Sunt enim praesepia illius terræ aut saxea aut luteæ, et non de
  asseribus aut truncis facta. *Fabri* 1, 446.
2 In der Kirche Maria Major wurde das Heu geziemlich aufgehoben.
  Marin. Sanut.
3 Ich verweise auch auf meine Zeichnung.
4 *Marin. Sanut.* Er meint aber gerade so, wie diejenige, welche vor
  ihm gelegen hat.
5 Breydenbach. Tschudi 271. Helffrich 718. Die richtige Ansicht Fabri's s. in der viertletzten Anm.

die viereckige Aushöhlung der Krippe, wie man sie seit vie=
len Jahrhunderten kennt, eine die morgenländischen Ge=
bräuche nicht genug beachtende, eine mit nicht gehöriger Um=
sicht überlegte Improvisazion gewesen sein. Und daß man
am Ende nicht vergesse, sich im Allgemeinen zu merken: Die
nachbiblische Geschichte einer echten Krippe verdient kei=
nen Glauben; der Vater der Kirchengeschichte, wenn zu sei=
ner Zeit ein so großes Heiligthum gefunden und verehrt
worden wäre, hätte es schwerlich verschwiegen.

Wir verlassen nun die Krippe, welche eine überkluge
Schriftenerklärung für das Wirthshaus zur Krippe erklärte[1],
um uns zu einem Bilde des Hieronymus zu wenden,
welches unter den Wallfahrern lange Zeit eine große Rolle
spielte. Im J. 1483 war gegenüber der Krippe eine po=
lirte, spiegelglatte Marmortafel, und wenn man sie recht
anschaute, so erschien das Bild eines bärtigen, auf dem
Rücken liegenden Greises, der auf einer Matte im Mönchs=
kleide todt dalag, und neben ihm das Bild eines Löwen.
Und diese Figur war nicht mit Fleiß, mit Kunstfleiß ge=
macht, sondern kam bei der Politur von selbst zum Vor=
scheine, so wie beim Poliren der Tische von Maserholz ohne
Beabsichtigung des Künstlers oft verschiedene Zeichnungen
hervorkommen. Diese natürliche Erklärung genügte aber
nicht Allen, sondern Ungenügsamere behalfen sich mit einem
Wunder, und glaubten, es sei das Bild des Hieronymus[2].

1 Praesepe esse nomen diversorii, es sey das Wirthshaus zur Krip=
pen gewesen. *Schultet.* lib. 1. Exercit. sacrar. c. 50., angeführt
in *J. Quistorp.* Nebo, unde tota perlustratur Terra S. S. Th.
Cronii opusc. elegantior. Roteród. 1699. Fascic. IX. p. 513.
2 *Fabri* 1, 447. Der Verfasser neigt sich auf die Seite einer natür=
lichen Erklärung. Kapfman schreibt: Vnd in der cripp do ist zu
der rechten hand S. Jeronimus bildnuß selbst Jn gewachsen: ist wie
er off erdrich gieng. Do sprach man zu vnß gott hette Jm das
zelon geben das er die bybll translatiert hette vß ebraisch Jn latin.

Im sechszehnten Jahrhunderte führte man dieses Natur=
und Wunderbild[1] hin und wieder an[2]; im siebenzehnten
spukten noch Bild und Aberglaube[3], selbst in der ersten
Hälfte des vorigen Jahrhunderts[4]; nach dem J. 1734 aber[5]
fand ich in den Pilgerbüchern keine Spur vom Bilde mehr,
und es ist beinahe überflüssig, zu bemerken, daß ich es an
Ort und Stelle nicht sah. Zu verschiedenen Zeiten trat
man mehr oder minder entschieden gegen die Spezialisirung
des Naturspieles auf[6], und ob die Vernunft, welche dem
Aberglauben nicht länger Nahrung verschaffen wollte, oder
die Hinfälligkeit des Marmors oder gegnerische Christen die
Tafel entfernten, ist ein ziemlich unwichtiges Geheimniß.
Uebrigens war dieser Aberglaube unschädlicher, als ein an=
derer, welchem im fünfzehnten Jahrhunderte die Sarazenen

1 Es sei eine Hinterlassenschaft Hieronymus', da dieser später nach
   Rom geschafft wurde. Billinger 93.
2 Ein Bild wie ein Mönch auß dem Marmelstein entsprossen. Ehrenberg 512. Wirklich ahmte die Natur in den Adern des Steines das
   Bild eines bärtigen Mannes deutlich nach. Fürer 66. Das Bild
   des Hieronymus. Lussy 38. Zuallart und Bernardino Amico
   (Tav. 8) gaben ein Bild des Bildes.
3 Sur le lieu (Krippe) vers le Septentrion paroist dans le marbre la
   figure d'un veillard, qu'on estime estre celle de S. Hierosme, Dieu
   ainsi ordonnant, que tant de temps aprés sa mort on aye encore
   memoire de ce s. Homme pour le grand amour qu'il a porté à ce
   s. Lieu. Surius 528. Sedente con una mano sotto il capo in atto
   di riposare. Legrenzi 1, 181.
4 Dans une des tables de cette crèche à côté droit . . on diroit à
   voir cette image, que c'est le portrait du grand saint Jerôme. Ladoire 200.
5 Thompson §. 91.
6 Quidquid sit, opus certe est naturæ admirandum pulchrumque. Si-
   milis naturæ lusus e regione quoque est, forma nimirum fœminæ.
   Fürer 66. S. oben S. 145. Diejenige aber, die solcher dingen
   Natur und Eigenschafft etwas gründtlicher erforschen vnd betrachten,
   solten mehr ansehen für ein Ideam oder Chimæram imaginariam,
   so im der Mensch in der Lufft, oder anderstwo selbst einbildet.
   Schwallart 304. Das Bild merkwürdig, aber nicht nothwendig
   des Hieronymus. Cotov. 233. C'est vne des plus curieuses cho-
   ses qu'on sçauroit voir. Monconys 1, 314. Troilo 398 fg.
   Thompson.

fröhnten. Diese wähnten, daß unter der Krippe Jesus' unermeßliche Schätze verborgen lägen. Da brachen einige Jünglinge des Nachts ein durch das Chorfenster über dem Altare der Beschneidung, und hoben die Tafeln neben dem Geburtsorte und der Krippe weg; allein, so malte der mönchische Pinsel, alles Aufgehobene zerbröckelte, und beim Graben[1] ergriff die Frevler ein solches Fürchten und Zittern, daß sie, in eiliger Flucht hinausstürzend, das Werkzeug zurückließen und aus der Heimath verschwanden[2].

Dicht westlich bei der Südtreppe[3], ganz nahe der Krippe gegenüber[4], steht ein Altar, genannt der Altar der Anbetung der Weisen[5], wo, laut der Sage unter den Lateinern, die Weisen ihre Geschenke, Gold, Weihrauch und Myrrhe, darbrachten[6] und Ihn anbeteten[7]. Man hielt das die Anbetung der Weisen vorstellende Gemälde[8] über dem kleinen[9] Altare, aus der Hand des Jakob Palma[10], für

---

1 Wo sind denn die Felsen der Mönche?
2 *Fabri* 1, 476. Vgl. oben S. 138.
3 Rechts von der Geburtsstätte. *Georg.* 524. Hart dabei. Helffrich 718.
4 An der Ostseite des Kripperaumes. Troilo 398. Etwa drei Ellen der Krippe gegenüber. Ignaz von Rheinfelden 129. Καὶ ἄντικρυ αὐτοῦ εἰς τὴν ἁγίαν φάτνην. Ἡ Ἁγία Γῆ 81. Besonders sehe man die bekannten Grundrisse.
5 Troilo 398. Τὴν ὁποίαν (Altar der Franken) καὶ ὀνομάζουσι δῶρα. Ἡ Ἁγία Γῆ 81 sq.
6 Tucher 667. Fabri 259. *Georg.* 524. Lussy 38. Ignaz von Rheinfelden (die Könige seien da niedergefallen).
7 Seydlitz 476. Helffrich. *Fürer* 66 sq. Troilo. Die Anbetung bloß berührten Della Balle (1, 157) und d'Estourmel (2, 117). Ladoire sagte (200 sq.), daß da die 3 Könige waren, und mir sagte man, daß sie da standen. Nach Lussy war die später gebaute Stiege der Standort.
8 *Ladoire* 201. Binos 209.
9 *Ladoire* 200. 3 Schuh 10″ hoch, 5 Sch. 8″ lang, 2 Sch. 7″ breit. Troilo.
10 Protesch 115.

etwas Besseres[1]. Den Ort besitzen die Lateiner[2], und schon lange Zeit[3]. Was die Geschichte anbetrifft, so wurde schon 1320 der Ort in der Kapelle genannt, wo Maria mit dem Sohne war, als die Weisen ihn anbeteten[4]. Außerdem wissen wir, daß, nach der Sage, die drei Könige (Schêch) nordwestlich von hier und etwa 10′ höher (nördlich im Chor)[5] die Geschenke darreichten, und erst 1479 war dieselbe sicher wieder in die Geburtskapelle hinab= und zwar unter einen Felsen gerückt[6]. Weil aber die Tradizion nicht oben und unten zugleich anwendbar war, so verfiel man später auf die Spitzfindigkeit, daß die Könige oben abstiegen, und sich zur Darbringung von Geschenken vorbereiteten[7], ehe sie diese unten wirklich überreichten. Ich mache, wie ge=

---

1 *D'Estourmel.*

2 Geramb 1, 159.

3 Ἔχουσι οἱ φράγγοι τραπέζαν καὶ λειτουργοῦσι. Ἡ Ἁγία Γῆ 81.

4 Item fui in loco illo prenominato tugurio ubi erat beata virgo cum filio quando magi ipsum adoraverunt. *Pipin* 72b. Auch vernimmt man von Baldensel (119): In hoc loco (praesepii) pauperculae virginis infantulus a magis adoratur . . . stella ductore ostenditur. In quel luogo (Krippe) fù (Jesus) adorato da' Magi, wo der römische Katholik vollkommenen Ablaß erhielt. *Sigoli* 166. Früher schon schrieb der h. Bernhard (homil. 1. in Epiphania Domini, nach *Quaresm.* 2, 633) von den Weisen: A Regia civitate, ubi regem quaerendum conjectabuntur, ad Bethlehem villam parvulam diriguntur, stabulum inveniunt, involutum infantem pannis etc., und eine Andeutung wird man später in Hironymus' Grabschrift auf Paula finden.

5 S. oben S. 94. Gumpenberg, der die fragliche Szene klar in den Chor verlegte, sagt dann (464) nur, ohne die Sage wieder zu berühren, daß an der Krippe, in demselben Loche, auch ein Altar stehe.

6 Darnach giengen wir mit der Procession zu der rechten Hand derselben Capellen bey vier Schritt von dem hohen Altar (Geburtsstätte), da stehet auch ein Altar unter einem außgehawenen Felsen, da haben die heilige drey Könige geopffert. Tucher. Fabri. Nach Georg war der Altar selbst rupe excisum.

7 Man verließ auch den Chor ganz, wie Bernardino Amico (s. Ansicht seiner Geburtskapelle, tav. 3), und konzentrirte Alles in den

sagt, einen Unterschied zwischen dem Chân und dem Hause,
zwischen dem Besuche durch die Hirten in ersterem und dem
durch die Weisen in letzterem, und ich könnte nicht in Ferne
der Sage beipflichten, nach welcher Chân und Haus in Eins
verschmolzen werden, und zwar um so weniger, als jene
über den Standort der Weisen in die spätere Zeit fällt und
offenbar erfunden ist. Dabei befremdet die Einseitigkeit der
Sage. Warum sollte sie nicht ebenso gut wissen, wo die
Hirten standen, als die Neugierde sie in die Nähe der
Krippe trieb? Doch lieber, als noch mehr fragen, wollen
wir einen Dichter den nach den Hirten ältesten Pilgern nach=
rufen[1] lassen:

Vos quoque tergemini Reges oracula patrum
Qui legitis properate, nitens en sidus Olympo
Apparet, monstratque viam. Vos oscula plantis
Figite, et ante humiles exponite munera cunas.

Außer jenem Gegeneinandergreifen der Sage werden
wir nun Zeugen ihres Ineinandergreifens. Sie wußte, wo
Maria, mit Jesus in ihren Armen, saß[2], als die Män=
ner des Ostens hereintraten, mit den Geschenken die Auf=
wartung zu machen[3], und als die Gesegnete unter den
Frauen den König aller Könige zur Anbetung vorhielt[4].
Wo war diese Stelle Mariens? Man zeigte sie Andern[5]
und mir zwischen der Krippe und dem Altare der Anbetung

Kripperaum: nördlich die Vorbereitungsstätte und südlich der Ort,
wo die Weisen die Geschenke abstellten.
1 *Julius Roscius Hortinus*, bei *Zuallard*. 298.
2 Schwallart 304. *Ladoire* 200.
3 S. Luffy 38, *Surius* 528.
4 *Chateaubriand* 1, 103. Prokesch. Röser 448. Salzbacher 2, 171.
5 *Nau* 423. *Ladoire* 200. Röser 448. Im Winkel des Altars der Weisen und der Krippe. Salzbacher 2, 171. Der „Ort" der Krippe 3 Schritte gegenüber. Geramb 1, 157 fg.

(Weisen), an der Wand (Süd); hingegen galt mit einigem Schwanken bis zum J. 1829[1] der gleiche Altar[2], den wir so eben als Altar der Anbetung der Weisen bezeichneten, als der Ort, wo Maria saß. Bald war der ganze Altar zum Andenken errichtet[3], bald ruhte der Stein, der als ein Sitz diente, unter dem Altare[4], bald war dafür ein weißer Stein, der etwa $1\frac{1}{2}$ Quadratfuß maß, im Altar eingemauert[5]. Mir wies man einen vom Boden sich wenig erhebenden Stein[6]. In Fällen, wo man einen beweglichen Stein annahm, konnte das Durchkreuzen der Sagen vermieden werden; allein im Falle der ganze Altar als Monument des Standpunktes für die Weisen und des Sitzpunktes für die weltbeglückende Mutter geschildert wird, ist jenes unvermeidlich. Nach dieser Darstellung braucht kaum mehr hinzugefügt zu werden, daß die Tradizion, die nicht einmal ein nachweisbares Alter von dreihundert Jahren hat[7], der Glaubwürdigkeit vollends entbehrt.

Im Nordwestwinkel der Geburtskapelle, nahe bei ihrem westlichen Ausgange in die Josephskapelle sah ich auf dem

---

1 Dieser Altar (der Anbetung der Könige) ruht auf dem Steine, wo die Jungfrau sitzend die 3 Könige empfangen haben soll. Protesch 115.

2 Auch die Entfernungen treffen ziemlich ein: von der Krippe bis dahin 1 Klafter nach Luffy, 2 Schritte gegen Ost nach Surius. Die 3 Schritte des ungenauen Geramb können kaum in Betracht kommen.

3 Schwallart. Binos 209. Chateaubriand.

4 Luffy. S. die drittletzte Anm.

5 *Surius.*

6 De cet Autel (Weisen) jusqu'à elle (Creche), il y a un petit rebord, qui servoit de siege à la . . Vierge. Nau 413. Tout proche la s. Creche il y a une pierre . . sur laquelle . . la S. Vierge étoit assise tenant l'Enfant Jesus lorsque les 3. Rois vinrent l'adorer. Et tout devant il y a un petit autel, qui marque où ils étoient. Voyage 1699. 82 sq. Ein 1' hoher und etwas bearbeiteter Stein. Röser und Salzbacher.

7 Der älteste Gewährsmann ist, so weit ich erforschen konnte, Luffy.

Boden ein rundes Loch, das etwa 1' durchmißt, kaum 1' tief
ist und das Kehricht von der Kapelle aufnimmt[1]. Da diesem
Loche seit langem keine Aufmerksamkeit mehr geschenkt wurde,
und auch die Sage, die sich an dasselbe knüpfte, verschied,
so bleibt mir jetzt nur noch übrig, seine Bedeutung historisch darzustellen. Die Bibel erzählt, daß der Leitstern, welchem die Weisen, von Jerusalem aus, folgten, zu Bethlehem
über dem Orte, wo das Knäblein (Jesus) war, stehen
blieb, wodann sie in das Haus traten und das Kind mit
seiner Mutter Maria fanden[2]. Wo ist nun das von der
h. Familie bewohnte Haus oder vielmehr dessen Stelle zu
suchen, über welcher der Stern stillstand? Ich bemerkte zu
wiederholten Malen, daß ich dieses Haus, wohin erst später
die Weisen sich verfügten, und den Chân, worin die Geburt vorfiel, und in den gleich die Hirten auf Besuch kamen,
nicht für einerlei halte, und nach meiner Schrifterklärung
muß ich die Szene des Sternstillstandes und des Besuches
von Seite der Weisen aus dem Morgenlande von dem Chân
oder der heutigen Geburtskapelle trennen und entfernen. Es
handelt sich aber hier weit minder darum, meine Meinung
inne zu werden, als vielmehr diejenige der Tradizionswelt.
Schon in der vordern Hälfte des ersten Jahrtausends lautete es, daß der Stern, nachdem er seinen Dienst geleistet
hatte, neben Bethlehem in einen Brunnen fiel, wo ihn damals alle, welche Jungfrauen waren, sahen, und daß, als
einmal drei Frauensleute, von denen eine Jungfrau und
zwei es nicht waren, hingingen, nur diejenige den Stern
erblickte, welche eine Jungfrau war[3]. Um das J. 825

---

1 So gebe es zu dem Ende Löcher in den Kirchen der Nestorianer.
Quaresm. 2, 640.
2 Ἕως (ἀστήρ) ἐλθὼν ἔστη ἐπάνω οὗ ἦν τὸ παιδίον.
Matth. 2, 9 und 11.
3 *Aymon* Serm. de Epiphania nach Gregor von Tours, angeführt von *Quaresm.* 2, 639.

war in Bethlehem für den Pilgrim der Sternpunkt firirt;
zu einem Brunnen kommend, sah er dort wirklich, was ihn,
nach dem Hörensagen, zum voraus mit Bewunderung er-
füllte, nämlich auf dem Wasserspiegel von einem Rande
zum andern das Bild des Sternes ziehen, welcher den
Weisen, nach der Geburt des Herrn, erschienen war[1].
Zur Zeit des fränkischen Königreiches lag eine Zisterne, in
welche angeblich der Leitstern gefallen war[2], neben der Geburtshöhle[3], und zwar auf deren nördlichen Seite[4]. In der
spätern Zeit der Frankenherrschaft oder wenigstens unter den
Griechen hegte man die Ansicht, daß der Stern im Brun-
nenwasser stand[5]. In den nächsten folgenden Jahrhunderten
war, nach der griechischen Meinung, in Bethlehem ein
Brunnen mit lebendigem Wasser, in welchem an der heiligen
Nacht übernatürlicherweise der Stern glänzte[6], während dieser,
nach der fränkischen Vorstellungsweise, bloß in denselben,
neben der Krippe, fiel[7]. Die unwidersprechliche Einerleiheit
des Fleckes (am heutigen Loche) erfahren wir jedoch erst
in dem fünfzehnten und darauf folgenden Jahrhunderte.
Das Loch[8] oder die große Oeffnung über einer wasserlosen

---

1 *Willibald.* 12 (nach dem ungenannten Verfasser). Ganz ähnlich der
h. Gregor (lib. 1. de gloria martyr.), bei *Quaresm.* l. c.

2 Ibi est cisterna in ecclesia .. in quam stella dicitur dilapsa. *Sæwulf.* 36.

3 *Sæwulf.*

4 *Πρὸς τὸ βόρειον μέρος τοῦ σπηλαίου ἐστὶ τὸ φρέαρ
τὸ ἀνόρυκτον.* *Epiphan.* M. 52.

5 *Καὶ εἰς τὸ ὕδωρ τοῦ φρέατος ἐστιν ὁ ἀστήρ.* *Epiphan.* M.

6 *Perdicas* 77.

7 Monteuilla 773.

8 (In einem Stein) *Albert. Sax.* 2110.· Kapfman 10. (In der
Erde) Fäßli bei Mirike 224. *Jod. a Meggen* 120. Ehrenberg 512.
Allgemeiner sprachen von einem Orte in der Kapelle, wo sich der
Stern verloren habe, Wormbser (409) und Löuwenstein (359).

Zisterne, in welche der Leitstern gefallen[1], oder über wel=
chem Loche er verschwunden[2], oder in welches er verkrochen[3]
war, lag hinten[4] oder links zu hinterst im Winkel der Ge=
burtskapelle[5] oder am Eingange in die Höhle der unschul=
digen Kinder[6], nicht weit von der Krippe[7]. Nach der
Mitte des sechszehnten Jahrhunderts wurde die Tradizion,
welche den Stillstand des Sternes unten in der Kapelle
suchte, aufgegeben[8], und, meines Wissens, vernimmt man
nur noch aus dem J. 1656 ein leises Echo, daß zu unterst
in der Geburtskapelle ein kleines Brünnlein gezeigt ward,
welches mirakulosisch Wasser spendete, so lange die gebene=
deite Jungfrau zusammt dem lieben Kindlein in dem Hütt=
lein wohnte[9]. Eine ganz verschiedene Deutung gab man dem
Loche um das J. 1620, nämlich, daß es der Ort war, wo
die Windeln des ·Herrn gewaschen wurden[10], so wie 1647,
daß es bei der Geburt Jesus' ein Oelbrunnen war[11]. Wer
den schwankenden Karakter der Tradizionen im Allgemeinen

---

1 Et in hujus memoriam derelictum fuit ibi foramen illud. *Fabri*
   1, 447. Aehnlich Ehrenberg.
2 *Albert. Sax. Georg.* 524. *Jod. a Meggen.* Löuwenstein.
3 Fäsli.
4 *Albert. Sax.* Item Hinden In der crufft ist das loch do der stern
   hin durch schoß In den Herd als er die dry künig zu dem kindli ge=
   fürt hat vnd inen nit me lüchten wolt. Kapfman 10.
5 *Fabri. Jod. a Meggen.*
6 *Georg.*
7 Fäsli. Löuwenstein. Darnach (Krippe) fünff paß fort, auff der
   rechten hand, ist ein Loch . . Ehrenberg.
8 Auf dem Zuallartischen Plan ist das Loch richtig gezeichnet, aber
   nicht benamset, und auf dem Quaresmius-Zwinnerschen heißt es (19):
   Ein Geschirr von Marmor, davon viel erzählt wird. Quares=
   mius fertigt die Tradizion kurz als schriftwidrig ab (2, 635b).
9 Ignaz von Rheinfelden 129.
10 *Καὶ ἔμπροσθεν τῆς πόρτης αὐτῆς* (der Westthüre in der
   Geburtskapelle) *ἔχει τρύπαν στρόγγυλην, καὶ εἶναι ὁ τόπος
   ὁποῦ ἔχουσαν τὰ ἀποπλυσίματα τῶν σπαργάνων τοῦ
   Κυρίου ἡμῶν. Ἡ Ἁγία Γῆ* 82.
11 *Monconys* 1, 315.

12

kennt, der wird sich nicht wundern, daß zu gleicher Zeit[1] die Zisterne des Sternes oben und unten gewiesen wurde, ja nicht einmal an entsprechenden Stellen, indem die Zisterne des Chores etwa 40' mehr gegen Morgen lag, als das Loch in der Geburtskapelle, den wird es nicht schmerzlich berühren, daß endlich dieses Loch von der Ueberlieferungsplagerei befreit wurde. Damit war jedoch der Sache im Grunde nicht abgeholfen, weil man die Tradizion, wahrscheinlich aus Ueberzeugung von der weitern Unthunlichkeit des Zwillingswesens und des handgreiflichen Widerspruches, gegen das Ende des sechszehnten Jahrhunderts gänzlich nach dem Chore hinauf flüchtete, wo sie ihr Leben bis in unser Zeitalter fristete[2].

Man zeigte auch die Stelle, wo Jesus nach der Geburt abgewaschen wurde[3], und hinten an der Mauer das Bild unserer l. Frau in Mosaik, das angeblich Wunder that, und selbst mit den Mönchen sprach[4].

Gleich rechts, wenn man auf die letzten Stufen der Südtreppe hinabgelangt ist, findet sich ein mit einer Doppelthüre geschlossener, den griechischen Orthodoxen zugehöriger Verwahrort.

Zwischen dem westlichen Ausgange der Geburtskapelle und der Treppe der Katharinakirche gibt es eine Zellengruppe: das östliche Paar Zellen ist mit dem Gange mehr vereinigt, und das westliche Paar hängt durch einen Stiel (Nebengang) mit ihm zusammen. Wir kommen zuerst zu den Bemerkwürdigkeiten auf der östlichen Seite, dann zu

---

1 So wurde 1507 Georg die Zisterne unten und 1508 Anshelm oben gezeigt. Vgl. S. 95, Anm. 5 fg.
2 S. oben S. 94 fg.
3 *Light* 167.
4 *Monconys* 1, 314.

der in dem Nebengange und zuletzt zu denen im westlichen Zellenpaare.

Voran die Josephskapelle[1] oder der Altar des Joseph[2]. Sie liegt zwischen der Krippe und dem Altare der unschuldigen Kinder[3]; der Altar wirklich gegen Ost[4]. Der Boden der kleinen Kapelle[5] ist gepflastert. Vom Altare jener Kinder führen fünf Stufen[6] herauf. Von der Thüre, die gegen die Krippe sich öffnet, vier Schritte gegen Mitternacht reicht Mauerwerk und von da an bis zur Stiege der Katharinakirche starrt der Fels. Bei der genannten Thüre, außerhalb der Geburtskapelle, ist im Südwestwinkel ein Kasten angebracht, und dort scheinen noch Spuren eines früheren Eingangs vorhanden zu sein[7]. Die Sage bildet hier den Ausgangspunkt verschiedener Digressionen. Ehe noch ein Altar dastand, glaubte man, daß die Maria mit Jesus in die hintere Höhle sich flüchtete, aus Furcht vor Herodes[8]. Eine spätere Sage lautete, daß Joseph, während seine Gattin niederkam, sich hieher begab[9], und nach der jüngern Tradizion schlief hier Josephus, als der

---

1 *Surius* 529. Troilo 402. Una capella con altare eretto in honore di S. Giuseppe. *Legrenzi* 1, 184.

2 Ignaz von Rheinfelden 128. Plan von Zwinner. *Ladoire* 201. Salzbacher 2, 171.

3 Man s. auch Zwinners und meinen Grundriß.

4 *Surius*, Zwinner.

5 18' lang, 14' breit. *Surius*.

6 3 Stufen gegen S. *Surius*.

7 S. oben S. 131.

8 Fabri 259.

9 Ignaz von Rheinfelden. Troilo. La tradition porte que ce grand Saint (Joseph) voyant que la Vierge sa s. Epouse étoit prête d'enfanter le Rodempteur de tous les hommes, il se retira pour quelque tems dans cette Grotte. *Ladoire* 201 sq. Nach Binos (209) war dieser Ort ungefähr 100 Schritte von der Krippe entfernt.

12*

Engel ihn zur Flucht nach Egypten mahnte[1]. Die Kapelle ist nicht alt; sie wurde im J. 1621 eingerichtet[2].

Die Höhle[3] ober Kapelle ber unschulbigen Kinder[4] liegt, wie aus dem Gesagten hervorgeht, zwischen der Geburtskapelle und der Treppe der Katharinakirche, östlich am Felsengange[5], und zwar unter dem nördlichen Flügel des großen Kirchenchors. Die Felsenwölbung, die von dem künstlich gewölbten Krippegange (Westtheile der Geburtshöhle) gegen Nord anfängt, wird von einer dicken, hier aufgestellten Säule gestützt[6]. Auf der Ostseite steht ein Altar, vor welchem man während der Prozession das Salvete flores martyrum sang[7], und neben welchem außen im Gange, gleich gegen Abend, an der Felsenwölbung eine mit großen Steinen verstopfte Oeffnung merkwürdig ist. Man sagt, daß dadurch die unschulbigen Kinder geworfen wurden. Mir scheint sie die Mündung einer alten zerstörten Zisterne[8] zu sein. Der genugsam betende römische Katholik bekommt in dieser Kapelle Ablaß auf sieben Jahre und siebenmal vierzig Tage[9]. Unter jenem Altare[10] findet

---

1 Sieber 48. Salzbacher.
2 Sciendum itaque, quod, gubernante loca sancta Thoma a Novaria, loci opportunitate (in der Geburtskapelle, sagt er zwar) inventa exigui sacelli, in eo anno Dn. 1621. altare erexit, sanctoque Virginis Mariæ sponso dicavit. *Quaresm.* 2, 675. Vgl. *Nau* 417.
3 Daß hier eine Felsenhöhle sei, barüber sind die Autoren einverstanden. Boucher sagt (283): vn antre caverneux.
4 *Fürer* 66. Schwallart 305 und Grundriß. Troilo 401. *Ladoire* 202.
5 *Boucher.*
6 Schwallart sagt: Pfeiler. Auf seinem, so wie auf Zwinners Plan ist richtig eine Säule gezeichnet.
7 Seid gegrüßt, ihr Blüthen der Blutzeugen. Ignaz von Rheinfelden 128.
8 Höhle ober trockene Zisterne. *Quaresm.*
9 Radzivil 170. Meine Lustreise 2, 101.
10 Sacellum est puerorum innocentium, in quo sub altari specus est. *Fürer.* Schwallart. *Quaresmius. Legrenzi.*

sich eine niedrige[1], verschlossene eiserne Gitterthüre[2], durch
die man den Blick in eine Höhle hinabstiehlt[3], und welche
alle Jahre nur einmal geöffnet wird. Ich reihte mich un=
ter die Glücklichen, die an einer Christnacht hineinstiegen.
Zuerst geht es eine Stufe hinauf und dann zwei hohe
Stufen hinab, wie mir nach sorgfältiger Besichtigung vor=
kam, in eine Naturhöhle[4], welche in ihrer Länge von Süd
nach Nord zwölf Schritte mißt[5], und in ihrer gänzlichen
Leere die natürliche Einfachheit vollständig bewahrte. Als
ich in der Höhle mich befand, waren keine Gebeine darin,
als die meinigen noch fleischbedeckten; denn es schlüpfte je
Einer nach dem Andern hinein. „Deren (unschuldigen
Kindlein) zarten Hüllen die fromme Sage hier ihre Ruhe=
stätte anweiset"[6].

Ich werde nun das Heiligthum näher an den Fackel=
schein der Geschichte ziehen. Die Bibel erzählt, daß He=
rodes, vor Zorn über die getäuschte Erwartung, es wer=
den die Weisen aus dem Morgenlande ihm Jesus angeben,
alle Kinder bis zu einem gewissen Alter in Bethlehem und
seinem ganzen Gebiete umbringen ließ[7]. Der gläubige
Christ frug sich: Wo war denn die Stätte dieser Grausam=

---

1 Une ouverture de 2. ou 3.' de diametre. *Nau* 418.
2 Una fenestra con grado di ferro. *Legrenzi* 1, 184. *Nau.* Pro=
lesch 117.
3 *Legrenzi.*
4 Fabri (Reysb.) 259. Est alius speous, in quem nonnisi curvato
dorso ingredi poteramus, et ab intus est locus in latere speluncæ
ad latus sinistrum satis profundus. *Fabri* 1, 452. Es scheint dem=
nach ursprünglich die Kapelle der unschuldigen Kinder südlich bis an
einen engen Eingang geschlossen gewesen zu sein. Tief Loch bei
Tschudi (278); mäßige Vertiefung bei Quaresmius. Vgl. auch
Schwallart und Legrenzi. Tief, sagt Radzivil 170.
5 6 Ellen lang, nicht gar weit. Radzivil. Auf dem Zuallartischen
Plane ist die Höhle gezeichnet, nicht aber auf dem Zwinnerschen.
6 Schubert 3, 21.
7 Matth. 2, 16.

keit? Wurden etwa noch die Gebeine der Kinder aufbewahrt?
Die Tradizion beantwortete keck diese Fragen, und es wird
sich zeigen, mit welchem Glück. Als jene gottesfürchtige
Römerin, P a u l a, in die Höhle des Heilandes trat, malte
sie sich in ihrer Gemüthsbewegung, in ihrer hohen Begeisterung nicht bloß das in Tüchern eingewickelte Kind und
andere Auftritte, zu denen uns das Buch der Bücher
hinleitet, aus, sondern insbesondere auch die getödteten Kleinen und den Wütherich H e r o d e s [1]. Weiteren Werth aber,
als den einer Entzückung oder poetischen Herzensergießung
mögen diese Worte nicht haben. Die erste trabizionelle
Nachricht von dem Schauplatze des Hinwürgens fällt in den
Uebergang des sechsten ins siebente Jahrhundert; denn die
Meldung, daß die fromme H e l e n a den unschuldigen Kindern bei Bethlehem einen Tempel baute [2], darf man ohne
Bedenken als ein historisches Mährchen unberücksichtigt lassen. Zehn Minuten von Bethlehem in der Vorstadt Davids, wo auch dieser König begraben lag, hatten die un-
schuldig hingeschlachteten Kinder ihre Ruhestätten, und man
sah der Heiligen Gebeine [3]. Um das J. 728 zeigte man,
als man von Bethlehem in die große Ortschaft Thekoa
kam, jene Stätte, wo einst von Herodes der Kindermord
begangen ward, und da stand eine Kirche, und da ruhte

---

1 S. oben S. 136 fg.
2 *Nicephor. Callist.* eccles. hist. 8, 30.
3 Milliario semis de Bethleem in suburbe David jacet David: sed et
infantes, quos occidit Herodes, ipso in loco habent sepulchra,
et videntur eorum sanctorum ossa. *Antonin. Plac.* XXIX. Etwa
siebenzig Jahre später sprach Arculfus (2, 4) von der außer der
Mauer Bethlehems, im anstoßenden Thale (höchst wahrscheinlich im
Wâdi er Rahi'b) gelegenen Kirche mit dem Mausoleum Davids,
was mit jenen zehn Minuten übereinstimmt. Mehr darüber an einem
andern Orte. Es ist übrigens bemerkenswerth, daß Arculfus von
der Begräbnißstätte der unschuldigen Kinder nichts meldet.

einer der Propheten¹. Es herrschte mithin die ganz selt=
same Ansicht, daß Herodes die Kinder aus dem Gebiete
der Bethlehemer in jenes der Thekoaer bringen ließ, wo sie
erst niedergemetzelt wurden, eine Ansicht, die etwa änder=
halb Jahrhunderte später verlassen wurde, dann aber wieder
aufs neue auftauchte, wie ich sofort zeigen werde. Denn
um das J. 865 war neben der Marienkirche in Bethlehem,
auf der Südseite, die Kirche der unschuldigen Märtyrer².
Im Anfange der fränkischen Regierung ruhten die unschul=
digen Kinder auf der Südseite erster Kirche unter einem Al=
tare³. Wüßte man nicht, daß ich auf der Südseite des.
Tempels eine große tiefe Wölbung traf, so hätte man sonst
sich vorstellen können, daß unter dem Boden des südlichen
Chorflügels und des Schiffes nicht Alles purer Fels, son=
dern auch Aushöhlungen, wenigstens kleinere Grüfte zur
Aufnahme der Leichname hoch gestellter Personen, z. B. der
Bethlehemer = Bischöfe, zu finden wären, und Nachgrabungen
oder Abräumungen werden darüber einst noch Gewiß=
heit verschaffen. Ich bin nun sehr geneigt, jene Ruhe=
stätte der unschuldigen Kinder, die man im Anfange des
lateinischen Königreiches nach dem Süden der Kirche ver=

---

1 Venerunt in villam magnam, quæ vocatur Thecoa, ad illum locum,
ubi infantes quondam occisi fuerant ab Herode. Ibi est nunc ecclesia, et ibi requiescit unus de prophetis. *Willibald.* 20 (nach der
Klosterfrau).
2 Juxta hanc ecclesiam est ad meridiem ecclesia beatorum martyrum
innocentium. *Bernard.* 16.
3 In australi parte ecclesiæ. *Sæwulf.* 36. In den Gesta Francorum
exp. Hierus. (26 oder 537) ist der Laut: Ibidem (Bethlehem) in
confinio passi sunt Innocentes, qui ab Herode trucidati sunt, gerade
so, als hätte man, ohne eigentlich örtliche Beziehung, die Bibel nur
kopiren wollen, und Theotonius (Acta sanctor., 18. Febr., 112)
gibt uns ebenfalls nichts Gewisses an die Hand, wenn es von ihm
heißt: Vidit et locum (als er von der Geburtshöhle wegging), quo
sæviens Herodes pro Christo parvulos interfecit, als das, daß man
um das J. 1112 den Schlachtplatz in der Nähe der Geburtskapelle
glaubte.

setzte, gerade in obgedachter Wölbung zu suchen. Zwar rückte man in der spätern Zeit der fränkischen Regierung mit der Ruhestätte der unschuldigen Kinder, und zwar der meisten, als wollte die neuere Tradizion vermittelnd einen Theil in Bethlehem lassen, von diesem Orte weg, aber nicht ganz nach Thekoa, weil es dem Texte der Bibel, nach genauerer Prüfung, offenbar unleidlich vorkommen mußte, sondern auf einen Platz, der vier Meilen südlich von Bethlehem und zwei von Thekoa entfernt war[1]. Doch selbst zu dieser Zeit stand die Tradizion nicht unangefochten da, was dadurch sich beweisen läßt, weil um das J. 1170 nahe auf der Abendseite der Stadt Bethlehem zwei Höhlen mit den irdischen Ueberresten der ermordeten unschuldigen Heiligen waren[2]. Im dreizehnten Jahrhunderte sah man zu oder bei Bethlehem in einer großen Höhle viele Leichname der unschuldigen Kindlein[3], ja auch den Ort und den blutbefleckten Stein, wohin die Trabanten des Herodes die Kinder schleuderten[4]. Im ersten Viertel des vierzehnten Jahrhunderts trat die vermittelnde Tradizion mit Entschiedenheit auf: Ein Theil der Kinder war in der Marienkirche zu Bethlehem rechts vom Chore oder gegen Mittag, wo auch ein Altar errichtet war, und der andere, größere Theil ander-

---

1 *Joh. Wirzburg.* cap. 2. Genau so bei *Eugesipp.* 112. Dagegen sagt Fetellus (14b): In bethleem ejusque finibus innocentes decollari jussit herodes. quorum pars maxima contra meridiem. tercio miliario a bethleom Secundo a thuca quiescit. Summirt man die Meilen = 5 oder 6, so ist die Entfernung von Bethlehem nach Thekoa richtig bezeichnet.

2 Πρὸς δύσιν τῆς ἁγίας Πόλεως πλησίον εἰσὶ σπήλαια δύο, ἔχοντα λείψανα τῶν ἁγίον Νηπίων τῶν ἀναιρεθέντων. **Epiphan.** M. 52.

3 Thetmar in Maltens Weltk., 1844, Febr., 192.

4 *Perdicas* 77. Auch Brocardus (c. 9) ward in Bethlehem der locus occissionis innocentium puerorum gezeigt.

wärts, drei Meilen gegen Mittag, begraben[1]; dort an der Stätte der Kirche sollen auch viele umgebracht worden sein[2]. In der spätern Zeit desselben Jahrhunderts schien einiges Schwanken der Tradizion einzutreten. Während man einerseits die ältere Meinung entschieden festhielt, daß im südlichen Chorflügel ein Altar stand und die lieben Kinder begraben lagen[3], schien man andererseits die Höhle, wo nun die Gräber Hieronymus', Paulas und Eustochiums gezeigt werden, als die Beingruft der unschuldigen Kinder zu bezeichnen[4]. Wenigstens dürfte letzteres nach der Meinung, die sich im fünfzehnten Jahrhunderte bis gegen das J. 1479 geltend machte, nicht bezweifelt werden. So viel ist gewiß, daß man im J. 1476 vom Kreuzgange des lateinischen Klosters zuerst in die Wohnung des Hieronymus auf vielen Stufen hinabstieg, von welcher unferne sein Grab war, und daß man danach in die Gruft mit viel Löchern ging, worein die unschuldigen Kinder einst gelegt waren. Von hier kam man wieder in den Kreuzgang und dann erst in die große Kirche, um die Geburtskapelle zu besuchen[5]. Zwischen dem J. 1476 und 1479 trat ein sehr bemerkenswer-

---

1 *Marin. Sanut.* 3, 14, 11. Item fui in ipsa ecclesia sancte Marie ubi recondita sunt plura innocencium corpora ubi etiam multi ex eis dicuntur occisi fuisse. *Pipin.* 72.

2 S. letzte Anm.

3 Vnd in der abseiten (der Marienkirche) zu der rechten seitten do sind die lieben chinder begraben .. vnd an derselben stat stat nu ein alter. Rechtenstain 98b. Vnd vor ihm sagt Monteuilla (773): „Item, vnter demselbigen Vmbfang derselben Kirchen, achtzehn Staffeln tieff, zu der rechten Hand ligt der vnschuldigen Kindlein Gebeyn, in einem Gerner." Gerner ist carnarium, carnajo.

4 Ivi al lato (der Hieronymuskapelle, die zur Linken war) è un altra capella, dove furono gittati molte migliaria di corpi di fanciulli innocenti. *Frescobaldi* 139. Aehnlich Sigoli (167), der von vollkommenem Ablasse für die römischen Katholiken spricht.

5 *Albert. Sax.* 2110. S. Anm. 5 zu S. 130. Nach Gumpenberg (464) ist die südliche Nebenkapelle des Studoriums Hieronymus' nicht bestimmt, aber doch sehr wahrscheinlich „das Ort da die drey Todten

ther Wendepunkt ein. Wie vor dem letztgenannten Jahre noch kein unterirdischer Verbindungsgang zwischen der Katharinakirche und der Geburtskapelle bekannt war[1], so vernahm man auch erst im J. 1479 von einer westlichen Fortsetzung der Geburtshöhle, von einer Höhle hinter dieser Höhle. Die hintere Höhle und der Verbindungsgang waren offenbar um die Zeit der Kirchenausbesserung ein Werk, welches die Franziskaner unternahmen. Wie würden sie die hintere Höhle des Geburtstempelchens, von welcher bis zum J. 1479 nichts bekannt war, haben aushöhlen können, wenn sie nicht von der Katharinakirche aus schon einen Gang dahin gehabt hätten? Daß die Verbindung nicht von der Geburtskapelle aus erstellt wurde, ist geschichtlich erwiesen. Nun aber versieht sich ein Jeglicher am allerwenigsten darauf, daß man, offenbar vom lateinischen Brüdervereine aus, mit der Tradizion von den unschuldigen Kindlein in die unschuldige neugeschaffene hintere Höhle der Geburtskapelle einzog[2]. Und doch geschah es, und die Ueberlieferung klammerte sich an diese Stelle bis auf den heutigen Tag[3]. Es

---

sind erquickt worden, vnnd die Löcher, dareyn man die Kindlein geworffen, welche man erwürget hat".

1 Die Geschichte des Ganges s. oben S. 127 ff.
2 Dunkel ist die Stelle bei Kapfman (10): Item im Selben loch (wo Hieronymus die Bibel übersetzte) werden VIc oder VIm (600 oder 6000) der vnschuldigen kindlin vergraben Do ist och S. Jeronimus grab do er zu erscht hin begraben ward.
3 Hinden in derselben Capell (der Geburt) gehet man auch in ein Grufft einen verborgenen Gang, An demselbigen ende viel der vnschuldigen Kindlein behalten, vnd ein lange zeit da verborgen gelegen sind. Tucher 667. Von dort ging der Verfasser wieder in die Geburtskapelle und durch die große Kirche ins Kloster. Ganz natürlich; wollte man den Gang verborgen halten, so mußte die Prozession wieder durch den großen Tempel zurück, weil ihr Ausbleiben hätte auffallen können oder müssen. So kehrte auch Fabri in der Höhle der unschuldigen Kinder mit der Prozession wieder um, „vnd sind nicht in Sanct Nicolaus Capel auffhin gegangen," sondern kamen durch das Thürlein in die Geburtskapelle und dann ins Münster, „vnd damit hatte die Proceß ende."

darf uns aus doppelten Gründen nicht Wunder nehmen,
wie man im Anfange mit der hinteren Höhle und mit dem
Gange überhaupt so geheim that, einmal weil man dadurch
das Interesse der Pilger, die vielleicht von der ältern Stätte
der unschuldigen Kinder etwas noch wußten, und gleichsam
mit der Entdeckung eines Geheimnisses überrascht werden
sollten, nur im hohen Grade steigerte, jener Pilger, die
schwerlich gründlich vorbereitet waren, um den Minoriten
sich mit wohl motivirten Zweifeln entgegenzustellen, und
dann, wie bereits oben erwähnt, weil die Entdeckung durch
andere Christen oder durch die Moslemin den Unternehmern
ein schweres Ungewitter über dem Haupte zusammengezogen
hätte. Doch es mag hievon genugsam gesprochen oder ge=
muthmaßt sein, das sich in kurzen Sätzen hätte zusammen=
fassen lassen, woferne die Alten, statt zu vieler Gedanken=
striche, eine klare und umfassende Beschreibung des Vor=
ganges hinterlassen haben würden, und wir wenden uns
nun zu der regenbogenfarbigen Tradizion, wie sie sich uns
seit dem J. 1479 darbot, nicht in der Meinung, daß sie,
auf diese Erläuterungen hin, eigentlich eine weitere geschicht=
liche Behandlung verdiente, sondern mehr aus dem Grunde,
um diese Beschreibung weniger lückenhaft zu lassen, und um
durch Beispiele darzuthun, wie religiöse und historische Ge=
ringsinnigkeit so leicht die Menschen leitet, selbst aufgeklär=
tere, selbst tonangebende, selbst die Mitwelt, die man mit
dem Epitheton der Aufgeklärtheit so gütig beschert. Mit
der neuen Gruft verfuhr man anfänglich etwas bescheidener;
man behauptete etwa, daß viel tausend der heiligen Unschuldi=
gen hineingeworfen waren, ohne daß man, selbst im Staube,
Reliquien fand, weil die Gläubigen sie längst weggenommen
hätten[1]. Im Fortschreiten der Zeit, mit dem Aelterwerden

---

1 *Fabri* 1, 452. Es haben die frommen Herren meine gnädige Her=
 ren (Franziskaner) allda auch heimlich lassen sehen ein kleinen

der neu gefundenen Gruft durfte die Tradizion den Mund
etwas voller nehmen. Im J. 1508 hieß es, daß in der
geheimen Gruft die Leichname vieler Unschuldigen wären,
daß aber Wenigen der Eintritt gestattet worden sei[1], gewiß
aus ganz natürlichen Gründen. Das Vorhandensein der
Gebeine[2] oder doch der Kindergruft[3], in welcher die Knochen viel Jahre gelegen haben[4], berührte man hin und wieder. Man nahm zu seiner Zeit auch an, daß hier nicht
nur ein Theil begraben, sondern auch getödtet war[5], so wie
daß zur Zeit der Herodianischen Verfolgung etliche Mütter
mit ihren Kindern in diese Gruft geflohen wären, als sie
der andern großes Mordgeschrei gehört hätten, daß sie aber
am Ende doch ausgespäht und grausamlich in der Höhle
getödtet worden seien[6], weswegen ein Pilger auch der Nachwelt überliefern konnte, daß er an einem Felsen Blut sah[7].
Nicht wenig fällt auf, daß auch die in der Annahme der
Ueberlieferungen höchst gelehrigen Griechen, vor denen die
Franziskaner ihren neuen Tradizionsort so lange verbargen,

Keller, darinne vor zeiten begraben-seind gewesen alle die vnschuldige
Kindlein. Alexander 74. Der Tödtungsort sei „in mittel der
Kirchen" gewesen.
1 Est ostium (von der Geburtskapelle) ducens in Cryptam quandam
occultam, in qua multorum corpora innocentium habeantur: sed
rari illuc intromittuntur. *Georg.* 524.
2 Schwallart. (Mehrere) *Surius.* Ignaz von Rheinfelden.
Legrensi. (Nach der Tradizion) *Chateaubriand.* Röser. Daß die
Höhle Gräber der Unschuldigen enthalte, gab man auch dem weniger
gläubigen Fürer (in quo [specu] nonnullos illorum sepultos esse
dicunt) und Profesch (Grotte, die Gebeine der Gemordeten enthalten soll) vor. Wolff wurde aus einem Schrank Hand und Zunge
eines von Herodes ermordeten Kindleins gezeigt (135).
3 *Quaresmius.* Er folgte Bonifacius.
4 Troilo.
5 Seydlitz 476. S. oben Anm. 5 zu S. 130. Diese Tradizion
scheint dem Quaresmius minder wahr.
6 Troilo 401 fg. *Ladoire* 202.
7 Tschudi 278. Er führt „kleine schlüfflein (Schlupflöcher)" an, wie
sie aus dem fünfzehnten Jahrhunderte bekannt sind. Ich sah keine.

sich ebenfalls, wenn diesmal nicht gerade zum dicksten Aber=
glauben, doch zu dem Glauben verstanden, daß hier einst
die Leichname der unschuldigen Kinder waren[1].

Auf der Nordseite des Felsenganges, welcher aus der
Kapelle der unschuldigen Kinder in die westlichen Felsen=
kammern führt, liegt der wenig ansehnliche[2] Altar des
Eusebius von Kremona, unter welchem er begraben wor=
den sein soll[3]. Um diese Ueberlieferung gehörig zu würdi=
gen, darf nur erinnert werden, daß dieser Quergang erst
im J. 1556 bekannt wurde[4]. Am vorgeblichen Grabe
des Eusebius sangen die Franziskaner täglich zu seinem
Lobe:

Hymnus. Iste confessor Domini sacratus.

Antiphona. Similabo eum viro sapienti etc.

Vers. Ora pro nobis, beate Eusebi.

Resp. Ut digni efficiamur pro missionibus Christi.

Wahrscheinlich spickte er, ohne genaue Erinnerung, seine Reise=
beschreibung hier mit ältern Nachrichten aus.

1 Καὶ ἄλλην τρίτην πόρταν ἔχει (Geburtskapelle), καὶ
εἰσέρχεται εἰς τὸν τόπον ὁποῦ ἦτον τὰ λείψανα τῶν
ἁγίων Νηπίων. Ἡ Ἁγία Γῆ 82. Es war bestimmt die
Westthüre gemeint, und es ist sehr unwahrscheinlich, daß die daneben,
südlich stehende Thüre weiter verstanden war, weil diese auch hätte
erwähnt werden sollen, und weil von einem Gebrauche derselben,
als einem Eingang in die Höhle oder in eine Kapelle, mir nichts
bekannt ist.

2 Von Marmor. *Fürer* 66.

3 Grab des H. Eusebii. Seydlitz 475. Monumentum Eusebii.
Fürer. Radzivil 170. Une autre allée, où il y a un Autel vers
le Septentrion, sous lequel fut inhumé s. Eusebe de Cremone.
Surius 530. Grabe, in Form und Gestalt eines auffgerichteten Al=
tars, darein der Leib des Eusebii ist gelegt worden. Troilo 202.
Thompson §. 91. *Chateaubriand* I, 305. Prokesch 116. Und
Andere. Ueber die Lage berathschlage man besonders die Grund=
risse von Zuallart und Zwinner, daneben auch Fürer, Rad=
zivil, Surius, Thompson.

4 S. oben S. 130.

Oremus. Intercessio nos, quæsumus Domine,
beati Eusebii Abbatis commendet, ut quod nostris
meritis non valemus ejus patrocinio assequamur.
Per Christum Dominum[1].

Da ist Ablaß auf sieben Jahre und zweihundert und achtzig
Tage[2]. Eusebius' Leichnam setzte man nackt bei, wie er befahl,
gleich dem des Hieronymus, außer der Kirche, in der
Todtengruft, in welcher auch die drei zur gleichen Stunde
gestorbenen Männer beerdigt wurden[3]. Dem Grabe des
Eusebius trug man aber so wenig Rechnung, daß ich nicht
im Stande war, eine Notiz davon aufzufinden bis zum J.
1479. Man zeigte es damals[4] bis zur Mitte des sechszehnten
Jahrhunderts[5] in der südlichen Westkammer, neben der
Zelle des Hieronymus[6], und das Vorkommen dieses Grabes

---

1 Nach Victorius Cicardus, einst Guardian im Kloster zu Bethlehem. *Bollandi* acta sanctor., 5. Mart., 383 F.
2 Meine Lustreise 2, 101. Vgl. die Bollandisten (l. c.).
3 Eusebius befahl, se nudum instar gloriosi Magistri extra ecclesiam,
in qua jacebat s. Hieronymi cadaver, sepeliri. *Cyrilli* episc. Hier.
epist. ad *Augustinum*. Angehängt in der Erasmusschen Ausgabe
den opp. *Hieronymi*. Nach einer andern Version erweckte Eusebius drei Todte. Philippus Ferrarius Alexandrinus nach
Quaresm. 2, 677. Vgl. Anm. 5 zu S. 185.
4 Darnach auff der rechten Hand derselben Capellen Sanct Hieronymi
(was richtig ist, indem man von West her in diese Kapelle hinabstieg, wobann es rechts oder südwärts in die Nebenkammer ging)
geht man aber in ein Grufft, da stehet ein Altar, da ist begraben gewesen S. Eusebius .. da ist ablaß siben jahr vnd siben karen. Tucher 667. Er kehrte dann wieder durch die Hieronymuskapelle in
den Kreuzgang zurück. Nach Tschudi (276), wenn er sich klar genug ausdrückte, gab es einen Gang vom Grab Eusebius' zum Münster hinauf, und es ist sehr wahrscheinlich, daß zu seiner Zeit eine
Treppe vom Kirchenschiffe in die Westkammern, zunächst in die südliche hinabführte. In dieser Kammer müssen auch andere Umgestaltungen stattgefunden haben, da man auch die Löcher zur Aufnahme
der unschuldigen Kinder nicht mehr sieht.
5 Beinahe wie Tucher auch Fabri 258 fg. (1, 439). *Georg.* 522.
Die Gräber Hieronymus', Paulas und Eusebius' und die Bibliothek
des Bibelübersetzers seien alle in einer Höhle. *Jod.* a *Meggen* 124.
6 Dem Grabe des Hieronymus gegenüber. *Georg.*

in der südlichen Felsengruft fällt mit der Uebersiedelung der unschuldigen Kinder aus derselben nach ihrer heutigen Kapelle zeitlich zusammen, so daß diese unschuldigen Kinder andern Gräbern offenbar Platz machen mußten. Als das Grab Eusebius' 1556 nach dem Gange zur Kapelle der unschuldigen Kinder hinübergewandert war[1], blieb es dort bis auf unsere Tage[2].

Wir gehen jetzt durch den Quergang weiter zu dem westlichen Zellenpaare, und gelangen zuerst zur südlichen Kammer; allein ich ziehe vor, allervorderst die nördliche zu beschreiben, deren Stiege wir schon kennen gelernt haben[3]. Die Kapelle des h. Hieronymus[4], die ich auch dessen Zelle nenne, und ein älterer Pilger mit dem Namen Studirort (studorium) des h. Hieronymus belegte[5], ist ganz in den Felsen gehauen[6], mit Ausnahme der oben horizontal von dem Bergabhange abgewandtesten Nordseite, die schon zum Theile aus Mauerwerk besteht. Die Kapelle ist ziemlich groß[7], vom Boden des Kreuzganges 10½' tief[8], und wohl etwas tiefer, als die Geburtskapelle, gewölbt[9], und erhält etwas Tageslicht durch ein Fenster auf der Nordseite vom Kreuzgange her[10]. Ueber dem auf der Ostseite errichteten Altare hängt ein schönes Oelgemälde, welches den ehrwür=

1 Da wir zurück (von der Zelle Hieronymus') durch einen andern Gang auffwarts (zur Katharinenkirche) giengen, zeygt man vns auff der lincken Handt das Grab deß H. Eusebij. Seydlitz 474 fg.
2 Wormbser führt (409) ein „Begräbnuß Josue'' an, hinter welches ich ein Fragezeichen setze.
3 S. oben S. 130.
4 Tucher 667. Eine auch Hieronymus gewidmete Kapelle. Geramb 1, 152.
5 *Fabri* 1, 438.
6 Billinger 94.
7 20' lang und 18' breit. *Surius* 531.
8 Tief. Alexander 74.
9 Unam pulohram testudinatam oapellam. *Fabri*.
10 Tantum est una fenestra desuper. *Anshelm.* 1291. Radzivil 170. *Cotov.* 237.

digen Hieronymus mit der Bibel in der Hand vorstellt[1]. Ein Stuhl, der jetzt noch in der Kapelle sich vorfindet, hat schwerlich Zusammenhang mit einem im vierzehnten Jahrhunderte gezeigten Sessel, in welchem Hieronymus saß, als er Bücher schrieb[2]. Der römische Katholik erhält hier Ablaß auf sieben Jahre und siebenmal vierzig Tage[3]. Wann war die Höhle in den Felsen gehauen? Was war ihre ursprüngliche Bestimmung? Darauf läßt sich nicht antworten. Ich finde sie nicht vor dem J. 1449, da man glaubte, daß Hieronymus hier sich aufhielt, seinen Studien oblag und nahe bei der Treppe sein Grab fand[4]. Doch wir müssen, ehe wir fürder gehen, die Grabgeschichte weiter rückwärts verfolgen. Der Leichnam des Hieronymus ward neben der Krippe des Herrn beigesetzt[5]; er ließ sich am Eingange zu derselben ein Grabmal aus dem Felsen hauen[6]. Die so eng

---

1 Ziemlich gut. Geramb 1, 153.

2 Monteuilla 773.

3 Tucher, Radzivil, meine Lustreise.

4 Da hat Sanct Hieronymus sein Schul gehabt, vnd hat bey 50. Jaren darinnen gewohnt, Auch sind drey Altar allda, sampt seinem Grab, welches vnter der Erden ist. Gumpenberg 464. Ohne völlige Gewißheit zu erhalten, scheint doch schon Frescobaldi (139) die gleiche Felsenzelle mit folgenden Worten angedeutet zu haben: Dove San Girolam fece la penitenza, e dove traslatò la Bibbia d'Ebraico in Latino, ed è suppellito in medesimo luogo ... E in questo luogo è una cappella sotterra dal lato manco della chiesa.

5 Juxta praesepe Domini . . sacratissimum Hieronymi cadaver humatum est. Cyrilli episc. Hier. epist. ad S. Augustinum, angehängt in der Erasmusschen Ausgabe der opp. Hieronymi. Weiter unten heißt es: Juxta (wahrscheinlich ein Fehler für extra, was nur heißen sollte: außer oder nicht in der Kirche) ecclesiam, in quo gloriosi Hieronymi cadaver sanctissimam est humatum, venerabilis Eusebii corpus honore debito nudum (einbalsamirt?), Magistri instar, sepelivimus. Vgl. Anm. 3 zu S. 190.

6 In cujus (spelunceæ der Geburt Jesu') itaque ore, id est, in ipso praesepii ingressu, beatus Hieronymus saxum scalpendo, monumentum sibi fieri jussit. In der vita Hieronymi von einem Ungenannten, welcher in der Erasmusschen Ausgabe den opp. Hieronymi angehängt ist.

bezeichnete Grabstätte läßt dem Deuter eine kleine Auswahl. Darin können die Ansichten kaum aus einander gehen, daß der enge Eingang von Mitternacht aus, etwa in
der Nähe des Fußes unserer heutigen Nordtreppe, gesucht
werden müsse. Nun aber fragt es sich: Rechts oder links,
westlich oder östlich? Ich erkläre mich für die westliche Richtung, nicht gerade wegen der späteren Tradizion, sondern
weil man hier viel sicherer eine genügende Felsenschicht
treffen mußte, wie die Untersuchungen lehren. Wenn nun
aber das Grabmal am Eingange angebracht werden konnte,
so wird vorausgesetzt, daß von demselben bis zur Krippe
eine, wenigstens gegen außen, unburchbrochene Felsenwand
stand, die zu einem Grabmale noch bearbeitet werden konnte.
Aus dieser Betrachtung erwächst ein neuer Grund, daß die
westlich von der Krippe gelegene Abtheilung der Geburtskapelle nicht zur ursprünglichen Geburtshöhle gehörte, sondern
ein Kunstwerk späterer Zeiten ist. In Summa, das alte, wirkliche, aus dem Felsen gehauene Grabmal Hieronymus' lag
ganz nahe bei der Krippe[1]; er wollte ihr auch im Tode nahe
sein, der er mit seinem Herzen im Leben so nahe war. Um das
J. 600 muß noch das Grabmal des Hieronymus am Eingange in die Geburtshöhle gesehen worden sein[2]. Etwa

[1] Fabri hatte Geruch von der mitgetheilten Stelle des Anonymus,
und sagt, „jetzt" sei das Grab außer der Kirche, und der Eingang
zur Höhle nicht in derselben (2, 335); allein an einem andern Orte
versichert er (1, 439), daß der Studirzelle des Hieronymus adhæret alia
capella haud longe a præsepio Domini, wo er sich das Grab gewählt habe, „jetzt" leer zwar, aber unversehrt und mit Marmortafeln verziert sei. Der Leib des Hieronymus soll erst im 13. Jahrhunderte, wohl zwischen 1220 und 1290, näher gesagt, zwischen
1260 und 1280, nach Rom gebracht worden sein. *Bollandi* acta
sanctor., 30. Sept., 634, 639. Die Bollandisten hätten indessen die
Stelle aus Eugesippus, dem Mönche (113), berichtigen können.
Der Leib des Eusebius sei auch dahingekommen. *Anshelm.* 1291.

[2] Hieronymus presbyter . . in ipsius ore speluncæ (der Geburt) pe-
tram sculpsit, et ob devotionem salvatoris ibidem sibi monumentum
fecit. *Antonin. Plac.* XXIX.

13

siebenzig Jahre aber später machte das Grab einen bedeutenden Absprung. Man sah es nämlich in einer außerhalb des
Städtchens in einem Thale erbauten Kirche, welches auf
der Südseite und nahe dem Rücken des auch die Kirche des
Davidsgrabes überragenden Hügels von Bethlehem lag;
das Grabmal des Hieronymus war ähnlich zusammen-
gesetzt, wie das David'sche, und prunklos[1]. Das spätere
lange Stillschweigen über die Ruhestätte des Hieronymus
unterbrachen die Kreuzfahrer. Im Anfange des zwölften
Jahrhunderts ruhte Hieronymus wieder in Bethlehem selbst,
und zwar unter einem nördlichen Altare der Marienkirche[2],
und nachher drückte man sich dahin aus, daß der Leib unterhalb der Basilika, nicht weit von der Krippe, in einer
Höhle ruhte[3]. Die nördliche Westzelle (Kapelle Hieronymus') fällt schon außer den Umfang der Marienkirche,
während die südliche Zelle gerade unter dem Nordostwinkel
des Kirchenschiffes liegt, und so konnte, strenge nach dem
Wortlaute, zur Zeit der fränkischen Regirung das Grab
des Hieronymus nicht in der nördlichen Zelle sein, sondern
es galt sehr wahrscheinlich die südliche. Um das J. 1280
zeigte man dem Pilger bei der Kirche in Klostertrümmern
das Bett und Grab Hieronymus'[4]; etwa drei Jahrzehn
später jenes ebenfalls, so wie den Ort seiner bußfertigen
Zerknirschung und seiner übersetzerischen Bibelstudien in einer Gruft, wozu mit gleichen Worten, deren sich die Schrift-

---

1 Sepulcrum sancti ieronimi . de quo inquiritis . ego conspexi . quod
in illa habetur ecclesia que extra eandem ciuitaculam in ualle est
fabricata . que in meridiano latere sita . supra memorati dorso
monticelli est cortermina bethleem . . . *Arculf.* 2, 5 (Cod. St.
Gall. 269).
2 *Sæwulf.* 36.
3 In caverna quadam. *Joh. Wirzburg.* c. 2. In bethleem infra basi-
licam haut longe a prosepio requiescit corpus beati Hieronimi. *Fetell.* 14b. *Eugesipp.* 113.
4 Brocardt 869.

steller zur Zeit der lateinischen Könige bedienten, bemerkt
wurde, daß dieser Mann nicht weit von der Krippe begraben war[1]. Die Gruft, die man für die Studirzelle aus-
gab, könnte mit einigem Grund in der heutigen Kapelle
des Hieronymus vermuthet werden. Im Laufe des vierzehnten Jahrhunderts hieß es wiederum, daß das Grab in
der Geburtshöhle, gegenüber der Geburtsstätte, war[2]. Nach
diesen historischen Untersuchungen gelangen wir mühsam, aber
sicher und, wie gesagt, erst 1449 zu der nördlichen Westzelle (Kapelle Hieronymus'), die auch das Grab des Viel-
gefeierten enthalten sollte. Allein die Tradizion hielt hier
mit dem Grabe nicht lange[3] aus, und in der Mitte des
sechszehnten Jahrhunderts, zur gleichen Zeit, da auch das
Grab des Eusebius in den neugehauenen Quergang kam,
übersetzte man, man darf wohl sagen, die Unruhstätte des
Hieronymus nach der südlichen Felsenkammer[4], wo sie denn

---

1 *Marin. Sanut.* 3, 14, 11. Pipinus sagt (76a) im Allgemeinen:
Et vidi sepulcrum in quo diu latuit corpus ejus antequam suffere-
tur Romam.
2 Monteuilla 773. Rudolph von Suchen 842. Nach Berührung
des Ortes, wo der Stern stille stand, fährt Sigoli (167) fort:
Appresso si è una cappella divotissima, nella quale S. Girolamo
traslatò la Bibbia, und dann nach den Gräbern der unschuldigen
Kinder: Appresso si è il sepolcro di s. Girolamo.
3 Ein Stiegen im Creutzgang abwerts 18. Staffeln, da ist ein Grufft
vnd Capellen vnter der Erden, genannt S. Hieronymus Capellen,
In derselbigen Capellen ist sein Grab. Tucher 667. Fabri 259 fg. *Anshelm.* 129. Wenn lange nachher Ignaz von
Rheinfelden (128) das Gleiche vorgab, so ist es wahrscheinlich
ein Kopieschnitzer, dessen er sich ebenso wenig, als der höchst unge-
reimten Behauptung hätte zu Schulden kommen lassen, daß „Von
diser Cellen, welche wegen ihrer Dunckelheit einer Gefängnuß nit
vngleich, hat der H. Mann vnder der Erden in die Krippe gehen
könden, sein Andacht zuverrichten, welcher Zugang von den Griechen
vermacht worden."
4 „Auß diesem (Gewölbe der unschuldigen Kinder) giengen wir auff die
lincke hand, in eine finster Capellen, allda sahen wir deß H. Hieronymi Grab, sampt dem Gemach zu nechst dabey, darinnen er die
Bibel" übersetzt haben soll. Seydlitz 474.

bis auf unsere Tage verblieb. Schon ehe das Grab nach der südlichen Zelle hinüberwanderte, glaubte man, daß sich hier (in der nördlichen Zelle) der ehrwürdige Gelehrte mit Studien, namentlich mit der Uebersetzung der Bibel — man verdankt ihm die Vulgata als ein sprechendes Denkmal seiner Thätigkeit — viel beschäftigt[1], ja nicht bloß, daß er sich hier förmlich aufgehalten[2], was schon das Kellerlokal Lügen strafen dürfte, sondern daß er, was denn wieder mehr Wahrscheinlichkeit gewänne, hier auch Messe gelesen habe[3]. Nach der Wegräumung des Grabes konnte die Tradizion noch freier athmen, und die Pilger erzählten mit beinahe beneidenswerther Gläubigkeit, daß Hieronymus hier sich aufhielt[4], hier die Bibel übersetzte[5], hier büßte[6], hier betete[7], bis auf die Gegenwart.

---

1 Gumpenberg, Tucher, Fabri. Item im crützgang deß closters do gat man in ein tieff loch do hatt S. Jeronimus die bibly translatiert vß Ebraisch in latin. Kapfman 10. Bonifacius meinte, daß er hier wenigstens im Sommer studirte. *Quaresm.* 2, 676. Die tradizionelle Lokalisirung des Studirortes ist, wie wir gesehen haben, älter (Marinus Sanutus, Rudolph von Suchen, Frescobaldi), reicht jedoch nicht einmal in die Zeit der Kreuzfahrer zurück, die sonst gerne das Merkwürdige besuchten und aufzeichneten.

2 Tucher.

3 Tucher. Gebetet vnnd Meß gelesen. Fabri 259. Wenigstens betete. Daher der Name Oratorium S. Hieronymi. *Quaresm. Nau* 421.

4 Schwallart 305. *Surius* 531. Troilo 404. Prokesch 116. Geramb 1, 152. Schubert 2, 494. Röser 449.

5 Wormbser 409. Radzivil, Schwallart, Surius, Troilo, Thompson, Prokesch, Geramb.

6 Hier war es, wo er unaufhörlich die fürchterliche Trompete zu hören glaubte, die eines Tages alle Menschen zum Gerichte rufen soll; hier war es, wo er seine von dem Gewichte des Alters und der strengen Lebensweise gebeugte Brust mit einem Steine schlug und mit lauter Stimme die Erbarmniß des Herrn anrief u. s. f. Geramb 1, 152 fg. Der Pfalzgraf Alexander sprach schlicht von der Bußübung; allein solche superfein ausgesponnene Dinge gehören unserer Zeit an, und passen für sie doch am besten.

7 Der Altar bezeichnet den Ort der Uebersetzung, e non molto a lungi di qui' si piegano le ginochie sopra di lui proprio oratorio. *Legrenzi* 1, 184. L'Oratoire. *Ladoire* 203.

Südlich neben der Hieronymuskapelle wird, wie ich schon anführte, seit etwa drei Jahrhunderten das Grab des Hieronymus verehrt[1]. Die im Felsen ausgehauene Kapelle ist sehr einfach[2]. Auch zeigt man in derselben die Gräber der Paula und ihrer Tochter Eustochium[3]. Das Grab des Hieronymus, mehr einem Altare gleich, liegt auf der Westseite, der Altar oder die sogenannten Gräber jener Frauen auf der Ostseite[4] gleich linker Hand, wenn man

---

Wormbser, Radziwil, Schwallart, Quaresmius, Surius, Troilo, Rau (419), Laboire, Thompson, Chateaubriand (der auch den Hieronymus in dieser Gruft den größten Theil des Lebens verbringen läßt. 1, 305) und Andere. Vorzüglich sehe man die Grundrisse. Nach den früheren sehr unvollkommenen historischen Studien kann es kaum auffallen, wie sich der Biograph des Hieronymus in *Bollandi* acta sanctor. (30. Sept., 630) verleiten lassen konnte, zu behaupten, daß manche auf denselben bezogene Lokalitäten ungewiß seien, excepto tamen sepulcro, quod nunquam mutatum existimamus, nisi quod ex pietate fidelium plura accesserint ornamenta.

2 Dans cette suite de chapelles sépulcrales, je voudrois qu'on supprimât les ornements maniérés qui les déparent . .; le mauvais goût, qui n'est que ridicule dans un salon, me paraît monstrueux dans les tombeaux. *D'Estourmel* 2, 118.

3 Licet verum nomen sit Eustochium, non raro tamen a recentioribus Eustochia fuit nominata. *Bollandi* acta sanctor., 28. Sept., 630b. Die wenigern Pilger schrieben die Namen richtig, wie aus folgender Durchschau erhellt: im Cod. Vienn. 4578 (S. 203a) und bei Tucher (667) Paulus (Cläußner) und Eustachium, bei Breydenbach Paula und Eustochia, bei Wormbser (409) und Löuwenstein (359) S. Paulus, bei Feiffrich (718) Paulina, bei Rauwolff (454) Paula und Eustachia, bei Della Balle (1, 158a) Paula und Eusebia, bei Legrenzi (1, 184) Paula und Eustochia, bei Bachiene (2, 2, 37; 1, 3, 484) Paulla und Eustachia, so wie Paulla und Eustachius, bei Binos (209) Paul und Eudoxia, bei Mayr (331; durchgesehen von Pfarrer Appenzeller) Paula Eustochia, bei Richter (40) und b'Estourmel (2, 118) Paula und Eustachia, bei Joliffe (119), Scholz (162), Prokesch (116), Röser (448), Schubert (2, 494) Paula und Eustochia, bei Berggren (3, 143) Eudoxia (Eustochia). Richtig schrieben die ältern Verfasser, auch Surius, Ignaz von Rheinfelden, Zwinner, Sieber, Wolff (135).

4 S. den Grundriß von Quaresmius und Zwinner. Zuallart hat auf seinem Plane das Grab der Frauen auf der Westseite und des Hieronymus auf der Ostseite.

vom Altare des Eusebius hereinkommt. Am meisten fesseln die entsprechenden Oelgemälde[1]. Vor jedem Grab erhält der römische Katholik Ablaß auf sieben Jahre und siebenmal vierzig Tage[2]. Ehe ich die Geschichte der Frauengräber beginne, soll ich den Leser erinnern, daß ich mich dem Grabe der Paula mit großer Ehrfurcht genähert haben würde, wenn ich nur mich vom echten hätte überzeugen können. Trifft man in unsern Tagen so viele Nonnen, die bloß so horenmäßig ihre Gebete abplappern und fast überall Unwissenheit zur Schau tragen, so war hingegen Paula eine sehr ehrwürdige, gebildete, geistig einbringende Frau, welche nicht bloß ihrer Muttersprache, der lateinischen, kundig war, sondern auch hebräisch und griechisch verstand, um die ganze Bibel im Urterte lesen zu können. Paula starb in Bethlehem. Sie wurde, wie namentlich die Grabschrift, welche Hieronymus abfaßte, bezeugt, in der Nähe der Krippe, in einer Höhle unter der Kirche[3] beigesetzt. Ueber dem Eingange in die Grabhöhle las man:

Aspicis angustum præcisa rupe sepulchrum?
Hospitium Paulæ est, cœlestia regna tenentis.
Fratrem, cognatos, Romam patriamque relinquens,
Divitias, sobolem, Bethlemiti conditur antro.
Hic præsepe tuum Christe, atque hic mystica Magi
Munera portantes hominique Deoque dedere[4].

---

1 Wirklich rührend im Ausdruck ist das Bild der beiden Frauen . . beide . . schlummern den Tod des Schlafes . . Sie ruhen auf goldverbrämten Kiffen aus rothem Sammt, die Mutter im schwarzen Pilgerkleide, die Tochter mit gelösten Haaren von Rosen durchflochten. Prokesch 116. Vgl. Geramb 1, 153. Schubert 3, 21. Schon Rau rühmte (419) ein sehr gut getroffenes Gemälde am Grabe Hieronymus'.
2 Meine Luftreise.
3 Subter ecclesiam (speluncæ Salvatoris) et juxta specum Domini conderetur. *Hieronym.* epitaph. *Paulæ.*
4 Siehst du das enge Grab am steilen Fels? Es ist die Wohnung Paulas, welche das Himmelreich inne hat. Sie verließ den Bruder,

Auf dem Grabe selbst stand:

Scipio quam genuit, Paulæ fudere parentes
Gracchorum soboles, Agamemnonis inclyta proles,
Hoc jacet in tumulo, Paulam dixere priores:
Eustochii genitrix, Romani prima senatus
Pauperiem Christi et Bethlemitica rura sequuta [1].

Ehe Paula aber ins Grab sank, war sie in der Kirche zu
Bethlehem drei Tage lang ausgesetzt [2]. Im Martyrologium
heißt es nur kurz, daß Paula, die Mutter der Jungfrau
Eustochium, bei Bethlehem Juba entschlafen sei [3]. Außerdem fehlt mir jede Nachricht bis zur Zeit des fränkischen
Königreiches. Damals ruhten nach der einen Ansicht beide
Frauen, Paula und Eustochium, auf der Südseite der Marienkirche [4], wie die unschuldigen Kinder, nach der andern
(griechischen) Meinung dagegen in der Niklauskirche [5]. Es
zeugt wahrhaft von grober Unwissenheit, daß man später

---

die Verwandten, Rom und Vaterland, Reichthümer und Familie und
ist in einer Höhle Bethlehems begraben. Hier ist deine Krippe,
Christus, und hieher brachten die Weisen aus dem Morgenlande die
geheimnißvollen Geschenke, und gaben sie dem Menschen und Gott.
1 Hier im Grabe liegt Paula, eine Tochter Scipios, aus dem Ge-
schlechte der Gracchen, eine berühmte Sprosse Agamemnons, Mutter
der Eustochium, die erste, die, aus den höhern Ständen des römischen
Senats, Christus in der Armuth nachfolgte und sich auf das Land gen
Bethlehem zurückzog. — Man findet diese Inschriften in den Werken des
Hieronymus; auch manche Pilger kopirten sie, wie Quaresmius
(*Pauli* statt *Paulæ*. 2, 677), Surius (530 sq.), Zwinner
(380), Troilo (403 sg.), Rau (420). Abraham Buchholzer
schreibt in seiner Chronologia (655), daß Hieronymus ebenfalls
eine Grabschrift ad Eustochiam, virginem, Paulæ filiam, richtete.
2 *Hieronym.* epitaph. *Paulæ.*
3 Zitirt von Zwinner a. a. O.
4 Duæ etiam sacratissimæ mulieres Paula et filia ejus Eustochium
virgo similiter ibi (in australi parte ecclesiæ s. Mariæ) requiescunt.
Sæwulf. 36. Allgemeiner faßt sich zwar Johannes von Würz-
burg (o. 2) und mit gleichen Worten Fetellus (14b): Paula
quidem et eustochium, quibus ipse hieronimus scripsit, similiter
(wie Hieronymus unter der Kirche) in bethleem sepulte quiescunt.
5 *Eugesipp.* 115.

bis zum Ende des Mittelalters die Gräber jener Frauen
von der Kirche[1], ja einen Steinwurf weit davon, gegen
Oft entfernen konnte[2], wo die Paula= und Euftochiums=
kirche, später die Niklauskirche beide Gräber enthielt[3]. Beim
Wiedererwachen der Wissenschaften im sechszehnten Jahr=
hunderte durfte die Grabhöhle Paulas nicht länger von
der Marienkirche abliegen; es muß aber für die Mönche
ein schwieriges Geschäft gewesen sein, als sie auf einmal
der letzten Trabizion abtrünnig wurden und das Grab un=
ter die Marienkirche, nicht zwar auf die Südseite derselben,
wofür der Vorgang im zwölften Jahrhunderte gesprochen
hätte, sondern auf die Nordseite verfetzten. Die älteste
Nachricht von der neuen Grabstätte fällt vermuthlich ins
J. 1556[4], mithin in die Zeit, da in den unterirdischen
Gängen und Grüften neue Anordnungen getroffen, der
Quergang zwischen den West= und Ofthöhlen durchgehauen,
das Grab des Eusebius in denselben und das des Hiero=
nymus von der Nord= in die Südzelle gerückt war. Eine

---

1 Haud longe ab ea ecclesia. *Brocard.* c. 9 (Reyßb. 869).
2 Beinahe 1 Steinwurf entfernt quasi contra orientem est ecclesia S. Paulæ
et Eustochii . . . ubi etiam ostenduntur earum sepulchra. *Maria.
Sanut.* 3, 14, 11. Appresso (beim Grabe des Hieronymus) si è la
sepoltura di S. Paula e di s. Eustachio. *Sigoli* 167. Das Ap=
presso ist hier sehr unbestimmt. „Von der chirchen (unserer Frau)
eines stainwürf gen dem orient ist die chirich Sand Pauls vnd Eu=
stachium. Daselb sind auch ir greber." Cod. Vienn. 4578, 203a.
Breydenbach 133. Tucher bestimmt die Entfernung zu einer wel=
schen Meile. Fabri sagt nichts von den Gräbern der Frauen.
3 Tucher. In der Kirche der Paula und Eustochium war deren Be=
gräbniß. *Georg.* 558. St. Niklaus: Dann man noch ihre Gräber
sicht vnder der Erden in einer krufft, da man 12 staffel hinab geht.
Tschudi 282.
4 Darnach (von der Grotte der unschuldigen Kinder) drey paß auff
die lincke hand ligt S. Eusebius, vnnd S. Hieronymus, vnd S.
Paulus begraben. Ehrenberg 512. Seydlitz, der im gleichen
Jahre in Bethlehem war, sagt noch nichts vom Grabe Paulas oder,
wie es hier, so wie bei Wormbser und Löuwenstein verschrie=
ben ist, Paulus'.

sichere Meldung von den marmornen Denkmälern der Paula
und „Eustachium" in der südlichen Kammer, neben der Kapelle Hieronymus', erhält man aus dem J. 1566[1]. An
seitherigen zuverlässigen Nachrichten gibt es eher einen Ueberfluß. Im vorletzten Jahrhunderte waren die Inschriften,
von denen ich nichts mehr sah, eingehauen, die eine über
dem Eingange der Grotte oder über dem Gange westwärts
zum Grabe Eusebius' im Felsen und die andere auf dem
Grabsteine Paulas[2]. Durch diese geschichtlichen Untersuchungen ist das Urtheil über die Unechtheit des heutzutage
gezeigten Grabmales von Paula wohl unwiderruflich ge-
fällt; selbst nicht ihre Grabstätte entrinnt dem gegründetsten
Zweifel[3], obwohl sie von der Geburtsstätte des Heilandes
nicht weit entfernt ist. An den Festtagen des Hieronymus, Eusebius, der Paula und Eustochium kommen
auch die Franziskaner von Jerusalem gen Bethlehem, wodann über den sogenannten Gräbern Messe gelesen wird[4].

---

1 Ad monumentum Eusebii descenditur, . . . e cujus regione alia
quoque monumenta sunt, marmorea itidem, D. Hieronymi, S. Paulæ,
et Eustachii. Ante monumentum Eusebii sacellum est puerorum
innocentium. *Fürer* 66.
2 Trotlo 403 fg. Vgl. auch *Surius* 530 sq. (die eigentliche Grabschrift hange auf einem Zedbel über dem Grabe). *Dovdan* 144.
Die Inschrift über dem Eingange im Felsen sieht man mit mehr
Aufmerksamkeit wahrscheinlich heute noch; weil sie eben unecht war,
scheint man sie auch so wenig beachtet zu haben, daß man sie gänzlich in Vergessenheit gerathen ließ. Helffrich sagte (718), daß der
Name Paulina im Grabsteine ausgehauen war.
3 Es gleicht einer licentia poëtica, wenn gesagt wurde: Hoc SS. Paulæ
et Eustochii sepulcrum ipsum certe vetustissimum, si sit illud ipsum, in quo primum sepultæ fuerunt, s. mater et filia: neque
justa est ratio id negandi. *Bollandi* acta sanctor., 28. Sept.,
631a, bei welchem Anlasse *Vincent. Bellovacens.* specul. histor.
31, 65, angeführt wird. Selbst im gegenwärtigen Jahrhunderte erwähnte man die Gräber der Paula und Eustochium in der Südzelle,
als dürfte ihre Echtheit nicht angefochten werden. S. Prokesch 116.
Les deux nobles romaines dont les tombes sont sous mes yeux.
D'Estourmel 2, 117.
4 *Quaresm.* 2, 677.

Die ältere Geschichte der südlichen Felsenkammer lieferte ich bei der Beleuchtung der Kindergräber und des Grabes Eusebius'.

Wir werden nun die unterirdischen Gänge und Kammern, in denen ich sonst nichts Unheimliches fühlte, verlaffen, und unsere Betrachtungen in den übrigen Kirchen fortsetzen.

Die Katharinakirche[1], einst auch, wiewohl selten, Niklauskapelle genannt[2], jene darum so, weil der Katharina auf ihrem Besuche der h. Oerter unser Heiland hier erschienen sei und die Glaubensmarter vorhergesagt habe[3], liegt nördlich neben dem großen Kirchenchor[4], nur theilweise etwas östlicher[5], vom nördlichen Flügel bloß durch eine Mauer getrennt[6], und in der östlichen Abtheilung vom Franziskanerkloster etwas abgesondert[7]. Nicht groß[8], mißt sie von Ost nach West in der Länge gegen 100' und in der Breite 20'[9]. Der Boden der Kirche ist von Marmor[10].

---

1 Gumpenberg 464. Seydlitz 474. *Fürer* 66. Radzivil 169. Schwallart 305. La Chapelle de la bien-heureuse Vierge S. Catherine. *Boucher* 278. *Surius* 529. Troilo 400. *Ladoire* 194. Schubert 3, 21. U. A.
2 *Fabri* 1, 452. S. oben S. 128. Dem Predigermönche folgte auch Tschudi.
3 *Surius* 529. Eine andere Version bei Troilo (401) und weit früher bei Bonifacius. Mehreres hierüber bei Quaresmius (2, 624), welcher die Sagen widerlegt, und glaubt, der Name rühre, ohne Wunder, aus Verehrung der Heiligen her.
4 Links neben der großen Kirche. *Boucher.* Angrenzend daran. Schubert. Ueber die Lage s. hauptsächlich die Grundrisse und oben S. 125.
5 L'Eglise . . est en parallele de la grande de Bethlehem, mais plus avancée. *Nau* 416.
6 *Quaresm.* 2, 624.
7 Troilo 400.
8 Klein. Prokesch und Schubert. Eher konnte dies Helffrich (717) von der damaligen Kapelle sagen.
9 48 Schritte lang, 12 breit. *Quaresmius.* 103' lang, 22' breit. *Surius.* 82 Schuh lang, 12 breit. Troilo. Ungefähr 35 Schritte lang, 10 bis 12' breit. *Ladoire* 195.
10 Hailbronner 2, 300. Elle est pavée de pierres semblables à cel-

Man rühmte einst eine ziemlich große Thüre gegen Nieder-
gang, welche dann aber zugemauert und wofür eine andere, kleine gegen Mitternacht, nahe der Nordwestecke, angebracht wurde[1]. Es gab 1719 drei Altäre[2]. Um der
Bevölkerung zu genügen, mußte ein Altar der Thüre gegenüber aufgerichtet werden, damit der Kreuzgang des
Klosters die Frommen fassen könne[3], und so verhielt es
sich auch zu meiner Zeit. Im gefälligen Chore singen die
Franziskaner während ihres täglichen und nächtlichen Got-
tesdienstes; nur galt 1719 als Ausnahme, daß es an
Sonn- und Feiertagen im Chore der großen Kirche geschah[4]. In jener Kirche verrichten die Franziskaner gewöhnlich den Gottesdienst[5]. Sie sieht reinlich aus[6], ist
schön[7], namentlich reich an Schmuck und Bildern; zumal
fand man das Bild der Geburt Christus' in der Sakristei hinter dem Hochaltar sehenswerth[8]. Außer der Sage
von der Katharina, der zulieb in der Kirche der römische
Katholik vollkommenen Ablaß seiner Sünden erhält[9], wurde

---

les du chœur de la grande Eglise. *Ladoire* 194 sq. Wie konnte
jener an den Wänden Goldmosaik finden?

1 Trollo 401.
2 *Ladoire* 195.
3 Prokesch.
4 *Ladoire.*
5 In qua horas perficiunt. *Fabri.* Darinnen die Mönchen die Gött-
liche ämpter halten. Radzivil 169. Schwallart 303. Nos Religieux font ordinairement l'Office en cette Chapelle. *Surius.*
6 A un air de grande propreté qui fait plaisir. *Ladoire* 194.
7 *Surius.*
8 Prokesch. Le maître autel . . a pour rétable un tableau qui re-
presente le martyre de ladite Sainte (Katharina), et le transport
de son s. Corps par les Anges sur ce sacré Mont (Sinai) . .
Ladoire 195.
9 In dieser Capellen hat man vollen Ablaß, welchen alle die Pilger
nicht weniger da erlangen, als wann sie persönlich selbst den Berg
Sion (sollte heißen: Sinai) visitierten, dahin wegen deß orts weit
vnd groffer Gefahr nit alle kommen mögen. Radzivil. Schwallart 305. En laquelle les s. Pontifes ont transferé les Indulgen-

noch eine andere herumgeboten, daß hier der Stern von
oben herab den morgenländischen Weisen das Zeichen von
der Gegenwart Jesus' und seiner Mutter gab[1]. Man hat
der Katharinakirche die Ehre angethan, ihre Stiftung der
gottbegeisterten Paula oder der Helena zuzuschreiben;
allein dies beruht auf bloßer Vermuthung[2]. Gegen die
Mitte des vierzehnten Jahrhunderts hatten die Nubier noch
keine Stätte in der großen Kirche, und da ließ der Sultân
eine besondere Kapelle für sie bauen[3]. Wir haben keinen
historischen Haltpunkt, um auszumitteln, daß diese Kapelle
einige Jahrzehn später an die Lateiner überging, d. h., einerlei
sei mit der St. Niklauskapelle bei Bethlehem, bei welcher
der Papst Gregor XI. im J. 1375 den Minoriten eine
Stätte zum Bewohnen bewilligte[4]. Und wüßte man dies,
so hätte man noch keine Gewißheit, daß diese Niklauskapelle
und die heutige Katharinakirche Eines sei[5]; es ist aber sehr
wahrscheinlich. So gelangen wir mit unsicherem Tritte[6] bis
in die Mitte des fünfzehnten Jahrhunderts, da uns erst

---

oes du Mont Sinaï. *Ladoire* 194. Ich weiß nicht, ob dieser Sinai-
ablaß noch in Giltigkeit ist.
1 Luffy 39. Also eine andere Wandelung des Sterns und der Sage.
2 Antiquissima est. *Quaresm.* 2, 624 und 674. Ruft ganz keck (673 sq.)
Paula als die Stifterin an.
3 Petrus von Suchen rc (Reyßb. 842).
4 Unum locum (ecclesiæ, sagt er) pro usu et habitatione fratrum tui
ordinis prope capellam S. Nicolai juxta Bethleem. Nach einer Urkunde im Archive Zion bei *Quaresm.* 1, 406. Man gab diesem (2,
643) auch vor, daß in der Vorhalle zur Kirche auf der Mitternachts-
seite, gegenüber dem Eingange in das Kloster der Armenier, einst
eine Thüre, zu seiner Zeit verschlossen, war, die in die St. Niklauskapelle führte.
5 Nicht so Quaresmius (2, 673); er deutet diese Niklauskapelle
für die bekannte Niklauskapelle, welche östlich von der großen Kirche
lag. Ich werde darauf später zurückkommen, und bloß noch erinnern,
daß die Katharinakirche auch bei Fabri Niklauskapelle heißt. S.
Anm. 2 zu S. 202.
6 Legrenzi (1, 183) motivirt den Kirchenbau auf eine eigenthümliche
Weise. Als die Griechen zu seiner Zeit Kirche und Krippe den

eine mehr oder minder sichere Kunde von der Katharina-
kapelle wird. Sie war schön[1], aber so klein, daß man die
Kirche damals, wie später, lieber Kapelle nannte. Zwischen der
Mitte und dem Ende des sechszehnten Jahrhunderts[2] wurde
sie, nach nicht verwerflichen Zeugnissen, gegen Ost etwa um
ein Drittel verlängert. Uebrigens meldete man ausdrücklich, daß zur Zeit, da die Griechen die große Kirche ausbesserten, nämlich im J. 1672, die Franziskaner auch die
Katharinakirche verschönerten, den Boden mit schönen Steinen belegten und den Tempel von oben bis unten über-
tünchten, daß sie mit dem Altare, wo sie einen schönen
Gemälderahmen aufstellten, weiter nach vornen und mit dem
Chore hinter jenen rückten[3]. 1738 war die Katharinakirche
neu ausgebessert[4]. — Die Zisterne findet sich nicht mehr in
der Kirche[5], sondern sie ist außer die Kirchenmauer versetzt[6].

Die griechischen Orthodoxen haben östlich neben dem
Chor eine Kapelle, zu der man auf einer Treppe hinauf-
steigt[7]. Um das J. 1400 ging man auf der rechten Seite
des Sanktuars fünfzehn Stufen aufwärts in die Georgs-

Franziskanern entrissen hatten, verlangten diese von der Pforte in
Konstantinopel einen Firmán, der ihnen den Bau eines Tempels ge-
statte, und es ward dem Gesuch entsprochen, cosi ne eressero uno
(tempio) in honore di S. Catterina sopra antri, ed Eremi d'antiche
divote, e sante persone, che colà restrisero la lora vita.

1 Alba (spricht von der Schule und dem Grabe Hieronymus', von
  den Löchern der unschuldigen Kinder) haben die Brüder ein schöne
  Capell, .. ist in Sanct Catharina Ehre geweyhet. Gumpenberg.
2 Der Grundriß von Zuallart und Amico.
3 *Nau* 416.
4 Korte 118.
5 In dieser Capellen ist ein schöner vnd guter Brunnen, sehr tieff im
  Felsen außgehauwen, Das Wasser muß man an einem Radt heraus-
  ziehen. Helffrich 718. Auf Quaresmius' und Zwinners Plan
  Zahl 5. Vgl. auch *Quaresm.* 2, 624, Ignaz von Rheinfelden
  130, *Nau* 416.
6 S. oben S. 9. Von dieser Versetzung, auf die ich die Franziskaner aufmerksam machte, wollen sie übrigens nichts wissen.
7 S. die neuern Grundrisse. Vgl. S. 91, Anm. 7.

Kirche, welche vom Orte der Hirten zwei Stadien entfernt
war[1]. Um das J. 1620 gab es eine gleichnamige Kirche,
zu der mitten vom Hochaltar eine Stiege mit einer Thüre
führte[2], und 1674 gedachte man der artigen Kirche, welche
dem h. Georg geweiht war[3]. Auch die Armenier haben
in ihrem Kloster eine Kirche, die neu und klein ist, und die
Moslemin eine kleine Moschee.

Wie die Kreuzigung, Grablegung und Auferstehung
Jesus' in Jerusalem hauptsächlich gefeiert werden, so sind
in Bethlehem die Weihnachten (Geburt des Heilandes)
das Hauptfest, bei dem wir uns verweilen wollen. Ich
rede zuerst von dem Feste der römischen Katholiken. Um
dieses zu erhöhen, begibt sich jedesmal der Guardian oder,
während seiner Abwesenheit, sein Stellvertreter mit mehreren
Jerusalemer-Konventualen, den Koch nicht ausgenommen,
am Vorabende der Weihnachten nach Bethlehem[4]. Im
J. 1845 war die Festfeier besonders ausgezeichnet durch
die Anwesenheit des französischen Gesandtschaftspersonals
und vierzig eingeübter Sänger, darunter meistens Franzosen. Um Mitternacht war die bunte Gemeinde in der
Katharinakirche versammelt, wie hineingestopft. Der Gottesdienst begann. Die Orgel erklang wie eine Freundesstimme[5],
die man seit Jahren nicht mehr vernahm. Der herrliche
Gesang des Vereins von Franzosen und wenigen Deutschen

---

1 Ναὸν τοῦ ἁγίου Γεωργίου. Anonym. bei Allat. 8.
2 Μέσα εἰς τὸ ἱερὸν βῆμα ἔχει μίαν σκάλαν εὐρύχω-
ρον καὶ πόρταν, καὶ δι' αὐτῆς εἰσερχόμεθα εἰς τὴν
ἐκκλησίαν τοῦ ἁγίου Γεωργίου, ἡ ὁποία εἶναι τῶν
ὀρθοδόξων. Ἡ Ἁγία Γῆ 82. Vgl. Quaresm. 2, 644 (sa-
crarium sacellumve).
3 Où l'on entre pour aller de la grande (Kirche), dans leur Monastere. Nau 424.
4 So war es schon 1646. Surius 531.
5 Geramb deutet (1, 161) auf die hinreißenden Accorde einer Musik.

war wirklich geeignet, das Gemüth mit erhabenen religiösen
Gefühlen zu erfüllen, wäre nicht das stumpfsinnige, reli-
gionskalte, markthafte Betragen der eingebornen Christen
und Christinnen immer störend aufgefallen. Die anwesenden
Franken, aber wenige, benahmen sich ungleich würdiger.
Erst nach Beendigung der Messe ordnete sich der Bittzug,
dem sich aber, so viel ich im Gedränge sah, der Pater
Präsident, damals Stellvertreter des in Rom abwesenden
Guardians, und der in Amtsgala gekleidete französische Konsul, Hr. Jaurelle, mit seiner Gemahlin und Tochter nur
kurz anschloßen, indem sie, bei der Höhlentreppe angelangt,
aus der beinahe heißen Kirche geradenweges ins Kloster gingen — trotz der clausura per le donne? Der andere
Theil der Gemeinde zog also prozessionsweise die Nordtreppe hinab in die Höhlen und zur Geburtskapelle, auf
deren Heiligthümer die Hauptaufmerksamkeit der Gläubigen
gerichtet war oder sein mußte. Ich sah wenig oder nichts
von dem Dramatischen, von dem sich die Feier noch nicht
losmachen kann oder will, weil ich mich unten nicht durch
die schwitzende Menge hinwegzudrängen Lust hatte. Doch
weiß ich so viel: Noch zu meiner Zeit wurde ein Wachs-
kind in Windeln eingewickelt und in die Krippe gelegt.
Daß aber der eigentliche Geburtsakt, den nur der Mangel
an allem Anstand und Sittlichkeitsgefühl auf die Szene bringen könnte, nicht vorgestellt wird, wie etwa die Juden in Jerusalem zu glauben scheinen, versteht sich wohl von selbst. Die
üble und gewiß grundfalsche Meinung, daß durch das dra-
matisirte Evangelium, durch sachliche und persönliche Nach-
ahmung dessen, was uns die h. Geschichte vorführt, der
Gottesdienst an Erhebung und Salbung gewinne, leitet denn
freilich auch zu und so weit, daß der gebildete, der religiös tiefer gebildete Mensch über solches Umstürzen der Schranken des
Schicklichen und Verständigen den Kopf schüttelt, zumal bei

der Geburtsfeier des Heilandes, dessen Lehre will, daß man
Gott im Geiste und in der Wahrheit anbete. Da die
Christnacht nicht immer gleich, wenigstens in unwesentlichen
Theilen, gefeiert wurde, so will ich noch Andere redend einführen. Im J. 1449 sangen am heiligen Abende die Franziskaner eine herrliche Vesper, und Christen, die sechserlei
Sprachen redeten, und ebenso vielerlei Zeremonien verrich-
teten, kamen dahin, und war ein solches Geschrei und Ge-
tümmel in der Kirche, ein viel ärgeres, als in Jerusalem,
ein solches Händeklatschen und Lärmen, daß die Herren eine
Weile lang mit dem Gesang inne halten mußten[1]. Im
J. 1508 wurde die Christnacht gleichfalls geräuschvoll gefeiert. Man erhob in der großen obern Kirche einen wunderbaren, unharmonischen und stürmischen Lärm, Geschrei,
Geklingel, Gesang und Geheul. Es geschah von Seite der
Griechen, Georgier, Armenier, Indier und anderer Chri-
stusgläubigen des Morgenlandes. Nach ihrem Gebrauche
lobte eine jede Nazion Gott, rauschte mit Gesängen, schmet-
terte mit Trompeten und Klappern, betete die h. Oerter
an mit Weihrauch, bestrich sie mit wohlriechenden Salben
und Gewürzen, sie auch berührend, begrüßend, küssend. Dazu
tanzte ein von den Männern abgesonderter Weiberchor unter dem Schalle der Pauke und beschrieb im Tanze durch
die ganze Kirche gewundene Kreise mit Händeklatschen und
Jubel, aus allen Kräften des Leibes und der Seele. Unter
den Frauen thaten sich einige durch gesittetes Betragen und
durch das Aeußere hervor. Die Pauken schlugen sie mit
den Fingern gewissermaßen kunstgerecht[2]. Im J. 1646

---

1 Da man die Vesper vnd Complet gesang, da truncken wir Collation
mit dem Gardian, der hieß vns auff morgen den Christtag laden,
da sprach ich: Ich wer darumb dar kommen, daß ich dem edlen
König auff die h. zeit zu Hof wolt reiten. Gumpenberg 448.
2 *Georg.* 574.

wurde das Fest mit einer besondern Feierlichkeit und Andacht begangen. Am 17. Christmonat begann man das
Oktavpredigen vor den Mönchen und vor verschiedenen
Landsleuten, welche von allen Seiten dahin zogen; nachher
hielt man täglich eine feierliche Messe. An Weihnachten
las der Guardian im Hohenpriestergewande zwei Messen,
die eine Mitternachts und die andere bei Tage. Während
man das **Te Deum** laudamus sang, nahm der Prediger
und der Helfer des Dienstthuenden vom Hochaltare eine
vor Helle glänzende Kiste von Glaskrystallen, ein Geschenk
der römischen Fürstin Celsi Peretti; in derselben lag ein
so schönes Kind, daß es wie lebendig aussah und zu
schlafen schien; der Priester stellte die Kiste auf einen andern Altar, welcher der Geburtsstätte gegenüber stand. Vor
ihm schritten dahin sechs Chorknaben, deren jeder eine weiße,
brennende Fackel trug, sechs Sänger und andere Dienst-
thuende, alle mit dem Chorhemde angethan; darauf folgte
eine große Menge von Weltlichen, welche mit Thränen und
Seufzern ihre Andacht und Herzenswonne bezeugten[1]. —
Im vorletzten Jahrzehn, hieß es, sangen, nachdem der Gottesdienst mit dem Gesang Gloria in excelsis Deo begonnen hatte, ausgezeichnet schöne, in weiße Mäntel gekleidete
Jünglinge auf der Galerie, wodann der Zug nach den
Höhlen statthatte[2]. Ein neuerer Pilger, der zuerst-hinwies
auf den Reichthum der Teppiche, womit die Marmorwände
bedeckt waren, auf die unzählbare[3] Menge von Wachskerzen,
auf die Pracht, welche den Guardian bei seinen Verrich-
tungen umgab, und auf die von Gold funkelnden Zierden,
ehemaligen Fürstengeschenken, womit die bei dem Gottes-

---

1 *Surius* 531 sq.
2 Berggren 3, 144 fg.
3 Der Gewährsmann ist Geramb (1, 161 ff.). Zu meiner Zeit
wären die Lampen leicht zählbar gewesen.

dienste Hilfe Leistenden prunkten, fährt dann also fort: Um
Mitternacht eröffnet der Guardian den Zug und schreitet
mit langsamem Schritte und gesenktem Haupte vor, mit
Verehrung in seinen Armen das Jesus=Kind tragend; dann
kommen die Bethlehemiten, die römisch=katholischen Araber
und hierauf die Pilger der verschiedenen Nazionen, jeder
eine Fackel in der Hand[1]. Sobald der Priester, welcher
den Gottesdienst verrichtet, und sein Gefolge an dem Orte
der Geburt selbst angekommen sind, singt der Diakon das
Evangelium. Wenn er bei den Worten ist: Und sie wickel-
ten ihn in Windeln ein, empfängt er das Kind aus den
Händen des Dienstthuenden, hüllt es in Windeln ein, legt
es in die Krippe, wirft sich vor ihm nieder und betet es
(die Puppe) an. Hören wir zum Schlusse noch den Bericht
eines nüchternern Wanderers an: Das Weihnachtsfest wird
in Bethlehem mit einem außerordentlichen Pompe gefeiert.
Man behielt da noch den Gebrauch des Mittelalters bei,
die Geheimnisse auf einem Theater darzustellen. Kinder
spielen die Rollen verschiedener Personen der h. Geschichte;
gekleidet wie jene, deren Namen sie tragen, versinnlichen sie
nach einander das mannigfaltige Gemälde, welches die Ge=
burt Jesus' Christus' ins Gedächtniß zurückruft. Mit
der Verkündigung durch den Engel an Marien fängt das
Schauspiel an; darauf folgt die Schwangerschaft Mariens
und die Geburt des göttlichen Kindes, und das
Schaustück endet mit der Ermordung der unschuldigen Kin=
der[2].

Wenn die Armenier, Griechen und Lateiner die Weih=

1 Dies ist wohl unwahr; zu meiner Zeit war ich froh, daß es nicht so
war. Man denke sich eine Kapelle gedrängt voll von Menschen,
deren jeder eine Fackel in der Hand gehabt hätte. Wären dabei
Haare und Kleiderwaaren und Haut sicher gewesen?
2 *Duc de Raguse* 3, 48 sq. Die Vorstellung der Schwangerschaft
u. dgl. geschah bei meinem Besuche nicht.

nachten zu gleicher Zeit feierten, so verrichteten die erstern zuerst die Andacht[1].

Die Franziskaner halten schon seit Jahrhunderten täglich eine Prozession zu den h. Oertern. Seit den baulichen Abänderungen nimmt sie nicht mehr die gleiche Richtung, wie früher, und sie beschränkt sich auf die gefeierten unterirdischen Stellen. Alle Abende um fünf Uhr beginnt, nach vollendeter Komplet[2], der Zug, indem jeder Klostergeistliche eine Kerze in der Hand hält[3]. Er bewegt sich zuerst zur Geburtsstätte, zur Krippe, zum Altare der Anbetung der Weisen, dann zum Altare der unschuldigen Kinder, zu dem Grabe Eusebius', zu den Gräbern in der südlichen Westkammer, worauf es die Katharinatreppe hinaufgeht und der Bittgang, der eine starke halbe Stunde dauern mag[4], ein Ende hat[5]. An jeder Stazion werden gedruckte Gebetformeln abgesungen, wie in der Grabkirche zu Jerusalem. Zuerst sang man an der Geburtsstelle: **Te ergo quæsumus, famulis tuis subveni**[6]. Die älteste mir bekannte Meldung von der „Proceß" fällt in das J. 1449. Man besuchte zuerst durch die große Kirche die Geburts-

---

1 Berggren.

2 Ignaz von Rheinfelden. Voyage 1699. 83. Binos 209.

3 Troilo 404 fg. Mit angezündten weissen Wachs-Kerzen, zween und zween nachgefolgt. Ignaz von Rheinfelden 128.

4 Währet eine ganze Stunde. Troilo 405. Ungefähr. Sehlen 34.

5 So nach Zuallart (italienische Ausgabe) 317 sqq. So viel ich mich aus dem J. 1835 erinnere, bewegte sich damals die Prozession wesentlich so. Nach Ignaz von Rheinfelden ging man zu seiner Zeit aus der Katharinakirche zuerst zum Altare der unschuldigen Kinder, dann zu dem Altare des Josephus, hierauf zu den Gräbern Eusebius' u. s. f., und zuletzt zur Geburtsstätte und Krippe. Nach Binos besuchte man den Altar Josephus' zuerst und die Grabstätte der unschuldigen Kinder zuletzt (210); nach dem Voyage 1699 (48 sqq.) zuerst den Altar Josephs, dann das Grab der Unschuldigen, Eusebius' u. s. f. und zuletzt „den h. Stall"; in letzteren traten die Mönche nie anders, als barfuß.

6 *Zuallard.*

14*

stätte und Krippe, und dann, vom Kreuzgange aus, des Hieronymus Schule und Grab, die Löcher der unschuldigen Kinder[1]. Nach einer dreißig Jahre jüngern, ausführlichen Beschreibung der Prozession ging man zum ersten aus dem Kreuzgange in die große Kirche hinauf zu den Altären der Beschneidung und drei Könige (Schêch), dann in die Geburtskapelle zur Geburtsstätte, zum Altare der Anbetung der Weisen, zur Krippe und hinten zum Begräbnißplatze der unschuldigen Kinder; hierauf verließ man die Geburtskapelle und kam durch die große Kirche in den Kreuzgang, von wo aus man die Kapelle Hieronymus' mit seinem Grabe und die Gruft Eusebius' besuchte und durch erstere herausgelangte, und hatte damit „die Proceß" ein Ende[2]. Die Prozessionsordnung wurde kurz nachher dahin abgeändert, daß man zuerst die Kapelle Hieronymus' und die Gruft Eusebius' besuchte, und beim andern Zuge auch der Zisterne in der Geburtskapelle, und der Höhle, wohin Maria mit dem Kinde vor Herodes floh (Josephskapelle), gedachte[3]. Als in der Mitte des sechszehnten Jahrhunderts die Verbindung zwischen den Ost= und Westhöhlen durch einen Quergang erstellt war, wurde die Prozessionsordnung einfacher; man kam von dem Chor, der Geburtskapelle, vom Begräbnißplatze der unschuldigen Kinder direkte in die Grabkammer des Hieronymus[4].

---

1 Gumpenberg 442 und 464.
2 Tucher 667. Vgl. oben Anm. 5 zu S. 130.
3 *Fabri* 1, 438 sqq. (Reyßb. 258 fg.). Alexander 74. S. Anm. 3 zu S. 186.
4 S. oben S. 130 und namentlich die 5. Anm. dazu. — S. auch Gehlen (32 ff.), welcher die Quotidiana processio etc. (Venetiis 1786) und den Anfang der Antiphonen anführt.

Nachdem ich die Marienkirche, die Geburtskapelle, die
Kapelle des Joseph, der unschuldigen Kinder, das Grab
Eusebius', die Zelle Hieronymus', seine, so wie der Paula
und Eustochium Grabesgruft, die Katharinakirche u. s. f.,
das Fest der Weihnachten, die Prozession der Lateiner beschrieben und historisch beleuchtet habe, will ich nun in der
Darstellung zu den Klöstern übergehen.

Neben der Marienkirche liegen drei Klöster, das
griechische und armenische südlich und südwestlich, das lateinische nördlich davon[1]. Ich spreche zuerst von dem
lateinischen Kloster oder von demjenigen, welches die
Brüder vom Orden des h. Franciscus de minori obser-
vantia im Besitze haben[2]. Es überragt zunächst den Wâ·bi
el-Charû·beh, ist von ziemlich großem Umfange[3], hat dicke,
starke Mauern[4] und solide Terrassen. Die Festigkeit des
Baues gemahnt einigermaßen an ein Kastell[5] und an das
Geständniß der Besitzer und Bewohner, daß sie sich ohne
so festen Sitz nicht sicher glaubten. Man befleißigt sich,
das Kloster in gutem Zustande zu erhalten. Sehr geräu-

---

1 Gegen Mitternacht. Breydenbach 132. Zur Linken der Marienkirche. 'Η Ἁγία Γῆ 81. Man sehe die Grundrisse.

2 Das Kloster St. Catharinä. Troilo 399.

3 Eine weite und lustige Behausung. Rauchwolff 644. Genugsame
Wohnung. Ignaz von Rheinfelden 131. Groß. Korte 118.
Groß und wohlgebaut. Hasselquist 166. Ein außerordentlich großes
Gebäude, dessen Mauern von ungeheuern (Phantasie-) Steinen sind.
Geramb 1, 148.

4 Sehr hohe und fest gebaute. *Ladoire* 203 sq. Mit hohen und starken
Mauern umgeben. Korte.

5 Celui (Monastere) que nous y avont à present, n'a rien à la ve-
rité de magnifique, mais il est tres commode, il ressemble plûtôt à
une forteresse qu'à un Convent, et bien nous en vaut. *Ladoire*
203. Les monastéres de Terre-Sainte ressemblent à des forteresses
lourdes et ecrasées, et rappellent en aucune façon les monastéres
de l'Europe. *Chateaubriand* 1, 286. Und an einem andern Orte
sagt er (1, 306), daß das Frankenkloster in Bethlehem eine wahre

mig iſt das gegen Weſten gelegene Refektorium[1]. Ueber
dieſem, das eigentlich zum Erdgeſchoß gehört, ſind viele
Zellen der Mönche[2] im erſten und zugleich oberſten Stock.
Der Pater Superior wohnt geſöndert zwiſchen dem öſtlichen
und weſtlichen Garten, in der Nähe der Sakriſtei, die auf
der Südſeite eine Thüre in die Katharinakirche hat. Auf
einer Treppe ſteigt man oſtwärts zu der Pilgerherberge
hinab, die ihre Fenſter gegen Mitternacht hat. Empfoh=
lene oder beſonders angeſehene Pilger werden im Kloſter
untergebracht[3]. Daß das Kloſter neben der Marienkirche
einen beſondern Eingang habe, bemerkte ich ſchon anläßlich[4].
Es fehlt hier nicht an Sorge für Waſſer[5]. Der Verein
beſitzt große Gärten, einen innerhalb des Kreuzganges, einen
andern außen an der Nordſeite des großen Kirchenchors
und einen dritten langen an der Nordſeite des Kloſters.
Zum Beweiſe, daß die Erfindſamkeit der Mönche noch nicht
aufgehört hat, kann gemeldet werden, daß einem Pilger des
J. 1843 im Garten ein früher unbekannter Orangenbaum ge=
zeigt ward, welchen der h. Hieronymus gepflanzt habe[6]. Im
J. 1575 hatten die Franziskaner in den mit Ringmauern um=

Feſtung ſei und die dicken Mauern eine Belagerung gegen die Tür=
ken leicht aushalten würden (unwahr). Vgl. Röſer 646, Schu=
bert 2, 492. „Es thut den Klöſtern in Syrien noth, daß ſie feſte
Burgen ſind.“ Hailbronner 2, 297.
1 Auf dem Grundriſſe von Amico am gleichen Orte. S. auch Troilo
400. Früher gab es ein kleiners mehr ſüdlich und einen Stock hoch.
Beau. *Ladoire* 204.
2 Sehr viel Zellen und Gemächer. Troilo 400. Au dessus est un
dortoir tres propre, mit Zellen für 30 Mönche. *Ladoire.*
3 Mehrere Zimmer für die Pilger. *Ladoire.*
4 S. oben S. 82.
5 Vgl. oben S. 9. Eine Ziſterne öſtlich im Garten ſ. auf Quares=
mius’ und Zwinners Grundriß. Die Dachterraſſen ſind ſehr gut
angelegt mit dicht zuſammengelegten Steinplatten, ſo daß man ebenſo
wenig das Durchträufeln zu fürchten hat, als daß etwas vom Regen=
waſſer verloren geht, welches man mittelſt Dachrinnen mit großer
Sorgfalt in den Kloſterziſternen ſammelt. Berggren 3, 148.
6 Craigher 147.

gebenen großen Gärten einen Reichthum an schönen Garten-
gewächsen und guten Früchten[1]. Nach der Mitte des siebenzehnten Jahrhunderts will man nur mittelmäßige Gärten,
welche übrigens viel Granatäpfel und Reblauben schmück-
ten, gefunden haben[2]. Eine mäßig starke Familie von
Franziskanern bewohnt das angenehm gelegene Kloster. Es
zählte 1384 etwa 6 Konventualen[3]; 1483 etliche[4]; 1508
6 bis 7[5]; 1583 8[6]; 1620 10 bis 14[7]; 1656 8 bis 10[8];
1673 12[9]; 1738 etwa 10[10]; 1751 10 bis 12[11]. Es ergibt
sich aus dieser Uebersicht, daß die Zahl sich nach und nach
verdoppelte; sie nahm um so mehr zu, je mehr die Pilger
und Einkünfte der Franziskaner abnahmen, wie es sich kaum
mit einer weisen Verwaltung vereinbaren läßt. Das Kloster wird vom Salvatorkloster in Jerusalem mit den Lebens-
mitteln[12] oder, um mich allgemeiner auszudrücken, mit dem
Bedarf versehen, so wie das Mutterkloster für den Ersatz
und Wechsel des Personals sorgt. Im J. 1583 wurden

---

1 Rauchwolff 644.
2 Troilo. Die Grundrisse haben den Nordgarten nicht, wohl aber
   östliche Gärten von Belang.
3 *Frescobaldi* 150.
4 Breydenbach 132.
5 *Georg.* 550.
6 4 Priester und 4 Laienbrüder. Radzivil 169. Luffy, der im gleichen Jahre in Jerusalem war, spricht von kaum 6. Uebrigens hörte
   1581 auch Schweigger von 8 und zwar italienischen (122); Binos fand (205) nur spanische Barfüßer.
7 *Quaresm.* 2, 623b.
8 Ignaz von Rheinfelden.
9 Per ordinario vi rissiedono qui dodeci frati, oltre li laici. *Legrenzi*
   1, 183.
10 Pocode 2 §. 51.
11 Hasselquist 166. Ich traue meinen Augen kaum, wenn ich bei
   Agapito di Palestrina (140) lese, daß es im J. 1684 nur einen
   Franziskaner gab. Gewöhnlich 9 bis 12 nach Gehlen (21).
12 Ignaz von Rheinfelden. So kehrte ich mit einem Eseltreiber
   nach Jerusalem zurück, welcher für das Kloster in Bethlehem Lebensmittel holte.

die Franziskaner alle Halbjahre gewechselt[1]. Anderes Ein-
kommmen, als was denselben von Jerusalem zufließt, ist
kaum nennenswerth. 1821 bemerkte man, daß die Pfarr-
kinder nur bei Hochzeiten, ·am Dreikönigstage und grünen
Donnerstage den Vätern in Rosenkränzen oder Bildern von
Perlmutter Geschenke machten[2]. Unverhältnißmäßig sind
dagegen die Ausgaben oder Leistungen für die Gemeinde.
Wenn Theurung und Mangel eintreten, so wird das Kloster überfordert; es vertheilte schon in jeder Woche fünf-
zehnhundert Brote[3]; und dazu, wie bekannt, die Steuern.
Die Franziskaner leben dermalen unter keinem so schweren
politischen Drucke, wie es auch schon der Fall war, wie
z. B. im fünfzehnten Jahrhunderte und im letzten Viertel
des sechszehnten[4]. Im J. 1449 kam ein Sarazene mit
Schwert und Keule, eben als man Messe hörte, und schlug,
nachdem man·das Begehren nach Wein abgewiesen, wie
rasend an die Thüre des Kreuzganges[5]. Im Dezember
1831 mußten die Franziskaner die Flucht ergreifen[6]. Man
erzählte, daß einen Guardian, einen Portugiesen, die Herr-
scher gefangen und mit dem Tode bedroht hatten; den
Strick um den Hals, sprach er: „Ihr könnet mich hängen,
wenn ihr wollet, aber Geld werdet ihr nicht erhalten, weil
ich keines habe," und diese Worte retteten ihn[7]. Derlei

---

1 Radzivil.
2 Scholz 198.
3 Geramb 1, 196. Es kann 1 weniger gewesen sein.
4 Große Verfolgung von den Türken. Radzivil.
5 Das ist das mutwilligst verruchtest Gesind, daß wir vor jnen nicht
  dürfften in die Kirchen . . . Da kamen Heyden in die Kirchen
  mit Weib vnd Kinder, die waren schwartzbärtig, zottig, vnd sahen
  wie der Teuffel, vnd theten so scheußlich gegen vns . . Gumpenberg 448.
6 Troilo bezeugt (399), daß die Franziskaner oft sogar ihres Lebens
  nicht sicher seien.
7 Geramb 1, 197. Vgl. oben S. 41.

Vorfälle wären wohl viele zu erzählen. Was die geistige und religiöse Bildung der Franziskusmänner betrifft, so möchte ich nicht vorschnell ein Urtheil fällen; anderwärts[1] brachte ich Thatsachen, die, ohne mein Zuthun, von selbst urtheilen können. Wenn ich hier das wenig günstige Urtheil eines Andern anführe, so möchte ich damit nicht die Behauptung aufstellen, als wären alle Ankömmlinge mit dem Benehmen der Minoriten unzufrieden, oder nur die meisten, etwa auch jener Engländer, den ich im ärgsten Sturm=regen ankommen sah, welchen die Franziskaner recht freund=lich zu einem Mahl einluden, der aber Alles ausschlug, nur schnell die verehrten Stellen beschaute und dann fortflog. Doch zu unserm grollenden Gewährsmanne. Als im J. 1831 Engländer mit einem griechischen Orthodoxen den Pater Superior sprachen, entwickelte dieser keine geringe Arroganz und Unverschämtheit gegen den Vorsteher des griechischen Klosters Mâr Eliâ's und schmähte die Griechen auf gemeine Art als Ketzer; man fand die griechischen Mönche verbindlicher und freundschaftlicher, als die Fran=ziskaner, die, mit weit mehr Anmaßung, ebenso schlecht un=terrichtet seien, wie jene, und überdies hochtrabend, herrsch=süchtig und verletzend sich betragen[2].

Die Geschichte des Franziskanerkonvents, das, wie man annahm, an einer Ecke der Stadt gestanden und davon allein noch übrig geblieben sei[3], läßt sich nur bis zum J. 1375 verfolgen[4], und daß das Kloster acht Jahre nachher

---

1 Ausland, 1849, Junius.
2 Palæst. 1831, 55 fg.
3 Schwallart 303. Troilo 399. Vgl. Anm. 3 zu S. 132 und Anm. 1 zu S. 146.
4 S. oben S. 204. In einem Generalkapitel, welches am 8. Junius 1348 vom Predigerorden in Lyon gehalten wurde, heißt es zwar, daß duo nova cœnobia, unum construendum Hierosolymis, alterum Beth-leemi, zugelassen wurden. *Echard.* t. 1. script. p. 620. col. 2. *Le*

auch von Konventualen besetzt war, habe ich bereits gemel=
det. Es ist sehr wahrscheinlich, daß die Franziskaner damals
wesentlich die gleiche Stätte einnahmen, die sie heute noch
bewohnen; bloß waren sie zu seiner Zeit dem Kirchenchor
bedeutend näher gerückt. So enthielt noch im J. 1586 der
östliche Theil der Katharinakirche, die, wie bekannt, später
dann gegen Osten erweitert wurde, Wohnzellen der Mönche[1].
Nach dem J. 1673 brach durch Zufall im Kloster, das,
wenigstens die Zellen, großentheils von Täfer erbaut war,
eine Feuersbrunst aus, welche es verzehrte, und darauf
stellten es die Franziskaner, nicht ohne beträchtliche Sum=
men schon für die Bewilligung von Seite der drückenden
Türken, massiv oder von Mauerwerk mit bedeutenden Kosten
wieder her[2]. Bei diesem Bau wohl hatten so bedeutende
Umgestaltungen statt, daß ältere Grundrisse in den wenigsten
Theilen mehr dem heutigen Bau entsprechen. 1829 war das
Kloster gänzlich im Verfall[3], und 1845 vernahm ich, daß
in den letzten vier oder fünf Jahren dasselbe viel verändert
wurde.

Das griechische und armenische Kloster, südlich
und westlich von der Marienkirche[4], so daß nur deren Ost=
seite, wo Gärten das Auge erquicken, und die West= oder
Eingangsseite, zum Theil auch die Nordseite, frei stehen,
dem fränkischen Kloster gegenüber, hängt an einer Linie
zusammen, so, daß das armenische Kloster die westliche Ab=
theilung ausmacht, und auch von der Marienkirche, indem

Quien Or. Christ. 3, 1284. Die Predigermönche waren wenigstens
damals bemüht, dort einen festen Sitz zu nehmen.
1 Grundriß von Bonifacio und Zuallart.
2 *Legrenzi* 1, 183. Nau sah wohl das Kloster vor dem Brande,
weil er von den Zellen sagt, daß viele nur des cloisons de bois seien;
die Türken litten den Bau nicht (415).
3 Prokesch 113. Vgl. auch oben S. 7.
4 Das armenische rechts von der Kirche. Ἡ Ἁγία Γῆ 81.

es mit dieser einen rechten Winkel bildet, bedeutend gegen den Westhügel des Städtchens vorspringt. Jedes der beiden nichtfränkischen Klöster ist dem Umfange nach beträchtlicher, als das lateinische, und in Beziehung auf die Solidität des Baues mögen sie es ebenfalls überbieten. Auch ist die höhere Lage derselben angenehmer. Das griechische Kloster, das vor etwa zwanzig Jahren neu ausgebessert worden sei, be= wohnten 1838 drei Priester; 1845 nur einer. Bei den Orthodoxen ist Bethlehem das fünfte Bisthum im Patriar= chate von Jerusalem, und das Gebiet dieser Diözese beginnt beim Thal, das nördlich von Bethlehem liegt und ostwärts bis zum todten Meere verläuft; von da zieht sich die Grenz= linie gegen Mittag, miteinschließend ganz Idumäa und das eigentliche Judäa, den Dschebel Chalil, und indem sich diese Linie nach West wendet und gegen Nord sich ausdehnt, umfaßt sie das ganze Gebirge von Judäa bis zum Bache Etham. Gegen Ost berührt die Grenze das Dorf Beledsch (Weledscheh?), das man für das alte Bezek hält, und das Thal und den Bach von Bethlehem, wo sie endet[1]. Die Ansiedelung der griechischen Mönche scheint nicht alt zu sein. Wenigstens berührte sie um das J. 1620 ein Grieche nicht, während er das armenische und fränkische Kloster ausdrück= lich nannte[2], was übrigens befremdet, da die Griechen schon weit früher eine Georgskirche hatten, und nach der Mitte des sechszehnten Jahrhunderts die Gebäulichkeit zwischen der südlichen Abside und dem Chor als Wohnung der Griechen

---

1 Beschreibung der Grenzen des Jerusalemer=Patriarchates und der dazu gehörigen Diözesen, in A. M. Mouravieff's Reise nach Je= rusalem im J. 1830 (4. Aufl.), bei G. Williams, the Holy City (Lond. 1844), p. 498, 501. Weder aus dieser Mittheilung, noch aus Bartlett (207 sq.), dem man zwar im Zimmer des Bischofs aufwartete, geht hervor, daß dieser in Bethlehem selbst wohnte. In der amtlichen Mittheilung ist die Grenzbestimmung etwas ungenau.
2 'Η 'Αγία Γη.

bezeichnet warb[1]. 1646 hatten diese, welche über die Sa=
kristei unb andere schöne Abtheilungen ihre Hand geschlagen
hatten, am Eube der Kirche gegen Morgen einen ihrer
Bischöfe unb einige Mönche[2]. Bei dem Kirchenbau 1672
wuchs ihr Einfluß, unb sie ermangelten nicht, sich noch be=
quemer einzurichten[3]. Die abendländischen Pilger machten
selten auf bas griechische Kloster aufmerksam[4]; doch be=
suchten es in neuerer Zeit die Protestanten öfter als Her=
berge, unb sie wurden gut bewirthet[5]. — Das armenische
Kloster zählt brei Mönche, unb nach den zwei großen Koch=
kesseln, die mindestens an die kleinern Kessel im sogenannten
Helenaspital (Tekī·eh) zu Jerusalem erinnern, muß zeiten=
weise der Zufluß der Pilgrime bedeutend sein. Die Gärten
verkündigen viel Pflege. Ich bin nicht im Stande, die
Geschichte des Klosters vor der Mitte des sechszehnten Jahr=
hunderts zu beginnen. Auch damals wohnten die Armenier
auf der Westseite[6]. 1674 hatten sie ziemlich viel Be=
quemlichkeit unb Zimmer[7]. 1821 zählten sie im Kloster
zwei Mönche unb zwei Familien[8]. In der neuesten Zeit
kehrten auch Protestanten bei den Armeniern ein, von benen
sie aufs gütigste aufgenommen wurden[9].

1 P. Habitatione de' Greci. Grundriß von Bonifacio bei Zuallart.
   Wir werden auch beim Besuche der Milchhöhle erfahren, baß das
   Kloster babei griechische Mönche lange im Besitz gehabt haben sollen.
2 Surius 524. Im J. 1583 hatten bie Griechen in der großen Kirche
   auch einen Chor. Rabzivil 170.
3 Le pouvoir qu'ils ont eu de reparer l'Eglise, leur a donné la commodité de s'etendre, et de pratiquer plusieurs accommodemens.
   Nau 424.
4 Zur rechten nechst an der Kirchen, haben bie Griechische Religiosen
   auch ihr Wohnung, welche sambt dem Garten mit einer groffen Mauer
   vmbgeben. Ignaz von Rheinfelden 131. Thompson §. 89.
5 Bartlett 206 sqq. Er beschreibt bas Empfangszimmer unb die Auf=
   wartung.
6 Man vgl. bie Grundrisse, Thompson unb wenige Andere.
7 Nau 425. Es sei bas cœnobium Syriæ bei Kassian (confer. 11, 1).
8 Scholz 215.
9 Wolff 134.

Man begreift sehr wohl, daß man schon in alter Zeit in der Nähe der Geburtsstätte zu wohnen wünschte. Daher entstanden die Klöster, deren Stiftung ins vierte Jahrhundert fällt. Die Krippe (Geburtshöhle) war mit sehr vielen Wohnungen von Dienern Gottes allenthalben umgeben[1]; eine Menge heiliger Brüder wohnte beisammen[2]. Einer der hervorragendsten Mönche war Hieronymus. Hinter dem Männerkloster, an der Seite der Kirche gab es drei Kongregazionen und Klöster von Frauen. Diese, vornehme und geringe, aus den verschiedenen Gegenden, hatten nur eine Kleidertracht, und gingen einzig am Sonntage in die Kirche[3]. Neben dem Männerkloster stand eine Herberge (für Pilger)[4]. Sehr wahrscheinlich lag das Männerkloster auf der Nord= und Ostseite der Kirche, indeß die Frauenklöster (hinter jenem) an die Südseite der Kirche oder südöstlich daran stießen. Noch zur Lebenszeit des Hieronymus, doch nur wenige Jahre vor seinem Tode, traf die Klöster ein hartes Schicksal. An den Dienern und Dienerinnen Gottes, welche unter der Obhut des Priesters Hieronymus standen, verübten die Pelagianer den ruchlosesten Mord, sie brachten den Diakon um, sie verbrannten die Klöster, und kaum schützte jenen vor dem Ueberfalle der Gottlosen ein ziemlich befestigter Thurm. Hieronymus selbst sagte, daß sein Haus gänzlich zerstört ward. Hierauf ging er mit den Seinen von Bethlehem weg, kehrte jedoch bald

---

1 Præsepe .. plurimis servorum Dei habitaculis undique circumdatur. In des Ungenannten vita *Hieronymi*, angehängt in dessen opp., Ausgabe von Erasmus. Vgl. oben S. 32.
2 Multitudo sanctorum fratrum in monasterio. *Epiphan.* epist. ad *Joann.*, episcop. Hierosol., übersetzt von Hieronymus, in dessen opp. nach der Ausgabe von Erasmus (epist. LX.).
3 *Hieronymi* epitaph. *Paulæ*.
4 Nos in ista provincia ædificato monasterio et diversorio propter exstructo. *Hieronymi* epist. ad *Pammachium*.

wieder dahin zurück[1]; schwerlich wohnte er aber dieses Mal
in einem förmlichen Kloster. Wie lange es dauerte, bis
man wieder baute, verschweigt die Geschichte; so viel ist ge=
wiß, daß um das J. 600 vor Bethlehem ein mauerumring=
tes Kloster mit einer Menge Mönche[2] war. Im Anfange
des zwölften Jahrhunderts gedachte man des Klosters der
h. Jungfrau Maria als eines großen und vorzüglichen[3].
Wir wissen nicht, welche Umänderungen die Kreuzfahrer an
demselben vornahmen, und welche Behandlung es von den
stürmenden Sarazenen im J. 1187 erfuhr. Zuverlässig
hingegen ist, daß um das J. 1310 am Ausgange der Kirche
gegen Mitternacht ein Mönchskloster stand, zu dem man auf
etlichen Stufen hinaufstieg[4]. Ich zweifle nicht daran, daß
dieses Bauwerk aus den Zeiten der Franken, oder vielleicht
aus einer noch ältern Zeit stammte. Vom Anfange des
vierzehnten Jahrhunderts[5] an wird es schwer, die alten Kloster=
gebäulichkeiten geschichtlich nachzuweisen. Südöstlich von der
Kirche stand, wie ich deute, um das J. 1330 ein Thurm

---

1 *S. Augustinus* (schrieb im J. 417) in libro de **Gestis** *Pelagii.*
S. *Bollandi* acta sanctor., 30. Sept., 622. Der Biograph sagt
daselbst (623): Addo hic aliam observationem, videlicet bibliothecam
S. Hieronymi direptione et incendio monasterii verisimiliter dissi-
patam fuisse. Daraus mag man ersehen, wie die Meinung Igna=
zens von Rheinfelden (131): „Von dem alten Closter deß
H. Hieronymi ist noch soviel vorhanden, daß die minderen Brüder
genugsame Wohnung haben,‟ und mancher Anderer Stich halte.

2 Ante (östlich) Bethleem. *Antonin. Plac.* XXIX.

3 *Sæwulf.* 35. Auch nach Löuwenstein wurde das Kloster St.
Maria genannt (539). Vgl. die Anm. 2 zur S. 213.

4 In exitu ecclesiæ contra aquilonem. *Marin. Sanut.* 3, 14, 11.
Brocardus traf etliche Anzeigen (indicta quædam) eines Klosters
mit dem Bette des Hieronymus (c. 9). Das, wie man sagte,
nicht unwahrscheinlich von der Paula erbaute Kloster soll im J.
1263 durch die Muselmänner stark gelitten haben. Berggren 1, 148.

5 Item fui in monasterio B. hieronnimi iuxta ecclesiam B. Marie in
bethleem. Ubi ipse abbas fuit et multos ibi sacre scripture libros
de hebreo transtulit in latinum. *Pipin.* 76a.

als ein Bestandtheil des Klosters[1], und an dieser Stelle wurde nicht selten ein Thurm nachgewiesen[2], obschon man da heutzutage nichts mehr dergleichen sieht. Ein anderer Thurm stand in einiger Entfernung nördlich vom Eingange in die Marienkirche[3]; selbst im J. 1734 machte man an der Nordecke des lateinischen Klosters gegen West auf einen Thurm aufmerksam, welcher vorher in der Vertheidigung des Ortes viel gelitten habe[4]. 1483 war das Kloster großentheils zerstört, übrigens, dem damaligen Aussehen nach, sehr groß, hoch und weit, mit Zinnen und Thürmen, gleich einem Kaiserschloß[5]. Im J. 1519 fand man, außer einem Kirchthurm, ein mehrentheils zerstörtes Kloster[6]. Noch

---

1 Monteuilla 773.

2 Schöner Kirchthurm. Tschudi 275. Das Kloster hat gegen Morgen 2 kleine Thürne. Scheidt 70. (In S.O.) Fortissima et magna turris sive campanile. *Quaresm.* 2, 644a. Gegen Süd ein Thurm. Zwinner 373. S. besonders die neuern Grundrisse. Es ist noch fraglich, ob dieser Thurm zur Zeit der Kreuzfahrer als Glockenthurm und zugleich als eine Art Festungsthurm diente. Vgl. oben S. 36 und Anm. 12 zu S. 111.

3 S. den alten Grundriß von Bonifacio und Zuallart, so wie Anm. 12 zu S. 111. •

4 Thompson §. 90.

5 Fabri 260. Vgl. oben S. 36.

6 Tschudi. Der Plan von Bonifacio hat (L) Appartamenti d'Antichi, hart nordöstlich am jetzigen Kreuzgange. Daß am alten Refektorium des Hieronymus bei Amico, Quaresmius und Zwinner (Plan 28) nichts merkwürdig sei, als der Name, versteht sich von selbst. In die Kategorie der Hirngespinste gehören wahrscheinlich auch die Worte Fabri's (2, 334): Post comestionem ipsum S. Jeronymi monasterium undique perlustravimus et ruinas ejus (es wird zwar nicht gesagt, ob auf der Nord- oder Südseite) mirati sumus. Bernardino Amico zeichnete (Tav. 3, p. 8) ein Zimmer des Hieronymus westlich vom Refektorium. Edlin ließ sich (756) gar glauben machen, daß zerrissene Mauern einem Kloster angehörten, worin sich die Schwester des Hieronymus aufgehalten habe. Mit Umsicht und Gediegenheit spricht hingegen der Lebensbeschreiber des Hieronymus in den Acta sanctor. (30. Sept., 630) im J. 1762: At non admodum verisimile est, monasterium S. Hieronymi, sicut ipse illud habitaverat, immutatum stetisse usque ad ea tempora . . (des Kootwyk, Quaresmius u. A.). Hinc

zwei Jahrhunderte später traf man angeblich Ueberbleibsel des alten Hieronymusklosters[1].

Wir wollen uns jetzt auf die Südseite wenden, und uns hier in historischer Beziehung genauer umsehen. Unser Blick kann sich freilich mit dem alten Thore, dem Rest eines Klosters[2], nicht mehr beschäftigen. Ich lehne mich keineswegs gegen die Meinung auf, daß der thätige Hieronymus Unterricht ertheilte oder Schule hielt; allein bedenklich ist es, daß man, meines Wissens, erst im sechszehnten Jahrhunderte anfing[3], das Schulzimmer zu zeigen, und zwar südlich neben den auf dem Vorplatze der Marienkirche befindlichen Zisternen, mithin da, wo jetzt das armenische Kloster steht. Im siebenzehnten Jahrhunderte war dieser Saal ein schöner, gewölbter Pferdestall mit Säulen von rothem Marmor[4]. Im J. 1674 ließen die Armenier den Saal, denen er gehörte, als Stall für Pferde und Maulthiere der Pilger gebrauchen[5]. 1725 wies man auf der Mittags=

---

facile videbit studiosus lector, pleraque modo relata loca, quæ ob memoriam S. Hieronymi in veneratione a fidelibus habentur, verisimiliter non parum tractu temporis fuisse mutata, nec omnino certum esse, omnia fuisse eodem prorsus loco, eademque amplitudine, qua nunc ostenduntur. Vgl. die zehntletzte Anm.

1 Ce qui reste de cet ancien Monastere fait voir qu'il étoit magnifique. *Ladoire* 203. Vor ihm sagte Surius (524) vom Hieronymuskloster: retenant encore en son entier le Pan, Refectoire, Cellules, Cisternes, Cave et autres lieux. Vgl. auch Quaresmius (2, 623), Ignaz von Rheinfelden.

2 Die Meinung Rau's (397).

3 Man s. den Grundriß Amico's und seiner Kopisten.

4 42 Schritte lang, 16 breit. *Quaresm.* 2, 623. Alba vor Zeiten deß H. Hieronymi Schuel gewest. Zwinner 355. Unter dem Orte der besagten Armenier ist die Schule S. Hieronymi zu sehen, gegen Morgen und Abend von 42. Schuhen lang, und von 16. breit, ist gewölbt, und stehet auff 6 Marmor-Säulen. Troilo 406. Cette cour est fermée au Midy par un ancien bastiment, qu'on nomme l'Ecole . . de S. Jérôme . . . La voute de cette sale est soûtenüe de 5. ou 6. colonnes de marbre. 30 bis 40 Schritte lang, 15 oder 16 breit. *Nau* 397. Vgl. *De Bruyn* 2, 222.

5 Nau 398.

seite der Kirche in einem alten Gebäude einen Saal von
dreißig bis vierzig Schritten Länge und fünfzehn oder sechszehn Breite, als die Schule des Vielgenannten, und der Pilger wurde in demselben von den Armeniern empfangen[1].
Daß hier eine bauliche Abänderung stattgefunden hat, lehrt
der Augenschein. Im Weiteren kann ich nicht umhin, die
Bemerkung anzureihen, daß Hieronymus unzweifelhaft
auf der Südseite wohnte[2], weil von ihm bekannt ist, daß
er schrieb, er habe Thekoa täglich vor Augen gehabt, und
weil man dieser Ortschaft nicht auf dem Dache des fränkischen Klosters, sondern erst auf demjenigen des griechischen
oder armenischen Konvents ansichtig wird.

Bei der Geschichte der Klöster, die sich um die Kirche
der Geburt unsers Heilandes gleichsam drängten, lernten
wir auch Frauenklöster kennen. Wer sollte nicht vermuthen,
daß die Römerin Paula eines derselben bewohnte? Wer
sollte denken, daß sie, statt der Geburtsstätte möglichst zu
nahen, sich vielmehr davon entfernte und in einiger
Entfernung von Bethlehem sich klösterlich ihren frommen
Betrachtungen überließ? Wenn es heißt, daß sie drei Jahre
in einer engen Wohnung (hospitiolum) verbrachte und
erst dann Zellen und Klöster und eine Pilgerherberge am
Wege erbaute, so weiß man, daß sie in Bethlehem weilte[3].
Desgleichen übte ihre Tochter Eustochium, die enthaltsame,
welche ein Kloster von fünfzig Jungfrauen hatte, das Werk
der Frömmigkeit in Bethlehem[4]. Hinter einem Stillschwei-

---

1 Reret 111. Röser mag (448) es selber verantworten, was er unter einer den Armeniern gehörenden Kapelle, wo Hieronymus
Schule hielt, verstand. Vgl. „da hat Sanct Hieronymus sein Schul
gehabt" bei Gumpenberg 464.
2 Ce lieu estoit aussi peut-estre une partie de l'Hôpital, et du
Monastere que S. Jerôme basti-là. *Nau.*
3 *Hieronymi* epitaph. *Paulæ.*
4 *Pallad.* hist. Lausiac. CXXVI.

gen von mehr, denn einem Jahrtausend stieg die Tradizion aus dem Grabe herauf, die man mit dem Kloster Paulas in Verbindung brachte. Schon dieses späte Auferstehen der Ueberlieferung ist völlig geeignet, das größte Mißtrauen gegen sie zu erregen, und dann der Inhalt selbst, welcher mit der ältesten Nachricht offenbar in Widerspruch geräth. Denn 1483, da ich die erste Spur der Ueberlieferung fand, sah man auf der andern Seite des Thales von Bethlehem in einem anmuthig gelegenen Dorfe (höchst wahrscheinlich Bêt Sâhû'r) große Mauertrümmer, von denen man sagte, daß daselbst das Kloster der h. Paula und ihrer Jungfrauen gestanden habe[1]. Im J. 1583 zeigte man das zerfallene Gemäuer vom Frauenkloster dem einen Pilger eine gute Stunde von Bethlehem[2] und dem andern, wenn man vom Orte der Hirten gen Bethlehem hinaufging, zur Rechten ein wenig abgelegen von Bêt Sâhû'r[3]. Um das J. 1620 traf man eine Meile abwärts nördlich von der Frauenhöhle in einem Thale, aber an einer etwas erhabenen Stelle mehrere Trümmer vom Kloster der Paula, eine ganze Zelle oder Kapelle mit Zisternen; dabei ließ sich schon von Ferne ein Johannesbrotbaum erkennen[4]. Nach der Mitte des siebenzehnten Jahrhunderts nahm man einige Trümmer und Grundmauern, die etwa acht Minuten unten östlich von Bethlehem lagen, für das Kloster, wo Paula als Aebtissin viel Jahre lang bis zu ihrem Tode lebte[5]; die Mohammedaner

---

1 *Fabri* 1, 458.
2 Mit 500 Nonnen. Zerstört und von Ungläubigen öde gelassen. Luffy 37. Woher er die 1500 Mönche hat, welche das alte Männerkloster in Bethlehem bevölkerten, weiß man ebenfalls nicht.
3 Radzivil 170. Kopie bei Ignaz von Rheinfelden 132.
4 *Quaresm.* 2, 679b.
5 Zwinner 387 fg. Trollo 403. Von der Höhle, wo die Milch der Maria auf den Felsen tröpfelte, declinando per levante si vedono le rovine d'altra chiesa, e convento, ein Werk der Paula. *Legrensi* 1, 187.

hatten aus den Zellen eine Moschee gemacht[1]. 1719 waren auf einer Anhöhe, die, vom Franziskanerkloster durch eine ungefähr fünfhundert Schritte breite Schlucht getrennt, demselben gegenüber lag, alte Trümmer mit zwei oder drei Zisternen, angeblich der Ueberrest des Paulaklosters[2]. Auch im gegenwärtigen Jahrhunderte ließ die Tradizion dieses Kloster nicht außer Auge[3]; 1821 wollte man die Ruinen nordöstlich von Bethlehem wissen[4], und mir zeigte die Stelle ein Franziskaner, aber nach einigem Bedenken, eine Viertelstunde nordwestlich von Bethlehem, auf der Westseite des Wâdi Charûbeh, wo noch ein Boden mit Mosaik verziert sei.

Die Höhle unserer lieben Frau (la grotta della Madonna)[5], die Grotte der Jungfrau Maria[6], die Grotte der Frauenmilch[7] oder die Milchgrotte[8], bei den Arabern Frauenhöhle (المغارة الستى)[9], liegt oben auf dem Osthügel[10], etwa 200 Schritte von der Marienkirche[11], 80

---

1 Zwinner.
2 *Ladoire* 211. Thompson schrieb (S. 91), daß Paula nicht ferne von der Mariakirche vier Klöster stiftete, drei für Nonnen, und daß sich einige Spuren dieser Gebäude noch zu seiner Zeit unterscheiden ließen, so wie daß die Pilgerherberge Reste von nicht gemeiner Bauart verkündigten.
3 Chateaubriand entdeckte (1, 306), nach seiner Art, vom Klosterdache aus hier und da einige Trümmer, unter Anderm auch die Ruinen eines Thurmes, qu'on appelle la Tour de Sainte-Paule.
4 Scholz 163.
5 *Boucher* 284. *Surius* 533.
6 Grota beatæ Mariæ Virginis. *Quaresm.* 2, 678.
7 Troilo 406.
8 Crypta lactea. *Cotov.* 237. *Ladoire* 208.
9 Scholz 189. Mughâret-el Sidi. Berggren 3, 148. Eigentlich sollte es Moghâret es-Si'deh oder es-Sitt oder es-Sitti heißen.
10 Εἰς τὴν ἄκραν τοῦ χωρίου τὴν πρὸς ἀνατολὰς, εἶναι τὸ σπήλαιον. Ἡ Ἁγία Γῆ 83. Borne auf dem Berge. Gumpenberg 464. Auf freier Höhe. Prokesch 113.
11 Ebenso Röser (449). 60 Klaftern. Monteuilla 773. 1 Bogenschuß. *Frescobaldi* 140. Aber ain meyl von bethlehem. Pelchinger 61b. Kaum einen Steinwurf weit. Georg. 558. 5 oder 6 Stadien.

15*

Schritte gegen Morgen vom östlichsten Hause des Städt=
chens[1] entfernt. Man findet oben wenig Interessantes.
Man geht da auf dem ebenen Dache einer Höhle, welches
mit Steinplatten belegt ist[2], und auf dem man nur die
Luft= und Lichtlöcher zu umgehen hat. Der Eingang ist
von Norden aus[3], nicht eng wie ehedem[4], offen[5] und der
Eingang nicht beschwert[6]. Man steigt mittagwärts auf drei=
zehn Treppenstufen[7] in die Höhle mäßig tief[8] hinab. Die=
selbe, von unregelmäßiger Form[9] und augenscheinlich in den
Felsen gehauen[10], ist nicht groß[11]. Sie mißt etwa 15′ in
der Länge, 9′ in der Breite[12] und etwa 8′ in der Höhe.
Auf den überall ebenen Boden hat die Kunst wenig ver=

Anshelm. 1291. Zwei Scheibenschüsse. Luffy 39. 1 Bogenschuß
gegen Mittag. *Surius.* ¹/₂ Meile. *Legrenzi* 1, 186. 60 bis 80′.
Maundrell 89. 120′. Thompson §. 92. Boucher sagt (284):
200 Schritte von den Gräbern der unschuldigen Kinder.

1 Oestlich vom Dorfe, fast am Ende desselben. Scholz. Wenn das
richtig ist, so hat das Dorf seit 1821 gegen Ost abgenommen.
2 Röser behauptet (449), daß hier ein schöner, aus Mosaik bestehen=
der Boden einer eingegangenen kleinen Kirche war („ist").
3 Prokesch 113.
4 Sehr eng. *Georg.* Ziemlich enge. *Jod. a Meggen* 118. Niedrig.
Seydlitz 477. Pour y entrer on passe par une allée, qui a de
longueur 7. pas, dont la porte est large 2′. *Surius.* Thüre niedrig
und eng. *Ladoire* 210.
5 Im vierzehnten Jahrhunderte gab es zwei Thüren. Petrus von
Suchen x c.
6 Hoggidì questo luogo è quasi abbandonato, e può dirsi alla custo=
dia de Turchi. *Legrenzi* 1, 186.
7 9. *Surius.* 12. Prokesch.
8 Ein tief und finster Loch. Seydlitz 475. Troilo 406.
9 Beinahe rund. *De Bruyn* 2, 223.
10 *De Bruyn.* Daß es eine Felsenhöhle sei, behaupten einfach Petrus
von Suchen, Jodokus von Meggen, Ladoire und viele An=
dere. Ursprünglich war sie, nach Georg, der Hanskeller eines Ar=
meniers.
11 *Georg.* Di breve giro. *Legrenzi.* Weit. Seydlitz. Ziemlich groß.
Jod. a Meggen. Sehr groß. *De Bruyn* 2, 221.
12 Nach Binos (211), der auch eine Höhe von 5¹/₂′ angibt. Quatre
pas en quarré. *Surius.*

wendet, und die Wände sind roh[1]. Diese waren unlängst
von mohammedanischen Weibern mit vielen Oelkrügen um-
stellt, um das Abfallende aufzufassen[2]. Auch sah man
einige mit Blumen durchflochtene Aehrenbündel, die wahrscheinlich von arabischen Landleuten als Ernteopfer zu
Ehren Mariens hingehängt worden[3]. Die Decke wird
von sieben theils frei stehenden, theils in die Wandung
eingemauerten Säulen gestützt[4]. Zu seiner Zeit machte man
unnöthigerweise Wunder daraus, daß einige Säulen bisweilen
schwitzten und beinahe immer feucht erschienen[5]. Im Süd-
ostwinkel führt eine niedrige Nebenhöhle einige Schritte
krumm, vornehmlich gegen Ost weiter. Gleich unten in der
Mitte (gegen Morgen) begegnet uns ein unscheinbarer Altar[6]. Wenn die Franziskaner hier Gottesdienst halten wollen, so müssen sie allemal ihre Paramente herbringen[7].
Jeden Samstag wird von ihnen das Meßopfer verrichtet
und danach die lauretanische Litanei gesungen[8]. Als ich
die Höhle besuchte, kam eben ein Barfüßer hierher zum
Gebete. Dieselbe empfängt etwas Licht durch die erwähn-

---

1 Prokesch. Eine Ansicht des Innern gab b'Estourmel (116), welcher den Beschauer von West nach Ost blicken läßt. Sie ist übrigens untreu; so fehlt links die in die Mauer eingelassene Säule mit
dem schönen, alten Fuß, anderer Fehler nicht zu gedenken.
2 Salzbacher 2, 179.
3 Gehlen 36. Vgl. *Legrenzi* 1, 188.
4 Passé au long d'un rond pillier bleu, on entre dans la Spelonque.
Surius.
5 Je ne blasme pas pourtant la coûtume, que les personnes devotes
ont d'en (Wasser) mettre sur le front. *Nau* 426.
6 In der Mitte ein steinerner Altar. *Surius. De Bruyn* 2, 222.
Prokesch. Schubert 3, 22.
7 Nos Religieux celebrent souuentesfois la Messe. *Surius*, wie Quaresmius (2, 678) und später Rau. Porgono il Sagraficio con
ogni libertà, e quiete. *Legrenzi* 1, 187.
8 Gehlen 37.

ten Löcher und vom Eingange her. Ehemals war sie offen=
bar finsterer[1].

Die Ueberlieferung hat sich in verschiedenen Versionen
versucht. Nach der einen ruhte hier Maria nach der Ge=
burt aus[2]; nach der andern stand sie hier, um ihr Kind
zu stillen[3]. Die schwunghafteste Ueberlieferung ist die, daß
die Familie hierher floh, nach den Einen auf dem Zuge nach
Egypten eine Nacht hier zubrachte[4], nach den Andern sich län=
ger oder unbestimmt lang hier verbarg vor den Nachstellungen
des Herodes[5], wenigstens so lange, bis Joseph für die
Reise nach Egypten in der Stadt einen Mundvorrath ein=
gekauft und zusammengepackt hatte[6]. Schon der Aufent=
haltsort der Familie hat für den gläubigen Pilger etwas
Fesselndes. Es geschah aber, nach der Sage, noch etwas
Besonderes, was seine Aufmerksamkeit in Anspruch nahm.
Der Eine sagte: Da Maria in ihren zarten Brüsten viel
Milch hatte, so fielen die Tröpflein auf den Marmorstein,
worauf sie gewöhnlich saß[7]; Andere erzählen, daß nur ein

---

1 Che (le Donne Turche) vi mantengono lampadi accese in honore
della Vergine. *Legrenzi* 1, 186.
2 *Monteuilla* 773.
3 *Frescobaldi* 140. Weiter vom Aberglauben ist keine Rede.
4 Gumpenberg. *Anshelm.*
5 Je trouve que c'est une ancienne tradition. *Surius* 534. Petrus von
Suchen (Reyßb. 842). *Georg.* (nach der Abreise der drei Könige).
Viagg. al S. Sepolcro F 7a. *Jod. a Meggen.* Sephlitz 477 (bis
Joseph vom Engel einen Befehl zur Flucht nach Egypten bekam).
Ehrenberg 512. Löwenstein 359. Schwallart 306. *Boucher*
(nach der Tradizion der orientalischen Kirche) 284. In qua (crypta)
fertur latuisse beatissimam semper Virginem Mariam cum puero
Jesu. *Quaresm.* nach einer alten Handschrift. Ἔνθα εἰσῆλθεν
ἡ Θεοτόκος μὲ τὸν Ἰησοῦν, ὅταν ἔφευγεν εἰς Ἄιγυπ-
τον. Ἡ Ἁγία Γῆ 83. *Legrenzi.* Thompson. Binos. Borsum 143. Protesch. *D'Estourmel* 2, 119. Schubert. Und Andere.
6 Pendant que s. Joseph accommodait à la haste leur petit bagage.
Surius. Ladoire 209.
7 *Monteuilla.*

Tropfen[1] oder einige Tropfen[2], oder doch Milch[3] auf den Felsen oder die Erde gefallen, ja gespritzt sei[4], und zwar geben ein paar Pilger vor, daß sie nicht gleich geflossen, sondern daß Maria vor Furcht und Schmerz zuerst die Milch verloren, dann aber wegen ihrer göttlichen Tugend bald wieder bekommen habe[5]. Nun aber übte die Milch angeblich einen wunderbaren Einfluß auf den Felsen oder die Erde aus. Wie die Meinungen bunt durch einander wirbeln, wurde der Stein, worauf Maria saß, fleckig und milchfarben[6]; die mit Roth vermischte milchweiße Feuchtigkeit hörte länger, als ein Jahrtausend nicht mehr auf zu fließen[7]; die Milch wurde um so weißer, je mehr man sie berührte[8]; die Erde herum erschien ein wenig weißer, als die andere[9]; die Erde der Höhle bekam gleichsam die Eigenschaft einer Milch[10]. Setzte man den Abfall vom Felsen ins Wasser, so wurde er weiß wie Milch[11]. Der mürbe innerste Theil der Kalksteinhöhle, von deren Wandung das Abfälligste abgebröckelt wird, ist von aschgrauem, lehmartigen

---

1 Petrus von Suchen (vor Furcht). *Georg.*
2 Elle répandit quelques gouttes de son lait virginal sur la terre. *Ladoire.* Prokesch. Ein wenig. *Surius.*
3 Item es ist auch an der selbigen stat unser lieben frawen milch oder gespundt. Pelchinger 61b. *Jod. a Meggen.* Schwallart.
4 In disem Orth hat MARIA ihr Junckfräwliche Milch an den harten Felsen gesprützt. Ignaz von Rheinfelden 132. Spremute le mamelle fù tanto il latte, che sprucciò fuori. *Legrenzi.*
5 *Boucher.* Hor in questa ritirata, e somma tribulatione scrivessi, che la Santissima Vergine havesse perduto il latte, e divenuta meno in se stessa triste, ed addolorata piegò le ginochia all' Eterno Padre . . . e ne fù tosto essaudita . . *Legrenzi.*
6 Monteuilla.
7 Petrus von Suchen. Ich sah nirgends tröpfeln, obschon die Regenzeit dawar.
8 *Georg.* (usque hodie).
9 *Jod. a Meggen.*
10 *Surius.*
11 Die rothe Erde. Pococke 2 §. 52. Wenn man die Erde in Wasser zerreibt. Binos 211. Man sehe später Quaresmius.

Aussehen[1] und, nach der Nomenklatur der Mineralogie, Mond- oder Bergmilch[2]. Die Pilger hingegen nannten das Pulver des Kalksteins Frauenmilch[3].

Im J. 1483 stoßen wir auf einen merkwürdigen Sagenkonflikt. Ich führte oben an[4], daß an die Stelle der spätern Josephskapelle (neben der Geburtskapelle) die Sage die Flucht Mariens mit Jesus verlegte. Ich will nun in dieselbe näher eingehen. Als Maria sah, daß nach dem Besuche der Hirten und der Weisen Viele von Jerusalem in die Höhle kamen, das Kind mit der Mutter zu verehren, floh sie, aus Furcht vor Herodes, heimlich aus der vordern Höhle, wo sie die Weisen des Morgenlandes empfangen hatte, in die hintere Höhle und blieb hier insgeheim. In der Hast aber ließ sie in der vordern Höhle, in der Krippe, das lange Hemde liegen, in dem sie nach der Sitte der Kindbetterinnen in jenem Lande geboren hatte. In der hintern Höhle, wohin sie sich flüchtete, war eine Felshervorragung, wo Maria zu sitzen pflegte, um das Kind zu stillen. Da geschah es zufällig, daß aus ihrer Brust ein Tropfen Milch auf den Felsen fiel, und von da an bis da=

---

1 Hujus antri saxum coloris subalbidi duritie cretam non superat; leicht davon abzuschaben. *Cotov.* 237. Welch und weiß, wie der Tuffstein. Della Valle 1, 158b. Wie Bleiglätte. *Surius.* Che altro non è che una tenera biancha pietra della stessa grotta. *Legrenzi* 1, 186. Kreidenartig, weißgrau. Schulz. Bolus. Berggren. Kreide. Prokesch. Weißer, zarter Ansatz des Kalksteins, so wie bröcklichter Kalksinter. Schubert.

2 Schubert.

3 Ils appellent cette terre, il latte da la Madonna. *Boucher.* Della Valle 1, 158. *Quaresm.* 2, 678. *Surius* 534. Questo è il latte di nostra Dama. *Legrenzi.* Wie die Milch gewonnen wird, schreibt Quaresmius: Excavatur terra ex hoc antro, quæ potius rubra est quam alterius coloris, pila contunditur, et in minutissimum pulverem reducitur; et in vase posita, aqua abluitur et purgatur, quæ extracta et soli exposita ipsa nive albior, et lacti simillima evadit.. quæ deinde in pulverem redacta.

4 S. 179.

mals tröpfelte unaufhaltsam vom Felsen herab immerfort eine
etwas ins Röthliche spielende, milchweiße Feuchtigkeit. Die
Pilger stellten Gläschen unter, und fingen die herunterfallen=
den Tropfen auf, mit Sagen, daß es Milch der Maria sei.
Es ward daher solche unter den Reliquien in vielen Kirchen
gezeigt, wie in Köln, in „Kyrchen." Früher wunderte man
sich, woher es käme, bis man erfuhr, daß es nur eine vom
Felsen tropfende Flüssigkeit war. Das erste Mal (1480)
sah man den Felsen, das zweite Mal (1483) aber waren
Balken und Blöcke in die Höhle gebracht und der Ort ver=
ändert[1]. Diese Tradizion, die allerdings, außer dem Lo=
kalen, das Abweichende darbietet, daß man den herabtropfen=
den Felsenschweiß, statt der Bergmilch, für Frauenmilch hielt,
erlosch aber neben der Geburtskapelle bald wie eine Rakete,
wahrscheinlich einestheils weil wegen der neuen Katharina=
treppe mehr Lüftung statthatte und der Ort mithin trockener
wurde, wie ich ihn auch trocken fand[2], und anderntheils
weil die Duplizität oder das Verzichten auf den historischen
Vorgang oben östlich vom Kloster den Mönchen nicht recht
behagen mochte. Kurz, dieser Ueberlieferung, die in der
spätern Josephskapelle Platz nahm, begegnete ich nie wie=
der; denn wenn sie auch 1519 wiederholt wurde, so war
sie gewiß nur Kopie[3].

Doch wir kehren nach dieser Digression zu der Milch=
höhle oberhalb des Klosters zurück. War es, wie man
wähnte, ein Wunder, daß die Marienmilch in Form von

---

1 *Fabri* 1, 450 sq. In der deutschen Ausgabe (Reyßb.) fehlt die
Ueberlieferung. Der gleichzeitige Breydenbach schwieg (132).
2 Hingegen spricht Light von den unterirdischen Grotten der Marien=
kirche (167): These are so damp that water drops from the walls
— very unsuitable for the reception of cattle, much less for a wo-
man in child-birth.
3 Tschudi 277 fg. Uebrigens spricht er mengend und mittelnd von der
Erde des Felsens, welche der Agalaktie abhelfe.

Mondmilch fortfloß, so darf man ein anderes Wunder auch nicht verschweigen, daß diese Bethlehemer = Bergmilch bei Frauen die Absonderung der Milch beförderte[1], sogar zu dem Zwecke gleichfalls beim Vieh als ersprießlich sich bewährte[2]. Und wegen dieser Eigenschaft stand die Mondmilch nicht nur bei den Christen, sondern auch bei Mohammedanern[3] in Verehrung, wie denn die letztern in der Annahme des Aberglaubens nicht am ungelehrigsten sind. Uebrigens verbürgen einige Pilger die Erprobtheit des Mittels mit einer solchen Ueberzeugungskraft[4], daß man füglich nicht Alles für ein Windei erklären darf. Es bleibt übrigens immer noch ein breiter, gebahnter Ausweg übrig, ohne daß man gerade genöthigt wird, zum Wunder die Zuflucht zu neh=

---

1 *Georg.* 559. *Jod. a Meggen* (soll). **Ehrenberg. Wormbser. Luffy. Schwallart** (soll). *Cotov.* 238. En memoire de ce grand miracle la terre . . a la vertu de redonner aux femmes noutrices le laict. *Boucher* 284. **Della Balle. Quaresmius. Ignaz von Rheinfelden. Zwinner** 385. **Troilo** 407. Der Arzt Legrenzi (mit gutem Erfolg). *Ladoire* 209. **Schulz. Binos.** Einstimmig (unrichtig) zugeschrieben. **Geramb** 1, 187. **Schubert** 3, 22.

2 **Schwallart, Surius, Ignaz von Rheinfelden, Troilo, Ladoire.**

3 **Schwallart, Surius, Ignaz von Rheinfelden, Troilo,** de **Bruyn** (Türken und Araber), **Ladoire.** Sonderlich machen die Türkinnen einen starken Gebrauch. **Binos.**

4 Cujus ego vim in nostratibus foeminis frequentissime certam didici, atque Orientis populi opinionem haud vanam esse comprobavi. *Cotov.* 238. Ce miracle est veritable et continuel, car j'en ay souventes-fois veu les effets. *Surius* 534. Je n'oserois pas assûrer, qu'elle serve beaucoup dans les autres maladies; mais pour ce qui est de rendre le lait aux femmes, qui l'ont perdu, et d'en faire venir à celles qui en ont peu, c'est une chose si certaine et si infaillible, que les Infidelles mesmes en ont eu mille fois l'experience. *Nau* 426. Wie solches an der Erden so ich mit mir herauß getragen offt . . Bewehrt worden. **Ignaz von Rh.** Ich versichere bloß als eine ganz gewisse Sache, daß sich bei einer großen Anzahl Personen die erwartete (milchtreibende) Wirkung wirklich erprobt hat. **Geramb** 1, 187. Lorsque j'étois à Venise un medecin de mes amis m'en demanda un peu pour en faire prendre à une Demoiselle. *De Bruyn* 2, 221.

men. Oder was für Wunder verrichtet die Einbildungskraft, die Gemüthsbewegung des Menschen? Man geht mit Zahnschmerzen zum Zahnarzte, und vor seinem Hause, worin die wehsame Operazion vorgenommen werden sollte, hören sie wie durch Zauberschlag auf. Der Krieger im wilden Kampfe bemerkt erst nach diesem — Wunden, die während desselben ihm geschlagen wurden. Jene unglückliche Königin Frankreichs wurde in einer Nacht grau, in der Nacht, als die Gedanken sie mit dem Blutgerüste folterten, welches ihr Mann besteigen sollte. Ein unschuldiges weißes Pulver von Zucker kann Brechen erregen, wenn man dem Einnehmenden erklärt, daß es ein Brechmittel sei. Wahrlich, die Einbildungskraft, die Glaubenskraft als Arzneikraft ist ungeheuer groß[1]. „Wir dürfen," sprach vielleicht der bis zum gegenwärtigen Jahrhunderte vorurtheilsfreieste Pilger, „nur bedenken, was Vorurtheile für Gewalt über schwache Gemüther haben, so werden wir uns nicht wundern, wenn man uns erzählt, daß dieses Arzneimittel (Bethlehems Frauenmilch) oft seine Wirkung thue"[2]. Es ist kaum nöthig, beizufügen, daß die Pharmakologie der Aerzte nicht die milchtreibende, wohl aber die säuretilgende Wirkung der Bergmilch kennt. Wie einmal diese von Bethlehem auf einer Seite Ruf erlangte, so lag der Gedanke gewiß sehr nahe, sie auch andererseits zu versuchen, und man rühmte das Mittel auch als heilsam bei Fiebern[3] und in unserem Jahrhunderte als einen Arzneistoff, welcher die Geburten

---

1 Ob aber von besagter Tradition oder Einbildung diese Krafft der Erden herkomme, oder aber die eigentliche natürliche Würckung dergleichen Effect in den Menschen verursache, überlasse ich einem jeden frey zu urtheilen. Troilo 408.

2 Maundrell 89.

3 Schulz.

erleichtere[1]. Man wendete die Bergmilch so an, daß man
den gepülverten Stein in ein wenig Wein oder Wasser[2]
oder auch in Milch[3] nahm. Man verordnete das Mittel
ebenfalls in Pulverform[4], eine Messerspitze voll auf einmal[5].
Komplizirter waren die Bolus, die man heutzutage noch
verkauft, nämlich aus einem Teige von Mondmilch bereitete
runde Kuchen von ½" Dicke und 1½ bis 2" Länge, mit
dem aufgedruckten spanischen Kreuze (Siegel), daher unter
dem Namen versiegelte Erde (terra sigillata) bekannt, oder
mit dem Zeichen M (Maria). Beim Gebrauche that man
einen solchen Bolus in ein Glas Wasser, und ließ ihn eine
Weile darin stehen. Wenn das Wasser weißlich gefärbt war,
nahm man den Bolus heraus, und trocknete ihn zu fernerem
Gebrauche; das gefärbte Wasser aber wurde getrunken[6].

Dem gläubigen Pilger lag es nicht wenig daran, von
der Wunderhöhle, die man schon im vierzehnten Jahrhunderte
mit Küssen verehrte[7], Pulver und Felsenstückchen zu bekommen. Der Zuspruch war natürlich um so größer, als Christen
und Moslemin den Aberglauben brüderlich theilten. Im
genannten Jahrhunderte wurde die Mondmilch von den
Pilgern überallhin getragen[8]. 1507 hieß es, daß Sarazenen
und Christen viel mitnahmen[9]; item 1542 die Pilger[10]. Auch
später sammelten sie als ein Pfand ihrer Pilgerschaft Erde

---

1 Protesch. Soll den Gebärenden sehr heilbringend sein. Röser
449. Lindere die Geburtsschmerzen. Salzbacher 2, 179.
2 Wormbser 409. Geschabsel im Wein. Ehrenberg 512. Schwallart.
3 *Surius* 533.
4 Thompson.
5 Trollo 407. Ein wenig in Wasser. *Ladoire* 209 sq.
6 Schulz 7, 7. Borsum 143. Gehlen 37. Schon de Bruyn
sagte (2, 221), daß man das Siegel Jerusalems aufdrucke.
7 Monteuilla.
8 Petrus von Suchen.
9 *Georg.* 559.
10 *Jodoc. a Meggen.*

oder schlugen ein Stück vom Felsen[1]. In der zweiten
Hälfte des vorletzten Jahrhunderts hatte der Bolushandel
bereits begonnen; man schickte eine Menge „Steine," mit
dem Jerusalemer-Siegel darauf, nach Europa und ander=
wärts[2], und 1818 wurde die Versicherung ausgesprochen,
daß der Handel mit dieser versiegelten Erde ungeheuer groß
war[3]. Auch die Industrie der Abendländer zeigte sich in
diesem Stücke nicht unthätig, und es schlich sich der Miß=
brauch ein, daß man an einigen Orten, wie zu Lyon im
Kloster der h. Bonaventura, falsche für wahre Jungfrauen=
milch zeigte[4]. Im J. 1616 wurden die Präparate künstli=
cher angefertigt, als spätere Beschreibungen sie kennen lehr=
ten. Wenn der Stein gepülvert, so wurde das Pulver mit
gewissen wohlriechenden Wassern angerührt, Agnus Dei
oder Medaillen geformt, und verschiedene Heiligenbilder auf=
gedruckt, was dann die Mönche im Wasser zergehen ließen
und dann den Pilgern zu trinken gaben[5]. Unstreitig ist
das Entstehen der beschriebenen Nebenhöhle in der Kapelle
den frommen Eingriffen beizumessen[6].

---

1 J. B. Schwallart, Kootwpl. Retournant de Hierusalem, j'en
estois chargé de trois pieces grandes et longues comme les pieces
du savon d'Espagne. *Surius.* .

2 *De Bruyn* 2, 222.

3 Borsum 143. Die Araber versenden, nach Geramb (1, 187), das
Pulver in die Türkei und in das Innere (warum gerade ins In=
nere?) von Afrika.

4 *Boucher* 284. *Surius.*

5 Della Balle.

6 Tanta fuit ex antro ablata, et in dies aufertur, ut ex parvo et
unico antro, quale erat antiquitus, ut ab oculatis testibus accepi,
magnum et triplex effectum sit. *Quaresm.* 2, 678. Schamlos
schreibt dagegen Rau (426 sq.): C'est une merveille que les Chrestiens et les Infidelles ayant tant pris de cette terre depuis si long-
temps, il paroisse si peu qu'on ait prit, qu'on en diroit que Dieu
la fait renaistre à mesure qu'on en tire; et plusieurs le disent.

Im J. 1458 gab man vor, daß hier die zwölf Propheten begraben seien[1].

Ich habe wenig Geschichtliches mehr nachzuholen. Im J. 1384 lag eine Meile von Bethlehem die St. Niklauskapelle, in welcher angeblich Milch der Maria war[2]. Um das 1400 vernimmt man von einer Höhle, in der Maria ihren Christus verborgen habe, und aus ihrer tröpfelnden heil. Milch der Ort wie weißlicher Käse geworden sei; solches Pulver gab Frauen Milch, die keine hatten[3]. Diese Nachricht hat das Mißliche, daß sie nichts Spezielleres über die Ortslage enthält. Etwa ein Jahrzehn nachher fand man, unzweifelhaft am jetzigen Platze, die Kirche der h. Paula und Eustochium, wo ihre Gräber gezeigt wurden[4], und unter welcher Kirche eine große Höhle und eine Kapelle war, wo, der Sage zufolge, Maria mit ihrem Söhnchen saß, damit sie in der Abgeschiedenheit mehr Muße fände, es zu betrachten. Hier soll sie auch ihre mit Milch gefüllten Brüste gedrückt haben, worauf dann die Erde weiß wurde, daß sie wie geronnene Milch aussah, und man sagte auch, daß, so wie eine Frau die Milch verlöre und wenig von jener Erde in ein Glas Wasser thäte und tränke, die Milch sogleich wieder fließe[5]. Dies sind die ältesten mir

---

1 Pelchinger 61b. Im J. 1384 versetzte man ihre Gräber in eine Kirche 6 Meilen von Bethlehem. *Sigoli* 167. 1479 nahm man, nach Tucher (667), an, daß bei der Kirche gloria in excelsis (Hirtenort) diese Propheten das Grab hatten.
2 E dicesi che nella detta cappella è del latte della V. M. *Sigoli* 171. Vgl. oben S. 199 fg.
3 Καταλευκος ωσει τυρος ο τοπος εγεγονει. *Perdicas* 77. Wegen der Aehnlichkeit der Mondmilch mit mürbem Käse heißt man diese provinzweise Bergziger. Die Ueberlieferung von der Frauenmilch, sagt Quaresmius (2, 679a), sei eine alte der Armenier, und beruft sich auf Grattanus in vita s. Joseph, und Castro in vita Deiparæ Mariæ.
4 S. oben S. 200.
5 De subtus vero prædictæ ecclesiæ (Paulæ et Eustochii) est crypta

bekannten Nachrichten über die Kapelle und die Sage von der Höhle, vom Heruntertröpfeln der Milch Mariens, von der dadurch bewirkten Färbung des Felsens, von der Eigenschaft der Erde als milchtreibenden Mittels; sie sind mit einer Schlichtheit und Bescheidenheit mitgetheilt, welche gegen das spätere abergläubische Aufbegehren und Plusmachen schroff absticht. Es leidet keinen Zweifel, daß die Hauptfäden des Sagennetzes von den eingebornen Christen gesponnen wur= den, wie man auch in der Folge bemerklich machte. Wir wenden uns jetzt aber zur Kirche, die über der Milchhöhle, und zum Kloster, welches dabei stand. Gegen die Mitte des vierzehnten Jahrhunderts nahm man an, daß hier das Kloster des Hieronymus, der Paula und ihrer Tochter ge= wesen sei, und hier wohnte ein Sarazene, welcher von jedem, welcher eingehen wollte, einen venedischen Pfennig ab= forderte[1]. Den Namen der Paula und Eustochium trug die Kirche auch gegen Ende des vierzehnten Jahrhunderts[2]. Doch schon vor der Mitte desselben kam daneben der Name St. Niklauskirche auf[3], welcher ihr blieb[4], bis sie in Trüm= mer zerfiel, was kurz vor dem J. 1449 geschah[5]. Der Name St. Niklaus hing übrigens noch an der zerbrochenen

magna: ubi est capella, in qua, ut dicitur, sedebat .. *Marin. Sa-nut.* 3, 14, 11. Vgl. Anm. 2 zu S. 200.

1 Rudolph von Suchen 842.

2 S. die gleiche Anm. zu S. 200. Zwar spricht noch Breydenbach von einer Kapelle Paulas und ihrer Tochter (133); Georg (557 sq.) von ruinæ Ecclesiæ Paulæ et Eustochii, wo einst das von der Paula erbaute Hospital und die Pilgerherberge gewesen sei; die Ruinen scheinen aber östlich von der Milchhöhle gelegen zu haben.

3 Monteuilla 763. *Sigoli* 171. Quaresmius spreizt sich (2, 678) mit den Worten, die er aus einer alten Handschrift anführt: Item ecclesia s. Nicolai, in qua est crypta (der Verbergung Mariens). Georg äußerte die wohl unhaltbare Meinung (559) nach der vita patrum, daß der h. Abt Pinufrius in dem Kloster über der Höhle wohnte.

4 La chiesa di San Nicolò. *Frescobaldi* 140.

5 Neulich eingefallen. Einst schön. Gumpenberg 464.

Kirche¹. 1507 erwähnte man eines zerstörten Niklausklo=
sters, von dem noch die Frauenhöhle übrig geblieben sei².
Um das J. 1620 fand man die Grundmauern eines Klo=
sters und umher Todtenbeine³. Nach der Mitte des sieben=
zehnten Jahrhunderts zeigten die im Orte wohnenden Chri=
sten etwas Weniges (westlich) von der Milchhöhle gewisse
Trümmer oder eingefallenes Mauerwerk, wo die Kirche St.
Niklaus gestanden haben soll⁴. Dies ist die letzte lebendige
Spur vom Namen, und selbst die Trümmer verschwanden
nach und nach; denn heute sieht man keine mehr⁵. Keck
deutete man 1673 die vorhandenen Ueberreste als Angehö=
rigkeit eines von der h. Paula gestifteten Nonnenklosters⁶.

Die offene Milchhöhle befindet sich in einem solchen
Zustande, daß man kaum begehrlich werden dürfte, förm=

1 Ist ain zeprochene kirch . in der eren fand Niclas. Pelchinger 61b.
Tucher 667.
2 *Georg.* 558. Um die gleiche Zeit schrieb der Verfasser des Viagg.
al S. Sepolcro (F 17a), daß man von der Geburtskirche die Mauer
entlang gegen Mittag ein schönes Kloster mit griechischen Chorherren,
das St. Niklauskloster, und eine Kirche mit gutem Fundament und
Mauerwerk und einer unterirdischen Kapelle traf, wohin Maria sich
verbarg. Ich will über dieses kein Urtheil fällen, weil sich in den
Text bedeutende Irrthümer eingeschlichen zu haben scheinen. Tschudi
sagt (282), der Ort St. Niklaus, wo das Kloster der Paula und
Eustochium gegen Norden gestanden habe, sei öde und vergehe.
3 Es sei eines der Paulinischen Klöster gewesen, ut probabilis habet
harum partium traditio. *Quaresm.* 2, 679b.
4 Troilo 406. Den Namen St. Niklaus entlehnte Zwinner (358)
wahrscheinlich aus Quaresmius, und sagte, daß über der Höhle
eine Kirche oder ein Kloster erbaut war. Letzteres konnte ich histo=
risch nicht glaubwürdig nachweisen.
5 D'Estourmel will über der Höhle des débris d'une église gesehen
haben. Rechnet er etwa dazu den angeblichen Mosaikboden, wie Rö=
ser, wohlan — —
6 *Legrenzi* 1, 186. Noch liederlicher schrieb Thompson (S. 92):
Ueber dieser Grotte steht eines der Nonnenklöster Paulas, fügt dann
aber doch bei, daß nichts als die Grundlage übrig sei. Daß aber
die Grotte, wie Pocode sagt (2 §. 52), eine dem h. Niklaus ge=
widmete Kapelle „ist", erscheint unglaubwürdig. S. Anm. 2 zu
S. 239.

ltche Besitzrechte geltend zu machen. Ein Jedweder mag da
ungehindert eingehen und sein Gebet verrichten, und vom
weit reichenden freigebigen Felsen brechen, was zum Seelen-
und Leibesheile dienlich erscheint. Im J. 1449 meldete
man, daß die eingefallene Kirche den Griechen gehört habe[1],
und zwar hatten das Kloster angeblich Chorherren vom
griechischen Glauben lange inne[2]. Es war jedoch auch dieses Heiligthum ein Gegenstand des Streites unter den Christen. Im letzten Viertel des verwichenen Jahrhunderts
thaten die Griechen ihr Möglichstes, um den Franziskanern
die Grotte, deren sie sich bemächtigten, wieder zu nehmen;
allein der Schiedsspruch des Pascha schützte die Franken bei
ihrem Besitze[3].

Um das J. 550 zeigte man in Bethlehem ein Kloster
des Abtes Johannes[4].

Bethlehem ist einer der ausgezeichnetsten Wallfahrts-
örter in der Welt[5]. Die Pilger, welche nach Jerusalem
kommen, begeben sich auch nach dem nahen Bethlehem wegen Jesus' Geburtsstätte, gleichwie im hohen christlichen
Alterthume[6]. Zur Zeit des h. Hieronymus hatten die

---

1 Gumpenberg 448.
2 Tschudi und die sechstletzte Anm.
3 Binos 212.
4 Ἐν βηϑλεέμ. Prokopius in seinem περὶ τῶν τοῦ Ἰουστι-
νιανοῦ κτισμάτων (lib. 5. 41).
5 Abulfeda (in *Schultens* index geograph. ad voc. Bethlehem, nach
der vita *Saladini*) gab man vor, daß in dem Tempel ein Stück von
einer Palme (?) sei, von welcher Maria während der Geburt geko-
stet habe, und welches Stück von den Christen sehr geschätzt und
durch h. Wallfahrten verehrt worden sei. Quaresmius sagt (2,
639): Alii in partibus istis dicunt, in memorato foramine (Zisternen-
loch in der Geburtskapelle) fuisse palmam, cui innixa beata Virgo
Maria dedit dactylos; et sapientes quidam Turcarum se in suis Co?
dicibus legisse affirmant.
6 *Gregor. Nyss.* epist. de iis, qui adeunt Jerosolyma. Hinten ab-
gedruckt in *J. Henr. Heidegger* diss. de peregr. relig. Tig. 1670.

16

von dem ganzen Erdkreise herbeiströmenden Mönchsschaaren
so sehr zugesprochen, daß man weder von der angefangenen
Beherbergung abstehen, noch eine die Kräfte übersteigende
Last tragen konnte[1]. Nach dem Tode dieses Kirchenvaters
kamen, den Leib des berühmten Mannes zu besuchen, selbst
Jünglinge von Rom gen Bethlehem[2]. Im vierzehnten
Jahrhunderte versammelten sich an der Christnacht in Beth=
lehem angeblich alle Völker unter der Sonne, und jede
Religionspartei verrichtete den Gottesdienst nach ihrem Ge=
brauche[3]. Im fünfzehnten Jahrhunderte waren die Fran=
ziskaner zur Aufnahme der Pilger nicht am beßten einge=
richtet. Diese mußten im Kreuzgange auf dem bloßen Boden
liegen[4], und zugleich einen Wächter ausstellen, damit sie
von den Sarazenen nicht überfallen würden[5]. Verpflegt
wurden die Pilgrime in der Regel mit ähnlicher Aufmerk=
samkeit. Nachdem sie die Decken auf dem Boden ausgebrei=
tet und da Platz genommen hatten, aßen sie, was sie in
ihren Schnappsäcken mitschleppten[6]. Bei dieser Behand=
lung von Seite der Franziskaner durfte es immerhin an
einer Verehrung für das Kloster nicht fehlen[7]. Im sechs=
zehnten Jahrhunderte scheint die Aufnahme schon besser
gewesen zu sein; wenigstens war, meines Wissens, der
Empfang zeremonienreicher. Um den Pilger für die Vesper=
prozession, womit die Väter ihn jedesmal bescherten, besser

---

1 Nos . . tantis de toto orbe confluentibus turbis obruimur monacho-
rum, ut nec cœptum opus deserere, nec supra vires ferre valeamus.
Hieronymi epist. ad *Pammach.*
2 *Cyrilli* epist. ad *Augustinum.* Angehängt in der Erasmusschen Aus=
gabe der opp. *Hieronymi.*
3 Rudolph von Suchen 842. Vgl. oben S. 208.
4 Gumpenberg 442. Tucher 667. Vnd haben sich im Creutzgang
berumb getheilt, vnd inen Stett eyngenommen auff der harten blossen
Erden. Fabri 259.
5 Gumpenberg.
6 Man hatte auch da viel Brot vnnd Eyer. Tucher. Fabri.
7 *Medschired - din* 135. Auch Fabri sagt es.

vorzubereiten, gaben sie ihm ein brennendes Wachslicht um
Gottes willen für eine halbe Krone[1]; sie führten ihn in die
Katharinakirche, wo sie ihn, dem Gebrauche gemäß, förmlich
empfingen und willkommen hießen, ertheilten ihm den Se=
gen, priesen ihn als Pilger selig und fegten ihn rein von
allen Sünden, auf daß er also würdig die h. Derter be=
suchen möchte. Im vorletzten Jahrhunderte war es Brauch,
daß die Pilger auf dem Wege von Jerusalem nach Beth=
lehem, sobald sie letzteres erblickten, das To Deum laudamus nebst den Worten der Bibel: Es ging vom Kaiser
Augustus ein Gebot aus u. s. f., sprachen[2]. In Bethlehem
selbst erwiesen den Ankömmlingen die Mönche nicht wenig
Ehre. Nach einem Zeichen mit dem Glöcklein, so in dem
Klostergange hing, versammelten sich alle Mönche, wuschen
den Pilgern die Füße, wie es auch in Jerusalem zu ge=
schehen pflegte, sungen dazu verschiedene Psalmen, gaben
jedem eine brennende Kerze und den Friedenskuß, und
führten dann die Wallbrüder, immer Paar und Paar, pro=
zessionsweise in die Katharinakirche, wo die Zeremonien mit
Beten und Singen verrichtet wurden[3]. Die etwas lästigen
Empfangszeremonien sind, so viel ich weiß, gänzlich abge=
schafft. Man sorgt jetzt vernünftigerweise für die Haupt=
sache, für eine ordentliche Unterbringung und gute Nahrung
der Pilger, was um so eher möglich ist, als selten Franken

---

1 Den Rest stellte man den Mönchen wieder zu. Helffrich 717. Eine
Kerze bekam auch ich, allein ohne daß man etwas dafür verlangte,
und man kann überhaupt nicht behaupten, daß die Franziskaner in
Bethlehem gegen den Fremden in pekuniärer Beziehung zudringlich
sind. Daß der Vermöglichere ein Geschenk, welches, wenn auch nicht
gerade nach dem größten Maßstabe, die Väter befriedigt, zurückläßt,
ist doch gewiß in der Ordnung. Ohnehin gibt es unverschämte
Schmarotzer genug.
2 Ignaz von Rheinfelden 126.
3 Troilo 387.

Bethlehem besuchen[1]. Kann man es verübeln, wenn etwa einer von diesen Seltenen und Glücklichen im Pilgerkämmerlein durch einen Vers, der mit dem Bleistift auf die Tünche der Mauerwand geschrieben wird, wohlfeil sich unsterblich zu machen sucht? Wird man es mir verübeln, wenn ich die Abschrift einer solchen Strophe mittheile, freilich nichts Klassisches, aber doch das Beßte, das ich traf, wenigstens einen Spiegel des Sinnens und Trachtens unter den gemüthlichern Pilgrimen?

> Der Heiland ist erstanden.
> Freue dich du Christenheit;
> Freuet euch von Herzen ihr Christen all,
> Und nähert zum Kindlein im Stall.
>
> Anton Liefchle, Tischlermeister.

Und wenn der Pilger die verschiedenen Stätten besucht, davor gebetet, sie geküßt hat, nimmt er von Bethlehem Abschied, reich bepackt mit Ueberlieferungen, zwar nicht einmal alle Christen genau mit den gleichen[2]. So ist der Unterschied nicht unwichtig, daß die Griechen den Chân als Geburtsort von dem Hause, wo die Weisen mit den Geschenken der Familie den Besuch abstatteten, trennen, was auch einer vernünftigen Schrifterklärung zusagt; denn nach der griechischen Trabizion läge dieses Haus unter der Milchhöhle[3].

---

1 Die Pilger können sich 3 Tage lang unentgeltlich aufhalten. *Lynch* l. c. 426. Eigentlich auf schriftlichen Vorweis vom Vorstande des Salvatorklosters in Jerusalem. Vgl. Sehlen 21.

2 Die Griechen waren über die Echtheit h. Stellen mit den Lateinern nicht einverstanden. *De Bruyn* 2, 209.

3 Κάτωθεν τούτου (Höhle, wohin Maria mit Jesus auf der Flucht nach Egypten ging) εἶναι ὁ οἶκος, ἐν ᾧ οἱ μάγοι ἐπρόσκύνησαν τὸν κύριον, καὶ ἐπρόσφεραν αὐτῷ τὰ δῶρα αὐτῶν, χρυσὸν, καὶ λίβανον, καὶ σμύρναν. Ἡ Ἁγία Γῆ 83. An einem andern Orte erklärt der Verfasser das Gleiche in der Geburtskapelle als Frankensache. S. Anm. 5 zu S. 171.

Das Franziskanerkloster besitzt keine Bibliothek mehr. Empfohlene oder besonders gut Angeschriebene mögen bei den Mönchen ein paar Pilgerbücher finden. 1674 stand diese Sache besser. Die Bibliothek war ziemlich gut mit Büchern bestellt, von denen die meisten, mit dem Wappen Frankreichs, aus Paris gekommen waren[1].

Bethlehem kann man, schwerlich zu seinem Ruhme, nachsagen, daß dort weit mehr für Ueberlieferungen gethan wird, als für Bildung und Aufklärung durch gute Schulen. Indessen geschieht dafür doch etwas. Es gibt dort drei Schulen, eine für die Griechen, eine andere für die Armenier und eine dritte für die römischen Katholiken. Die protestantische Schule, welche im J. 1841 und 1842, freilich mit Unterbrechung, bestand, ist eingegangen[2], man sagte mir, aus dem Grunde, weil die Religion eine andere war. Die Moslemin besitzen keine Schule. Die Armenier haben zehn Schüler. Das Schulzimmer der Griechen liegt in ihrem Kloster, und die Zahl der Schüler beträgt über fünfzig. Ebenso wies das lateinische Kloster innerhalb der Mauern das Lokal an. Wir wollen bei den Lateinern etwas länger verweilen. Das Schulzimmer, in der westlichen Abtheilung des Klostergebäudes, hat die Form eines großen lateinischen Te (T). Der lange Balken, den eine breite, steinerne Bank auf drei Seiten umgibt, bildet den Hauptbestandtheil des Schulzimmers, welches wegen seiner Helle keine Lobsprüche verdient. Die Schulzucht gehört auch hier, wie z. B. in Jâfa, dem Barbarismus an. Ein Schulmeister aus Bethlehem, bewaffnet mit einer Peitsche, und ein Knabe mit der gleichen Waffe waren damit beschäftigt, die jungen Leute fühlen zu lassen, was sie denken sollen. Fußknebel lagen

---

1 *Nau* 415.
2 Vgl. **Whiting** im Calw. Missionsbl., 1842, 26. **Bartlett** 210.

auch auf dem Boden in Bereitschaft, um erforderlichenfalls die Fußsohlenstreiche gleich aufmessen zu können. Dabei herrscht ein so ausgelassener Lärm, daß ein Gespräch mit einiger Mühe vernommen wird. Es ist ein wildes Treiben in einer solchen Schule. Wer ins Zimmer tritt, darf sich übrigens kaum Vorwürfe machen, daß er durch seine An= wesenheit die Schule stören werde; denn die Unordnung bleibt sich in allen Fällen gleich. Höchstens dürfte durch die Gegenwart eines Europäers einem armen Teufelein ein Peitschenhieb erspart werden. Der Schule stehen drei Leh= rer, ein Pater der Franziskaner und zwei Levantiner von Bethlehem, vor[1]. Die Kosten des Unterrichts, die Besol= dung des Schulmeisters wird vom Kloster bestritten. Und nicht bloß dies, alle Schüler erhalten auch von ihm täglich eine Suppe[2]. Es gibt keine Mädchenschule und die Zahl der Schulknaben steigt auf 130 bis 150[3]. Es wird das ganze Jahr hindurch, mit Ausnahme der Sonn= und vielen[4] Feiertage, Schule gehalten. Die Aufgabe lernen die Kin= der laut[5], die im Lesen und Schreiben, in der Sprache, namentlich auch in der italienischen[6], und in der Religion,

---

1 Ein Schullehrer, der zugleich Wärter ist. Prokesch 117.

2 Die Franziskaner bezahlen den Lehrer und ernähren die Kinder. Ge= ramb 1, 168. Aehnlich Craigher (Kraiger?) 124. Die Unter= richtskosten bestreiten die Franziskaner. Sehlen 41.

3 Ueber 200 Knaben und Mädchen des Ortes. Craigher. 100 Schulkinder. Sehlen.

4 Die Bethlehemer bringen nicht nur die Tage, für welche die Kirche die knechtische Arbeit untersagt, sondern auch noch eine Menge an= derer auf gleiche Weise zu, trotz aller Vorstellungen, die ihnen in dieser Beziehung von Seite des päpstlichen Stuhles gemacht wur= den. Geramb.

5 Die Unterrichtsmethode, von der ein Müsterchen erzählt wird, rühmt Sehlen (42) nicht unbedingt.

6 Craigher. Ein Schullehrer sagt der katholischen Bevölkerung die paar lateinischen Wörter vor, womit sie die Reisenden zu begrüßen pflegt. Prokesch.

so wie im Singen unterrichtet werden[1]. Ich komme auf das Unterrichtswesen der syrischen Christen im sechszehnten Jahrhunderte und auf jenes der Lateiner im siebenzehnten nicht wieder zurück[2], sondern ich füge einzig die Bemerkung an, daß die Nachricht von einer ordentlichen Schule der römischen und griechischen Katholiken, meines Wissens, uns erst aus dem J. 1674 zugeht[3].

Der Leichenacker liegt gleich am Anfange des Wâ·dî Charû·beh auf seiner Ostseite, nördlich vom Kirchenplatze der griechische, und unter diesem, wie unter dem Franziskanerkloster der lateinische. Der griechische Begräbnißplatz ist nicht ummauert; die Steinlegung über dem Grabe aber zeugt von einigem Fleiße. Dagegen ist das lateinische Leichenfeld mit einer Mauer umfangen, das Grabmal jedoch nachlässig. Es besteht darin, daß über dem Grabe kleinere Steine, ohne Mörtel neben einander gelegt, eine Ellipse etwa von der Länge eines Menschen bilden. Der Franke muß zuerst erinnert werden, wenn er ein solches Grabmal erkennen soll. Früher besaßen die Christen auch gegen Süd einen Begräbnißplatz, einen Zitronengarten[4]. Den gegenwärtigen kennt man seit dem J. 1674[5]. Die Mohammedaner begraben ihre Todten beim Grabe Rahels. — Wer möchte mehr die Gräber jener drei Menschen suchen, welche

---

1 Craigher. Auch im Rechnen, sagt Gehlen (14).

2 S. oben S. 68.

3 Zwar sagte schon Surius (522) in hohem Tone: Nos Religieux enseignent leurs enfans la Foy Catholique et les sciences. Dagegen vernimmt man etwas Nüchterneres von Rau (424): Ils (Griechen) tâchent d'imiter les Peres de l'Observance dans l'instruction des enfans; mais la difference des disciples est presque aussi grande que celle des maistres. Pocoke 2 §. 51.

4 Hammers Gesch. des osman. Reichs. 6, 758.

5 L'autre costé de la Cour est tout ouvert, et c'est l'endroit, où l'on ensevelit les Chrestiens. Nau 398.

auferweckt wurden?[1]. Schweigt doch Geschichte und Ueberlieferung über ein ganzes Jahrtausend von einem Kloster,
dem des Marcianus um Bethlehem[2].

In der Umgegend von Bethlehem werden wir dem
Orte des Mahntraumes und der Hirten ganz besondere
Aufmerksamkeit widmen.

Zuerst ist die Rede vom Orte, wo, nach der Sage[3],
der Engel des Herrn dem Joseph im Traume erschien und
sprach: Steh auf und nimm den Knaben und seine Mutter und flieh nach Egypten[4]. Die Bibel gibt uns keinen topographischen Haltpunkt an die Hand, und läßt uns
sogar errathen, daß Joseph in Bethlehem oder in seiner
Nähe den Mahntraum hatte. Einige erwarten Ersatz dafür,
worüber die Bibel schweigt, auf tradizionellem Wege. Nun
aber finde ich keine derartige Tradizion bis gegen Ende des
vierzehnten Jahrhunderts. Sie war übrigens sehr wahrscheinlich älter; denn um das J. 1300 erzählte man, daß
die Kaiserin Helena auch dem Pflegevater Joseph einen
Tempel bei Bethlehem errichtete, woran man wenigstens zu
dieser Zeit eine Tradizion, wenn nicht die fragliche, doch eine

---

1 In epistola Cyrilli episc. Jerosolymitani ad *Augustinum*, zitirt von
Fabri (2, 183). In der letztern Zeit zeigte man die Gräber im
Klostergarten. Vgl. Gumpenberg in der Anm. 5 zu S. 185 und
oben S. 190, sowie S. 31.
2 Marcianus et Romanus: et construxit uterque monasteria, unus
quidem circa sanctam Bethleem, alter vero in vico Thecorum.
Kyrillos in vita *Euthymii*. *Bollandi* acta sanctor., 20. Jan.,
315.
3 *Fabri* 1, 454. Alexander 74. *Jod. a Meggen* 118. Wormbser 409. Schwallart 306. *Surius* 534. Ignaz v. Rh. 131.
De Bruyn 2, 280. Pococke 2 §. 52. Fabri wußte noch das Genaue, daß nach vielen Irrfahrten der Weg über Hebron gewiesen
ward. Nach Tschudi (290) mahnte der Engel, daß die Familie
wenigstens in Sicherheit gebracht werde. Andere redeten keine Silbe
von der Mahnung, sondern sagten nur, daß am fraglichen Orte
Joseph wohnte, wie Troilo (409), oder daß er auf dem Weg nach
der h. Stadt oft dahin floh, wie Legrenzi (1, 187).
4 Matth. 2, 13.

ähnliche knüpfen mochte[1], und im J. 1320 meldete man,
daß zwischen Bethlehem und der Kirche der Hirten eine
von den alten Vätern erbaute Kirche stand, zum Andenken
an die heilige Jungfrau, weil sie dort einmal reisemüde aus-
ruhte, als sie mit dem kleinen Sohne dahin kam[2]. Zu jener
Zeit, nämlich 1384, lag da, wo der Engel Joseph zur
Flucht nach Egypten mahnte, etwa einen Bogenschuß weit
von der Milchhöhle weiter unten, eine kleine Kirche[3]. Die
Nachrichten von der Sage reichten dann bis zum J. 1738[4]
und von der Stätte bis 1778[5]; nach von mir eingezogener
Erkundigung wird übrigens die Stätte jetzt noch zwischen
Bethlehem und dem Orte der Hirten gezeigt, obschon mein
junger Führer, den ich aufmerksam machte, unwissend oder
ehrlich genug war, sie nicht zu kennen. Nach den spätern
Nachrichten lag die Mahnstätte oder, wie man in der Mitte
des sechszehnten Jahrhunderts anzunehmen anfing[6], das
Haus Josephs[7], an dessen Stelle dann eine Kirche oder
Kapelle aufgeführt wurde[8], weil es am glaubwürdigsten

---

1 *Nicephor. Call.*eccles. hist. 8, 30.
2 Fui item in loco alio inter ecclesiam pastorum et bethleem ubi dicitur b. virgo semel fatigata ex itinere quievisse cum veniret cum
filio parvo et est ibi per antiquos patres pro hoc memorali constructa ecclesia. *Pipin.* 73a.
3 Una chiesicciuola. *Frescobaldi* 140.
4 Wir haben zwar oben (S. 179 fg.) gesehen, daß die Sage in der
Josephskapelle sich zu erhalten wußte.
5 Man zeigte nur noch nahe bei der Milchhöhle einen Feigenbaum an
der Stelle, wo Josephs Haus stand, ohne daß die Tradizion ein
Weiteres verlauten ließ, und die bethlehemitischen Christen blieben
beim Vorübergehen dabei betend stehen. Binos 212.
6 Löuwenstein 359. Man zeigte Gehlen (37) 10 Minuten südlich
von der Milchhöhle eine mit einigen großen Quadern bezeichnete
Stelle, wo Joseph vor seiner Vermählung mit Maria gewohnt
haben soll.
7 Schwallart. *Cotov. Quaresm.* 2, 680. *Surius.* Ignaz v. Rh.
Troilo. Pococke.
8 *Surius* 534. Anco questa casa fù anticamente trammutata in Chiesa
in honore del Santo. *Legrenzi.*

vorkam, daß derselbe da, wo es ihm träumte, auch wohnte[1], zwischen Bethlehem und dem Orte der Hirten[2], und zwar auf der Hälfte des Weges[3], oder zwischen jenem und Bêt Sâhû'r[4], nicht weit von letzterem Orte[5] oder eine kleine Strecke unter der Milchhöhle[6]. Im J. 1483 war die Kirche halb zerstört[7]; zwölf Jahre nachher schon ganz zertrümmert[8], wenn man gleich 1519 noch einen Altar angetroffen haben will[9]. So fand man denn fortan nur Trümmer[10], nur die

---

1 Es ist nicht wahrscheinlich, daß Joseph den Traum auf dem Felde hatte, sondern wahrscheinlicher, in einem Hause. Konnte es nicht das gleiche sein, wohin die morgenländischen Weisen die Geschenke brachten? Die griechische Sage lautet sehr vernünftigerweise auf eine Trennung des Châns und des Hauses, wohin die Weisen kamen, und sie scheint letzteres dafür mit dem Mahnorte verschmolzen zu haben. Gerade das Gegentheil bei den römischen Katholiken.

2 Fabri, Tschudi, Jodokus von Meggen.

3 Tschudi. Beinahe mitten. *Jod. a Meggen.* Troilo sagt: um die Hälfte des Berges, wenn man von Bêt Sâhû'r nach Bethlehem zurückkehre.

4 Schwallart, Troilo, Legrenzi.

5 Wormbser.

6 *Surius.* Unbestimmter sagt de Bruyn: in der Umgebung des Hirtenortes.

7 Capellam quandam profanatam et semiruptam. *Fabri.* Er fährt dann fort: Cum parum ab hoc loco descendissemus, venimus ad ruinas murorum in olivo, ubi etiam quondam capellam stetisse comprehendimus in hujus rei memoriam. Nach Löuwenstein stand dem Hause Josephs das Haus unserer lieben Frau gegenüber, was doch völlig absurd ist.

8 Alexander 74.

9 Tschudi.

10 Sacellum dirutum. *Jod. a Meggen. Quaresm.* 2, 680. *Legrenzi. De Bruyn.* Quelques vieilles murailles d'une Eglise longue de 12. pas, et large de 8., jadis bastie par l'Imperatrice Helene. *Surius.* Fand Kootwyk nur ein halb zerfallenes Gebäude, so muß ihm wohl ein anderes gezeigt worden sein. Quaresmius gibt das Maß des Hauses: longitudo est palm. 47. latitudo 26. Er läßt die Tradizion von einem Hause etwas lieberlich stehen, verwirft aber gänzlich die vom Traume.

Spur einer Kirche[1], ein Fundament[2] und zuletzt als Re-
präsentanten des Ganzen einen Feigenbaum[3].

Gehen die heutigen Pilger von Bethlehem gegen
Sonnenaufgang, so hält sie auf halbem Wege ein Kirchlein nicht mehr auf, wie den Pilger im J. 1449, der da
glaubte, daß dort die Hirten sich zur Umkehr entschließen
wollten, vom Engel aber zum Vorwärtsgehen ermahnt wurden[4]. Wie jene den Ruf hinauf vernahmen:

Ite alacres ovium custodes, ite silenti
Pastores sub nocte, munuscula . . nato
Ferte citi, plaudunt circumfulgentia castra
Aligerûm, agnoscitque suum natura parentem[5];

so zog es schon manchen Gläubigen mit geheimnißvoller
Gewalt herab in das Feld der Hirten, welches die Araber Sa'hel Bêt Sâhû'r[6] nennen, ein zu meiner Zeit öde
gewesenes Brachfeld, das Andere aber als eine schöne Ebene
mit Aeckern, mit Oel- und Feigenbäumen[7], auch mit Reben[8]

---

1 Schwallart.
2 Pocock e.
3 Binos.
4 Gumpenberg 448, 464.
5 *Julius Roscius Hortinus* bei *Zuallard*. 298.
6 Die Hirtenau in einem Thale, welches von dem nahen Dorfe Bejt
Sahur den Namen Wâdi-el-Sawâheri erhalten hat. Berggren 3,
149. Jakobsthal bei *Surius* 532.
7 Gumpenberg 448. In vallem venimus latam arvis et agris con-
sitam. *Fabri* 1, 455. Item Als das closter zu ainer syten uff dem
berglī lyt bo niden In der ebny Do Hütend die Hirtlī der schaff
alß sie der engel die purt Jesu verkundt vnd die schar der engel in
der höhe sang das lobgesang . . . Das ist gar ein lieplich feld.
Kapfman 10. *Jod. a Meggen* 117 sq. Belon 269. Oliveta cam-
posque uberrimos continens, tam hominibus quam jumentis pastum gratum exhibens (die schönste Gegend in Bethlehem). *Quaresm.* 2, 681. (Voll Oelbäume) Troilo 408. *Nau* 432. *De
Bruyn* 2, 719. *Ladoire* 211. (Auf der Ebene gute Triften) Binos 211. Ein grünend, von Bäumen beschattetes Feld. Schubert
2, 491. Salignac sagt (tom. 10. c. 2): Agro, et pascendo apto.
8 Wormbser 409.

bezeichneten. Beinahe inmitten dieses Feldes[1], zweiund-
zwanzig Minuten[2] östlich[3] von und unter[4] Bethlehem (Kloster), zehn Minuten nordöstlich vom Dorfe Bêt Sâhûr, ist
der Ort der Hirten[5], von den Christen i Pastori[6], von

den Arabern er-Râ'wât[7] (دير الراعوت)[8] genannt,

nach der allgemeinen Sage der Christen der Schauplatz,
wo, in der Gegend von Bethlehem, die Hirten in der Nacht
über ihre Herde wachten; wo des Herrn Engel über ihnen
schwebte und sie mit einem göttlichen Glanze verherrlichte;
wo eine große Furcht in sie fuhr, und dann der Engel zu
ihnen sprach: Fürchtet euch nicht, denn ich verkündige euch
eine große Freude, es ist euch der Heiland geboren; wo
beim Engel alsbald himmlische Heerschaaren waren, Gott
priesen und sprachen: Ehre sei Gott in der Höhe, Friede

---

1 *Fabri. Salignac.* Au milieu d'une plaine. *D'Estourmel* 2, 112.
Nicht auf einem Hügel, wie es im Viagg. al S. Sepolcro (F 7b)
geschrieben steht.

2 1 Roßlauf. Gumpenberg. Breydenbach 131. 5 Bogenschüsse.
Alexander 75. 1000 Schritte. *Jod. a Meggen.* Etwa 1 welsche
Meile. Seydlitz 475. 1 gute Stunde. Luffy 37. (Fast 1 Stunde.
Berggren) ½ Meile. *Surius.* Ignaz v. Rh. 131. ¼ Stunde.
Binos 210. Scholz 189. ½ italienische Meile von der Niklaus-
kirche (Milchhöhle). Viagg. al S. Sepolcro. ⅓ St. Ἡ Ἁγία Γῆ 83.

3 Z. B. der Verfasser des Viagg. al S. Sepolcro, Troilo. Nicht
nördlich, wie Tschudi sagt. S. die Karte von Maas.

4 Rauchwolff (645) und Andere. Κατωτερωθεν (von der Milchhöhle und dem Hause, wohin die Weisen die Verehrung brachten)
ἕως ἥμωσι ὥραν, εἶναι τὸ χωρίον τῶν ποιμένων. Ἡ
Ἁγία Γῆ 83.

5 Locus pastorum nuncupatus. *Quaresm.* 2, 681b.

6 Boucher und Surius.

7 Feld der Hirten, Dschurun Elraawa. Scholz. Eigentlich Tenne der
Hut. راعى (Râaf) Hirte, im Plural Râat.

8 Robinson (3, 871): Deir er-Ra'wât.

auf Erben, Wohlwollen unter den Menschen[1]. Dieser Ort, freundlich von Oelbäumen umgeben[2], ist mit einer doppelten, ein Viereck bildenden Mauer umschlossen[3]. An der Südostecke tritt man durch eine Thüre in den ersten Raum, und von diesem gelangt man in einen kleinen ummauerten Platz mit einem Oelbaume in der Mitte. Hier nun greift ins ebene Feld eine Höhle[4] einundzwanzig Treppenstufen[5] tief hinab. Von Süd gegen Nord steigt man zuerst elf Stufen bis zu einer viereckigen, plumpen Thüre, die man mit Leichtigkeit öffnet, und dann noch auf zehn andern Stufen noch gar in den Grund der Höhle hinab, die — Grotte der Hirten heißt[6] und in eine Kapelle[7] umgestaltet ist. Sie mißt 30' in der Länge und 20' in der Breite[8]. Der Altar steht gegen Morgen[9]. Ich erinnere mich nicht, auf dem Boden[10]

---

1 Lukas 2, 8 ff. S. auch Gumpenberg, Tucher, Fabri, den Verfasser der Ἁγία Γῆ (ὁποῦ οἱ ποιμένες ἐν τῇ ὥρα τῆς γεννήσεως ἤκουσαν Ἄγγελον ..) und eine Menge Anderer.

2 The enclosure in which it is consists of a plantation of olives. *Light* 169. Ein umgezäunter Garten mit Oliven. Scholz.

3 Derselbige Acker ist vmbmawret. Wormbser 409. Clos d'une muraille de 3' de hauteur, et de 300. pas de quarré. *Surius.* Une enceinte en pierres sèches. *D'Estourmel* 2, 112. Vgl. Schubert 3, 22.

4 Gewölbe unter der Erde. Troilo. *Ladoire.* Richter 41. Halb unterirdische Kapelle. Sieber 61.

5 20 Stufen. *D'Estourmel.* A descent by steps. *Light.*

6 *Ladoire. Chateaubriand* 1, 309.

7 *Salignac.* (Das erectum paßt aber nicht). Schwallart 306. Ἀυτοῦ ἔχει καὶ ἐκκλησίαν. Ἡ Ἁγία Γῆ. *Ladoire* 211. Binos. La piété des fidèles a transformé cette grotte en une chapelle. *Chateaubriand.* Sieber.

8 Binos. 14' lang, 7 breit. *D'Estourmel.* Man ist nicht sicher, ob Quaresmius die 46 Palmen (= 41') Länge und 27 (= 24) Breite der obern oder untern Kirche gibt.

9 Ein Altar. Binos. Containing an altar of stone, where mass is performed once during Easter. *Light.* Se termine par un hémicycle où l'autel est placé. *D'Estourmel.*

10 Richter.

ober sonstwo[1] Mosaik, ob auch grobe, bemerkt zu haben. Würde man nicht wissen, daß die Kapelle den Griechen gehöre, so müßten schon die schülerhaften, beinahe lächerlichen Gemälde auf Holz uns dessen versichern. Kaum findet man in dem ganzen Kirchlein etwas Bemerkenswerthes. Es war zur Zeit meines Besuches verwaiset; Niemand fand sich da, als mein Führer von Bethlehem und ich, und wir fragten auch Niemand, ob wir die Thüre aufschließen dürfen. Kein Zudringlicher verlangte ein Eintrittsgeld, wie man auch schon sich zu beklagen Ursache hatte[2], weil nicht genug Friede auf Erden, nicht genug Wohlwollen unter den Menschen war. Als ich aus diesem Keller[3], wo keine Lampe brannte[4], heraufgestiegen war, that das unumschränkte Licht des Himmels, der Glanz des Herrn, der Blick der himmlischen Heerschaaren, ich kann nicht sagen, wie wohl. Die Sicherheit in dieser Gegend war nicht immer so, daß der Pilger an der Christnacht den Ort der Hirten besuchen konnte, um hier die Andacht zu verrichten; hatte man doch hin und wieder am lichten Tag genugsam zu thun, um Unglück zu

---

1 On voit encore sur sa voûte médiocrement élevée quelques restes de peintures à la mosaïque. *Ladoire.* Noch einige Reste von der Mosaikbekleidung. Binos.

2 So mußte Salzbacher (2, 182) einen schmutzigen Popen bezahlen. 1719 wollten vier Bewohner von Bêt Sâhu'r Franziskaner und ihre Dolmetscher nur unter der Bedingung durchlassen, daß sie selbst die Führer seien. *Ladoire* 207. 1561 ließen sich die Araber einzig durch ein Geschenk bewegen, den Eintritt zu gestatten. Wormbser 409. Einen ernsthaften Streit mit den Arabern hatte die Gesellschaft des Grafen zu Löwenstein (359). Vgl. Schwallart 306. Es gab wohl auch eine Zeit, da diese Grotte den Vorübergehenden offen stand, um diesem einsamen Orte das Vorrecht der Gastfreiheit zu erhalten. Binos 210.

3 *D'Estourmel* 2, 113.

4 Un Altare nella vicina grotta, di tanta devotione, che trasse anco il Cuore de gl' Infedeli, à venerarlo, e però tutto l'anno vi mantengono lampadi accese con la viva fede d'haver à conseguir abondante raccolta di grano. *Legrensi.* Es kommt nur Tageslicht durch die Thüre. *D'Estourmel.*

verhüten[1]. Wenn man sich entschloß, zum Orte der Hirten in der Nacht sich zu verfügen, so nahm man zum Schutze einen mohammedanischen Geleitsmann mit, den man auch besonders bezahlen mußte[2]. Die Franziskaner sangen dann das „Ehre sei Gott" (gloria). Gingen sie nicht in der Nacht hinab, so holten sie das Versäumte am Christtage nach Mittag nach, wobann man die Vesper sang[3]. Auch außer der Zeit des Geburtsfestes sang man die gleiche Hymne, und die einschlagende Stelle des Evangeliums[4]. Der römische Katholik erhielt hier Ablaß auf sieben Jahre und siebenmal vierzig Tage[5]. Die Griechen verrichten eben= falls hier den Gottesdienst schon seit langer Zeit[6], und sicher war es unlängst eine sehr überflüssige Behauptung, daß die Kapelle immer den Lateinern zugehörte, und diese erst vor etwa anderhalb Jahrzehn von ihrem Besitze durch die Griechen verdrängt wurden[7].

Indem wir einen geschichtlichen Rückblick in die Ferne der Vergangenheit zurückwerfen, so schlägt vor Allem die Bemerkung vor, daß die h. Urkunden den merkwürdigen Schauplatz mit den sehr allgemein gehaltenen Worten „in derselbigen Gegend" (von Bethlehem)[8] bezeichneten, so daß nach denselben die ganze Umgegend des Städtchens dem Erklärer zur Verfügung steht. Es wäre ein seltsam Ding,

---

1 Troilo 409. Vgl. die drittletzte Anm.
2 Fabri 259. Die Gesellschaft Troilos (409) hatte zum Schutze et= liche Hirten aus dem Dorfe Bêt Sâhûr.
3 La cornemuse et les deux flageolets (agreable Musique de Village) servoient d'orgues, causans une joyeuse devotion aux Catholiques, aux Turcs et aux Mores qui estoient presents. *Surius* 523.
4 *Ladoire* 211.
5 Tucher 667.
6 Ὅπου ἐκκλησιάζονται οἱ ὀρθόδοξοι. Ἡ Ἁγία Γῆ 83.
7 Salzbacher.
8 Ἐν τῇ χώρᾳ τῇ αὐτῇ. Luk. 2, 8.

wenn man annehmen wollte, daß die Hirten mit ihren
Herden in einer Gegend, wie das Feld von Bêt Sâhûr
ist, verweilten, welches in der ganzen Umgebung von Beth=
lehem zum Ackerbau ohne Streit am beßten sich eignet, und
das zu einer Zeit, da die Aussaat vorüber sein mußte. Wie
ungleich lieber möchte man den Hirten auf einem Striche
gen Thekoa oder Herodium (Paradiesberg) begegnen. Die
Ueberlieferung indeß, die bis ins vierte Jahrhundert zurück=
reicht, suchte einen gelegenern Platz. Als die Römerin
Paula in Bethlehem war, so ging sie nicht weit von dan=
nen hinab zum Thurme Ader oder Gader, das ist, Herden=
thurme, neben welchem Jakob seine Herden weidete, und
die in der Nacht wachenden Hirten gewürdigt wurden, zu
vernehmen: Ehre sei Gott in der Höhe u. s. s.[1]. Und der
Thurm Ader lag etwa zwanzig Minuten von Bethlehem[2].
Diese Nachricht ist so mangelhaft, daß man die damalige
und heutige Hirtengegend ohne Mithilfe der Tradizion nicht
zu identifiziren vermag; denn es geht von Bethlehem auf
mehr, als einer Seite abwärts. Auch vermißt man die Mel=
dung von etwas Monumentalem, weil solches ebenso wahr=
scheinlich, als ein Kirchenbau gerade durch die Kaiserin
Helena unwahrscheinlich ist, wie man um das J. 1300
zu behaupten anfing und nachher bis auf heute[4] keck fort=

---

1 Haud procul inde (Bethlehem) descendit (Paula) ad turrim Ader,
id est, gregis, juxta quam Jacob pavit greges suos, et pastores
nocte vigilantes audire meruerunt: Gloria etc. *Hieronym.* epitaph.
Paulæ.

2 Et mille circiter passibus procul turris Ader. *Hieronym.* (411).
In dem Onomastikon (ad voc. Ader) heißt es: Legimus quod Ja=
cob trans turrim Ader fixerit tabernaculum. Es wurde mir von
kundiger Freundesseite bemerkt, daß das Migdal Eder nicht in Beth=
lehem, sondern vielleicht auf dem Zion zu suchen sei.

3 Ἱερὰ φροντιστήρια. *Nicephor.* Call. eccles. hist. 8, 30.

4 *Fabri* 1, 455. Rauchwolff 645. Ignaz v. Rh., Legrenzi,

behauptete. Da übrigens die Entfernung so genau ein-
trifft, so dürfte die Einerleiheit des alten Hirtenfeldes der
Tradizion und des heutigen — außerhalb der Tragweite
des Zweifels gestellt sein. Von jener Zeit an war ich außer
Stande, vom Felde der Hirten Nachrichten zu finden bis
gegen das J. 670. Damals stand etwa zwanzig Minuten
östlich von Bethlehem, am Orte, wo der himmlische Glanz
die Hirten umfloß, neben dem Herdenthurme eine Kirche,
welche drei Grabmale von drei Hirten enthielt[1]. Dies ist
nicht nur die erste Meldung von einer Kirche, sondern auch
ein so genauer Bericht von der Lage, daß die Einerleiheit
in die Augen leuchtet. Um das J. 728 führte man den
Ort an, wo der Engel den Hirten erschien, ohne eines
Tempels zu gedenken[2]. Etwa hundertundvierzig Jahre später fand man ein Kloster der h. Hirten[3]. Zur Zeit der
Kreuzzügler lag der Ort gloria in excelsis[4] oder der
Hirtenort (Ποίμνιον)[5] unweit[6] östlich von Bethlehem[7],

Laboire, Binos u. A. In der Grotte ließ Helena eine der h.
Jungfrau gewidmete Kapelle bauen. Geramb 1, 189.
1 De monumentis illorum pastorum quos dominicæ natiuitatis cœlestis
circumfulsit claritudo Arculfus notis breuem contulit relaciunculam
inquiens: Trium illorum in æcclesia pastorum tria frequentaui
monumenta iuxta turrim gader. . quæ mille circiter passibus contra orientalem plagam distat a bethleem. quos in eodem loco nas-
cente domino, hoc est prope turrim gregis angelicæ lucis claritas
circumdedit. In quo eadem æcclesia est fundata eorundem pastorum continens sepulchra. *Arculf.* 2, 6 (cod. St. Gall. 269). Die
verschiedenen Lesarten sehe man in der Mabillonschen Ausgabe.
Aymon (zitirt von *Quaresm.* 2, 682a) bemerkt gleichfalls, daß
die Leichname der Hirten hier ruhten, und auch Fabri erwähnt
deren Begräbnißstätte in der Kirche, allein, wie es scheint, nicht
auf eigene Anschau, sondern nach Arculfus, den er kannte.
2 *Willibald.* 20 (nach der Klosterfrau).
3 Milliario denique uno a Bethleem est monasterium sanctorum pastorum, quibus . . *Bernard.* 16.
4 *Fetell.* 23b.
5 *Epiphan.* M. 52.
6 Eugesippus sagt (112): 1 Meile.
7 *Edrisi* 346. Πρὸς ἀνατόλην τῆς Βηϑλεὲμ. *Epiphan.* Links
von Bethlehem. *Phocas* 22.

17

zwischen' diesem und dem Kloster des Cönobiarchen (Theo=
bosius)[1]. Da stand ein Kloster[2] und eine den Engeln
geweihte Kirche[3], und in einer Höhle des Feldes war es,
wo die Hirten das Lob der Engel vernahmen[4]. Diese erste
Erwähnung einer Höhle ist sehr ungenügend, da nicht ein=
mal angegeben wurde, daß sie, was zwar unzweifelhaft,
unter der Kirche lag. Ursprünglich scheint sie nur für die
Aufnahme der Hirtengräber bestimmt gewesen und die Tra=
dizion der Engelserscheinung im Laufe der Zeit hinabgeflohen
zu sein, als vielleicht eine Zerstörung des Tempels oben
die ruhige, erwünschte Andacht nicht mehr zuließ. Sonst
wäre kaum erklärlich, wie man auf einer Ebene eine Höhle
als nächtlichen Bergungsort der Hirten suchen konnte; denn
so viel ich Hirten= und Viehhöhlen sah, und meine Erinne=
rung bewahrt nicht wenige, so lagen alle an sanftern oder
gähern Abhängen. In dem Zeitraume vom J. 1300 und
ungerade bis zur Mitte des vierzehnten Jahrhunderts hatte
sich die, eine Meile von Bethlehem[5] entfernte Kirche[6], ge=

---

1 *Phocas.* Das Kloster heißt heute Dêr Dôsfi.

2 *Epiphan.* M.

3 *Edrisi.* Man vgl. Nikephoros Kallistos, Bonifacius bei
Quaresmius, der beifügt: Ita invenitur in vetusto manuscripto
libello de Locis sanctis, et apud alios, qui de ipsis scripserunt.

4 Ἐν τῷ ἀγρῷ σπήλαιον. *Phocas.*

5 *Marin. Sanut.* 3, 14, 11. Item sui ultra bethleem ad unum miliare
et dimidium ubi angelus nativitatem Domini pastoribus annunciavit
et ubi angeli cantaverunt gloria in excelsis Deo. *Pipin.* 72b. Appresso (Bethlehem) a un miglio si è la chiesa, dove gli Angioli
di paradiso annunziarono ai pastori dove Gesù Cristo era nato in
Belliem. *Sigoli* 167. Es ist sehr auffallend, daß Monteuilla
(773) und Rudolph von Suchen (819) die Kirche auf dem Wege
von Bethlehem gen Jerusalem nennen. Baldensel ist (120) ganz
unbestimmt, und der Anonymus bei Allatius (8) gibt die Ent=
fernung des Hirtenortes vom Georgstempel zu 2 Stadien an, so daß
derselbe vermuthlich in Bêt Sâhû'r läge. Vgl. oben S. 206.

6 *Pipin.* Monteuilla. Rudolph von Suchen.

nannt **Gloria in excelsis**[1], erhalten; fie war fchön[2]. Im
J. 1384 melbete man bie fehr große Kirche großentheils
als zerfallen[3]. 1483 traf man große Mauertrümmer als
Ueberrefte alter Gebäube; von der veröbeten und zerftörten
Kirche noch ben vordern Theil und daneben vom ziemlich
umfangsreichen Frauenflofter[4] ad Gloriam (monasterium
ad Gloriam in excelsis) Rab und Rebfenfter, wie bie
Nonnen zu haben pflegten; unter der Kirche war die Gruft
noch geblieben[5], bie ich feit der Zeit des fränkischen König=
reiches nicht mehr angeführt fanb, die aber von ba an eine
Hauptrolle fpielte, und zwar um fo ficherer, als die Trümmer
ber großen Kirche, burch fortbauernbe Ueberhanbnahme bes
Zerfalles, der urfprünglichen Beftimmung nach immer un=
beutlicher wurben, ober theilweife faft gar verfchwanden,
ungeachtet der Aberglaube, baß bie Sarazenen keine Steine
wegfchleppen könnten, bie Erhaltung bes Uebriggebliebenen
unter feinen mächtigen Schirm genommen hatte[6]. Schon
1507. war bie Kirche beinahe zerfallen[7], boch noch 1646

---

1 Wegen biefes Engelsgefanges fing man auch in Bethlehem alle Stun=
ben bes Tages mit bem Gloria in excelsis Deo an, wie man in
anbern Kirchen zu fingen pflegte: Deus in adjutorium meum etc.
Auch alle Seelenmeffen begann man bort mit Gloria in excelsis,
nach einer eigenthümlichen Gewohnheit, wie aus bem Orbinarium
zu erfehen war. Rubolph von Suchen.
2 Et ibi est ecclesia pulcra a patribus antiquis constructa. *Pipin.*
Rubolph von Suchen.
3 *Frescobaldi* 140.
4 *Fabri* 1, 455. Der Klofterruinen gebachten fpäter noch Anbere,
wie Surius (532), Scholz (189).
5 *Fabri* (unb Reyßb. 260). Kopicartiges bei Tfchubi.
6 De lapidibus quadratis et sectis fuerunt muri ejus per circuitum,
sicut videtur in cumulis lapidum ibi jacentibus, quos Sarraceni nul=
latenus possunt auferre. *Fabri. Georg.* 558. Tfchubi 282. Paral=
lel bamit ging der Aberglaube, baß, wie Georg mittheilte, bas
Bieh bem Orte fich nicht nähern folle.
7 *Georg.* Ganz zerftört. Viagg. al S. Sepolcro. Spuren eines Tem=
pels unb Prachtgebäubes. *Jod. a Meggen.* Nur noch ein Gewölbe
einer Kapelle, worauf Maton, Tragoriganum etc. wächst. Belon 269.

17*

etwa ein vierter Theil einer gewölbten Kapelle mit einigen
Spuren von Malerei zu sehen[1], und man konnte sogar ein
Jahrzehn später vorgeblich nach den Grundlagen die Länge zu
46 Schuh und die Breite zu 27 bestimmen[2]. Was man
von dieser Zeit an von größern Trümmern einer Kirche meldet[3],
verdient wenig Glauben, und fällt vielmehr auf Rechnung
des daneben gelegenen Klosters[4]. Diese Trümmer fesseln indeß heutzutage noch unsere Aufmerksamkeit, wenn man auch
nicht gerade mehr, wie vor unlanger Zeit, auf drei Knäufe
von korinthischer und zwei von jonischer Ordnung[5] oder
auf Säulenschäfte[6] stößt. Wirklich viel interessanter, als unten die Kapelle, sind die Ruinen, welche über der Höhle
oder in ihrer Nähe, insbesondere die Gewölbe, welche gegen Südwest sich erhielten, übrigens in keinem solchen Zu-
sammenhange oder in keiner solchen Vollständigkeit vorhanden sind, daß es möglich wäre, einen ordentlichen Grundriß
zu zeichnen. Jedenfalls bürgt ihre heutige Erscheinung in
Maß und Beschaffenheit dafür, daß hier etwas Bedeutendes,
freilich nicht aus der vorchristlichen Zeit, gestanden habe.
Neben der Kapelle, aber oben, gegen Südwest fällt eine
von zwei Kapitälen getragene steinerne Bank und nahe
dabei eine Zisterne auf. Jene sind wohl zeugefähige Be-

---

1 *Surius.* Ein Jahr später sprach Monconys (1, 315) nur von
Trümmern einer Kirche.

2 Troilo 408. Offenbar nach Quaresmius.

3 Starke Reste einer Kirche. Pococke 2 §. 52. *D'Estourmel* 2, 112
(basilique).

4 On voit à main gauche des ruines de bastimens assez remarquables.
Nau 435.

5 *Chateaubriand* 1, 309 sq. Er betrachtete die Entdeckung der letzteren Kapitäle als ein Wunder; denn man finde nach dem Zeitalter
der Helena wenig Anderes, als das ewige Korinthische.

6 Richter 41. D'Estourmel (1, 113) scheint die 6 Kapitäle und
die Säulenschäfte doch oben (oder in den Büchern?) gesehen zu
haben.

ſtandtheile des alten Obertempels und diese auch einer des einſtigen Kloſters.

Ich will auf den Gader= oder Herdenthurm noch be=ſonders zurückkommen. Wir haben geſehen, daß der Platz deſſelben mit dem Hirtenfelde für einerlei gehalten wurde, ſo daß die Ueberlieferung die bibliſch=geſchichtliche Schau=bühne merkwürdigerweiſe zuſammendrängte. Viel Jahr=hunderte hindurch verlor man, wenigſtens auf dem Hirten=felde, wo der fromme Wanderer ſich mit den himmliſchen Heerſchaaren und den Hirten begnügen mochte, den Thurm Gader aus den Augen, und ich fand ihn nicht wieder bis um das J. 1300, da er nahe der Wüſte öſtlich von Thekoa gezeichnet war[1]. Später machte die Ueberlieferung einen Sprung gegen Weſten von Bethlehem, in die Nähe des Grabes von Rahel, was aber Widerſpruch erlitt[2]. Doch 1508 war der Thurm wieder ins Feld der Hirten gerückt[3]. Von der Zeit an fand er ſo viel Toleranz unter den Chri=ſten, daß ſie ihn nicht mehr fortſchoben[4], und ſo viel Be=rückſichtigung, daß ſie ihn mit einem beſondern Namen

---

1 Karte von **Marinus Sanutus.**

2 Dort zeigten es die Brüder. Sed ego, ſagte **Georg** (525), fidem his verbis non adhibui; er las nämlich im Leben der h. **Paula,** daß ſie, vor dem Beſuche Bethlehems, zum Thurme Ader hinabſtieg; hæc vero turris non erat in descensu Bethlehem, imo plus est in ascensu; ingleichen las er, daß er öſtlich, nicht wie dieſer weſtlich, lag. Als die Mönche der alten Tradizion, wie es ſcheint, nicht kundig waren, legten ſie wahrſcheinlich die Stelle im 1. Buch Moſ. (35, 21), die ſich an die Erzählung vom Grabe Rahels ſchloß, da=hin aus, daß der Thurm Gader (Eder) in der Nähe jenes Grabes gelegen haben müſſe. Es mag die Bemerkung beigefügt werden, daß die Schriftſtelle keine engere topographiſche Deutung geſtattet.

3 4 bis 5 Stadien öſtlich von Bethlehem. **Anshelm.**

4 Beim Orte der Hirten. **Rauchwolff** 645. Im Campo di Giacob. **Zuallard.** 217 sq. Vgl. Anm. 6 zu S. 251. **Radzivil** 170. **Boucher** 285. **Surius** 532. **Troilo** 408. Auch die Karte von **Adrichomius.**

beehrten[1], und so viel Glauben, daß man erst noch Trümmer entdeckt haben wollte[2].

Wenn man vom Orte der Hirten nach Bethlehem zurückkehrt, so begegnet links Bêt Sâhû'r[3], zum Unterschiede von Bêt Sâhû'r el = Atî'keh auch Bêt Sâhû'r en = Naßâ'râ[4], das heißt, das Bêt Sâhûr der Christen, von letztern das Dorf der Hirten genannt[5]. Es liegt zwölf Minuten östlich von Bethlehem[6], auf einem von West nach

---

1 Lemi dar gneder. *Boucher.* Ce lieu s'appelle à present Lemi Ader. *Surius.* Ebenso fremde ist mir der Name Aftis, auch Thurm Davids genannt, eine Ruine nordöstlich von Bethlehem, bei Scholz (163).

2 Difer (Thurm) ist zu unsern Zeiten so gar zerfallen, daß er gar barniber auff grossen Steinhauffen ligt. Rauchwolff. *Zuallard.* Radzivil. Anshelm bemerkte, daß am Orte des Herdenthurmes b. Paula fecit sibi magnum aedificium seu claustrum virginum, cujus adhuc vestigia apparent. Vgl. Pococke (2 S. 52), der auch glaubt, daß Paula am Orte der Hirten gestorben sei. Weitschweifiges über den Herdenthurm kann man bei Quaresmius (2, 682 sqq.) nachlesen.

3 Beit-sahûr. Della Balle 1, 158b. Beit Sahur. Berggren 3, 149. Bethzaour. *D'Estourmel* 2, 112. Ich hörte die Eingebornen Bêt Sâhû'r aussprechen. Korrupte Formen sind folgende: Bethsabor (*Fürer* 67), Schora (Schweigger 311), Bethahour (*Boucher* 285, *Surius* 534), Dia el natour (*Roger* 204), Dael Natour (*Bremond* 2, 13). Boucher sagt von Bethahour: c'est à dire maison de trafic, Surius dagegen von Bathahour: qui veut dire maison des Bergers. Auch Roger und Bremond sagen von ihrer Form, daß sie Hirtendorf bedeute. Im Arabischen heißt übrigens Hirte nicht Sâhû'r, sondern Sâûh. Letzteres ist von Sâhû'r ebenso weit entfernt, als das von Robinson (2, 394) angeführte und auf der Karte Berghaus' stehende Bethsaon bei Pococke.

4 Robinson 3, 871.

5 Bethsabor . ., ubi villa est pastorum. *Fürer.* Villagio de' Pastori. *Zuallard.* 218. Pagi (cui a pastoribus nomen est). *Cotov.* 226. Villa pastorum. *Quaresm.* 2, 681. Della Balle. Nach den Einwohnern des Landes Pastour. *Roger.* Ad Pastores. Troilo 408. *Light* 109. Geramb 1, 187.

6 500 Schritte von der Grotte, wo Maria die Milch ausrann. *Boucher.* ¹⁄₂ Meile östlich von der Krippe Christus'. *Quaresm.* ¹⁄₄ Stunde von Bethlehem. *Surius.* Die Lage sehe man auf den Karten von Berghaus (zu nördlich) und Robinson (zu südlich). Surius und Troilo sagen: östlich von Bethlehem. Vgl. oben S. 262.

Oſt ziehenden Hügel[1], wo er öſtlich in den Wå·di er-
Rå·jân, nördlich in das Sa·hel Bêt Såhûr verläuft; südlich unter dem Dorfe ſtreicht ein Thal, der Wå·di Bêt
Såhûr, gegen Morgen. Die Lage iſt anmuthig, aber mit
einer eher beſchränkten Ausſicht. An Ziſternen gibt es keinen Mangel[2]. Der in der Geſchichte Bewanderte wird ſich
eine von ſehr altem Ausſehen vormerken. In früheren
Jahrhunderten ſtrich man als eine wunderbare Sache heraus, daß jene hochverehrte Frau hier einſt Waſſer trinken
wollte, die Bewohner aber in ihrer Undienſtfertigkeit ſich
weigerten, es aus der Ziſterne zu ſchöpfen, die ſich beinahe
in der Mitte des Dorfes vorfand, daß dann aber durch die
Gnade Gottes, zum großen Erſtaunen der grauſamen Bar-
baren, das Waſſer bis zum Rande der Ziſterne emporſtieg,
aus der ſie ſofort den Durſt löſchte[3]. Die Gegend iſt nicht
unfruchtbar. Das etwa fünfzig Häuſer[4] zählende Dorf er-
ſtreckt ſich in ziemlicher Länge von Weſt nach Oſt. Oben
(weſtlich) zeichnet ſich ein hohes Haus durch die Bogen-
formen aus. Man ſieht an mehreren Wohnungen noch
große Steine, welche in die Zeit der alten chriſtlichen griechiſchen Kaiſer zurückreichen dürften. Das Dorf bewohnen
wenige Moslemin, meiſt orthodoxe (ſchismatiſche) Griechen.
Die Bevölkerung von Bêt Såhûr und Bêt Dſchå·la zu-

---

1 Pagus hic situs est in colle non multum eminente, sed saxoso,
cryptis et cavernis plurimis pertuso et fere concavo. *Cotov.*
2 Mit einem guten Brunnen. Berggren 3, 149.
3 Löuwenſtein 359. Wormbſer 409. *Zuallard. Quaresm. Surius. Nau* 431. *Reservoir. De Bruyn* 2, 220. Etwas verſchieden
erzählt es Steiner (8): An diſen Ort War der Brunen, da die
Lieb Mutter Gottes Hat Wolen trincken. Dz Volch Wolt ſye nit
laſſen. Seid der Zeit Groſen Mangel am Waſſer haben; der Brunen iſt auf die ſelbe Zeit verGangen. Pococke ſagt (2 §. 52), es
ſei vermuthlich der Davidsbrunnen. Geramb (1, 188) zeigte man
einen Brunnen, worin Maria die Windeln Jeſus' gewaſchen habe.
4 A small village. *Light.* Jedes Haus war ein Haufen Steine ohne
Ordnung. Geramb.

sammen wird derjenigen von Bethlehem gleich geschätzt[1]. Im
vorletzten Jahrhunderte herrschte der Aberglaube, daß; wenn
über dreißig Hausbesitzer[2] in dem Dorfe wohnten, die Ueber=
zähligen in zwei oder drei Tagen starben[3]. Die Einwohner
haben ein etwas unfreundliches Aeußeres, und wenn ich
Einzelnes im Dorfe genauer betrachten wollte, so zeigte
mein Führer Aengstlichkeit und drang darauf, dasselbe zu
verlassen. Bei den Bethlehemern stehen sie in keiner großen
Achtung, und wenn man nichts oder wenig von offenen
Fehden vernimmt, so findet es seine Erklärung darin, daß
die Uebermacht der Bethlehemer zu groß ist. Die Bêt
Sâhu'rer beschäftigen sich heute noch mit der Viehzucht[4],
aber auch mit der Bienenzucht. Oestlich oder nordöstlich
unter dem Dorfe, gegen Râ'wât (Ort der Hirten), haben
die Einwohner ihren Begräbnißplatz mit unordentlich zu=
sammengelegten Steinen, ohne Mauer.

Die Geschichte des Dorfes geht, nach meinen Forschun=
gen, nicht weiter zurück, als bis zum J. 1561[5]. 1598 stand
hier ein elendes Dorf theils von Felsenhöhlen, theils von
niedrigen, engen, plattdächigen Häuschen, die roh aus Stei=
nen und Koth und lehmbedeckten Baumästen bestanden. Die
Einwohner, lauter Mauren, waren sehr arm, überaus be=
dürftig, sonnverbrannt, sehr mager, ohne Schuh und Ho=
sen, und hatten außer einem baumwollenen Hemde und
einer einfachen, bis auf die Kniee herabreichenden, „Haba‘

---

1 Whiting im Calw. Missionsbl., 1842, 26.
2 *Boucher.* Surius sagt: über 40 Hausväter.
3 Chose experimentée de temps immemorial. *Boucher.* Nach Surius
in 4 Tagen.
4 Die Bewohner des Dorfes heißen heute noch Pastori. *Zuallard.*
218.
5 Nachmals (nach Besehung des Ortes Gloria in excelsis) sind wir
widerumb herumbher zogen, vnd in ein Dorff kommen, da hat es
einen Brunnen, da vnser liebe Fraw ein trunck Wassers von einem
Bawersmann hat begert . . Wormbser. Vgl. die sechstletzte Anm.

oder ‚Gaba‘ genannten Weſte von Kamel- und Ziegenhaa-
ren nichts zum Bedecken[1]. Auch im ſiebenzehnten Jahrhunderte wurde das kleine, ärmliche Dorf[2] mit wenigen Häuschen[3], von Mauren[4], einer armen und niebrigen Menſchen-
klaſſe[5], bewohnt. Ich vermag nicht zu beſtimmen, wann
die Chriſten ſich unter die Moslemin mengten. Der Angabe
wird man mißtrauen, daß im J. 1832 die Griechen und
römiſchen Katholiken die Hälfte der Einwohnerſchaft ausgemacht haben[6].

<hr/>

1 *Cotov.* Auch Pococke fand (2 §. 52) verſchiebene Grotten, die zu
Ställen und Wohnungen bienten.
2 *Boucher, Quaresmius* (2, 681a), *Surius, Bremond.*
3 *Boucher, Surius.*
4 *Quaresm.*
5 *Quaresm.* Ceux qui l'habitent, et qui sont en petit nombre, sont
gueux et miserables, et on ne souvient pas de les avoir jamais
veu autrement. *Nau* 432.
6 Geramb. Vgl. Robinſon 3, 871.

Nachtrag.

Als dies ſchon gedruckt war, kam mir das Reiſebuch zur Hand:
Orientaliſche Reyß Deß Edlen vnnd Beſten, Hanß Jacob Breü-
ning, von vnd zu Buochenbach, ſo er .. ſo wol in Europa als Aſia
vnnd Africa, ohn einig Luchtum oder FreyGleit, benantlich in Griechen
Land, Egypten, Arabien, Paleſtina, das Heylige Gelobte Land vnd
Syrien .. (1579) verrichtet. Straßb., J. Carolo, 1612. Gr. 4. Weil
dieſe Schrift jetzt ſehr ſelten iſt, ſo will ich daraus folgendes Wenige
nachtragen.

Sie (die Marienkirche in Bethlehem) iſt aber von Quaderſtücken
gebawen, einer ſehr groſſen Höhe, mit Bley bedeckt, vnnd hat oben in
der mitten ein Seulen, gleichfals mit Bley vberzogen. Welche dann
von weittem geſehen wird. S. 257.

Hiebey muß ich kürzlich einführen, was mir dieſer Krippen halben
folgender zeit nämblich in Anno 1580. in mense Aprili, zu Rom in der
Kirchen Santa Maria Maggiore begegnet. Dann als meynem Reyß-
geſellen Jean Carlier de Pinon vnnd auch mir ein Münch vnder anderem Heyligthumb, vnd Sanctorum reliquiis, die Krippen wieſe, mit

vermelden das es eben die were, darinnen vnser Heyland vnd seligmacher Christus im stall gelegen. gedachte ich nicht an was ort ich gewesen, führe herauß vnd sagte: Ich wüste nicht wie ichs verstehen solte? Dann wir deß verschienen 79. Jahrs, im Octobris zu Bethlehem gewesen, alda vns die rechte Krippen gewiesen. Ob welcher meiner Red der Münch erstutzte, vor Zorn erbliche, vnd mir ein feindlich gräß Gesicht verliehe. Mein Gesell aber bracht solches wider auff ein gute Baan, fiel mir in die Red vnd sprach: Es were gleichwol nicht ohn, das wir Persönlich zu Bethlehem gewesen, aber daselbsten mehr nicht als den Ort, als das Heylige gegenwertige Præsepium gestanden, gesehen. Dises aber als das Recht vnd Warhafftige, were von bannen vber Meer, alhero gen Rohm transferirt worden: Damit sich dann der Münch wider zufrieden gab. S. 258 fg.

Vnd ist diß die Capell (S. Catharinæ), dannhero die Ritter von Jerusalem (so allein allhie vnd nicht in Arabia bey dem Berg Sinai gewesen) das halbe Rad zu führen pflegen. S. 259. Vgl. meine Schrift S. 203, Anm. 9.

Namen= und Sachregister.

Krippe in B... **KIRCHE** in Bethlehem.

... von Dr. Titus Tobler.

Die Buchstaben bezeich-
nen das unterirdische
Bauwerk.

a a Kapelle der Geburt
   Jesus'
b b Treppen vom Chore
   herab.
c Stätte der Geburt.
d Stätte der Anbetung
   durch die Weisen.
e Stätte der Krippe.
f Runde Öffnung oder
   Zisterne des Sternes.
g Josephskapelle.
h Altar der unschuldi-
   gen Kinder
i Altar des Abtes Eusebius.
k Grab der Paula und
   Eustochium.
l Grab des h. Hieronymus.
m Wo der h. Hieronymus
   die Bibel übersetzte.
n Vermauerte Thüre,
   durch die man in den
   Kreuzgang gelangte.

J. Wurster u

Verzeichniß

der

angeführten oder erklärten Bibelstellen.

Druckfehler.

S. 25, Anm. 4 lies 1. Sam. — S. 109 Athanasius für Ana-thasius. — S. 172 φράγγοι für φπάγγοι. — S. 195, Anm. 3 fehlt sollen zwischen hätte und zu. — S. 252 oben الرعوات —

S. 265 beinahe unten fällt in vor mense weg. Kleinere oder weniger störende Fehler wird der Leser selbst verbessern, wie: S. 16 unten proferunt, S. 51 italienisch, S. 61, Anm. 2 Schwallart, S. 79, Anm. 3 grande cour, S. 108 σπήλαιον, S. 125, Anm. 4 mano manos, S. 141 ἁγιώτατον, S. 152 unter der Mitte Felsenhöhle, S. 159 taschetée, S. 253 auf einer mittleren Linie nur ein noch.

Druck von W. Koch in Rorschach.

Lightning Source UK Ltd.
Milton Keynes UK
UKHW020832241122
412742UK00005B/151

9 780274 032952